中國生命學

——中華賢哲之生死智慧

鄭曉江◎著

生命與生活——中國生命學的課題（代序）

鈕則誠

銘傳大學教育研究所教授

在台灣有多種著作問世的江西哲學學者鄭曉江教授，最近將新書《中國生命學——中華賢哲之生死智慧》付梓，我有幸對其中緒論〈中國傳統人生哲學與當代之生死哲學〉先讀爲快。作者開宗明義便將人生之生命與生活二端清楚分判，令我深有所感，乃不揣淺陋，借題發揮。

鄭教授和我於1997年秋天在南華管理學院結識。當時南華由文學學者龔鵬程教授主持，曾有意邀請旅美哲學學者傅偉勳教授返台創辦生死學研究所。無奈傅教授前一年不幸因病去世，生死所遂在我的奔走籌畫下成立招生，而鄭教授正是所上接待第一位遠道來訪的客人。龔校長、鄭教授以及我皆爲江西人氏，同鄉情誼拉近了彼此的距離，而知識對話更加深了人文的關懷。次年金秋鄭教授又應邀來南華參加研討會並發表論文，同時也播下往後七、八年共同合作耕耘生死學園地的種子。

生死學爲傅偉勳教授所創，他自述其原委：

> 我從美國現有的「死亡學」研究成果，再進一步配合中國心性體認本位的生死智慧，演發一種我所説的「現代生死學」，且根據「生死是一體兩面」的基本看法，把死亡問題擴充爲「生死問題」，即死亡的尊嚴與生命的尊嚴息息相關的雙重問題，

如此探討現代人的死亡問題的精神超克，以及生死的終極意義。（傅偉勳，1993：序20-21）

他所指的「死亡學」，是一門於二十世紀初在法國所創始的學問，不久被引進美國，卻因為令人產生宗教聯想而長期遭到學術界忽視。直到二次世界大戰以後，受到歐陸存在主義哲學傳播流行的影響，再加上全球性的自殺防治運動興起，死亡學在美國才逐漸從對悲傷與哀慟的經驗性研究中，樹立為一門科學學科。

死亡學立足於科學領域，包括自然科學、健康科學及社會科學。這些在傅教授看來乃是狹義的生死學，而廣義的生死學則從西方死亡學走向中國生命學；他的構想為：

以「愛」的表現貫穿「生」與「死」的生死學探索，即從「死亡學」（亦即狹義的生死學）轉到「生命學」，面對死的挑戰，重新肯定每一單獨實存的生命尊嚴與價值意義，而以「愛」的教育幫助每一單獨實存建立健全有益的生死觀與生死智慧……督導此一探索理路的我國本土意味的探索理念（即督導原理），則是以我最近所強調的「心性體認本位」生死觀與生死智慧為中心內容……「心性體認本位」的生死學探索理念，乃是基於生命最高層面，亦即實存主體、終極關懷、終極真實三大相關層面上儒道佛三家所共通而分享的哲理……。（傅偉勳，1996：126-127）

順著上述途徑，他曾認真考慮過以下的問題：

心性體認本位的儒道二家生死觀，與生死問題的超越性宗教探索之間，有否交流溝通或銜接互補的可能，又如何交流溝通或銜接互補……。（傅偉勳，1993：173）

古典儒道二家思想正是「心性體認本位」的人生信念之典型，傅偉勳教授對儒道思想的精神深有了解：

> 儒家與道家對於傳統中國人的思想模式與生死態度，個別所留下的影響都一樣深遠。儒家倡導世俗世間的人倫道德，道家強調世界一切的自然無為，兩者對於有關（創世、天啟、彼岸、鬼神，死後生命或靈魂之類）超自然或超越性的宗教問題無甚興趣，頂多存而不論而已……佛教除外的中國思想文化傳統，並不具有強烈的宗教超越性這個事實，在儒道二家的生死觀有其格外明顯的反映。（傅偉勳，1993：156）

以上所引是有關中國生命學的基本論述，如今在鄭曉江教授的大作中得到了呼應與發揮，他根據對生命與生活的分判，把中國生命學分成中國傳統人生哲學與當代生死哲學兩方面來看：

> 一般而言，所謂人生包括生命與生活兩大方面。生命是人生的存在方面，指生命體的存活過程；生活是人生的感受方面，是人們當下此在的活動與感覺……中國傳統人生哲學之內核是生命哲學，它既是儒學的核心，更是道家、道教及佛學的主要論題，形成了中國人生哲學鮮明的特色。

> ……在人生中的生活與生命的二個向度中，中國傳統人生哲學主要是偏重於生命而忽略生活，而現代人的問題則在於只見生活而不顧生命的層面。所以，有必要在中國傳統人生哲學的基礎上發展出一門不僅重視人之生活，也重視人類之生命；不僅僅重視人之「生」，而且重視人之「死」的學科，這就是所謂──「生死哲學」──來較好地解決現代人之人生問題。

……我們每一個人的人生都主要包括生、愛、死三項內容。「生」指人們生活的過程和性質;「愛」指性愛,直接關係到人類情感的生活及生命的延續;「死」包括人的生活與生命的中止及死後生命的問題。人生的這三大方面及三大主題涵蘊了人之生活與生命的全部內容。

由此可見,鄭曉江教授所提倡的「生死哲學」,與傅偉勳教授所開發的「生命學」,幾乎完全同調,亦即新儒家哲學家牟宗三先生所說的「生命的學問」。傅教授對此有進一步的引申:

在西方思想文化傳統……世俗人間的知性探索(到了近現代)似乎逐漸壓倒超世俗、超自然的宗教超越性意味的生命探索,「生命的學問」有逐漸淹沒在「學問的生命」之險。中國思想文化則不然,自先秦的儒道二家開始,即以「生命的學問」為價值取向的本源與歸宿……。(傅偉勳,1994:51)

而我也嘗試在前述觀點的基礎上,倡議一種「後現代儒道家」的生命與生活態度。「後現代儒道家」乃是在精神上向古典儒道二家的人生哲學精華效法學習,目的則為了培養「知識份子生活家」的典型人格;其中「知識份子」屬於人文主義,「生活家」則歸自然主義。「知識份子生活家」的人格特質為「知所進退,收放自如」,亦即孔子的「從心所欲不逾矩」高妙境界。這種境界可以適當安頓人生,也能夠坦然面對死亡,相信生死哲學與生命學的關注亦不外如此。

知識份子向生活家轉型之道,即使不投入道家的懷抱,也可以在儒家內部找到歸宿,龔鵬程教授提出:

現今應將「生命的儒學」,轉向「生活的儒學」。擴大儒家的實

踐性，由道德實踐及於生活實踐、社會實踐。除了講德行美外，還要講生活美、社會人文風俗美。（龔鵬程，2003：180）

龔教授獨樹一幟的行事風格，的確稱得上是「知識份子生活家」。不久前偶然在網路流傳的《鵬程隨筆》中，讀到他最近所寫一篇〈得儒學之正〉，自述其融儒道佛於一身的境界：

……歸來與劉夢溪先生聯絡，晚上去拜訪，取回先生為我隨筆所撰序一篇……他說我「於儒學得其正，於道得其逸，於佛得其無相無住」，是真知我也。我有玩世嬉弄的伎倆，有時顯得邪氣；也有應世諧俗的作為，不免時見流氣。因此社會上或學界之批評，褒貶未一。然論議者多見化身，未睹真身。在我自己，是很以「得儒學之正」自喜的。但我並不屑以此示人，故人亦未知，如今卻被劉先生看破了。至於於道得其逸，於佛得其無相無住，亦甚確。我在老莊或道教裡頭獲得了一種自由的、超脫的精神。在佛教佛學那兒，則深入義海，通讀三藏，卻最討厭和尚尼姑居士們那種佛教相。什麼打禪、結夏、茹素、誦經、焚香、口彌陀而心福報等種種造作，皆避之若浼，稍與周旋，輒便逃去，此非得其無相無住乎？

龔教授曾先後擔任兩所佛教大學校長，卻對出家人有此反應，著實發人深省。而這也透顯出他的「知識份子生活家」真性情，多少值得肯定。

其實不論是生死哲學或生命學，生命反思與生活實踐都不可偏廢，且應透過死亡與臨終對照來看。孔子言「未知生，焉知死」，生死學講「未知死，焉知生」；美國甚至有一部生死學教科書就名

為《死亡與臨終，生命與生活》。鄭曉江教授的新書《中國生命學——中華賢哲之生死智慧》，希望引領讀者進入歷史文化殿堂，了解古今賢哲如何處理他們所面對的生死問題，又如何進行人生實踐活動，以此讓大家領悟這些賢哲的卓越智慧，從而更好地處理我們自己所面對的生死問題。我相當認同鄭教授及龔教授對生命與生活的分析，並視為中國生命學的重要課題，謹以此小文章表達我的淺見。

參考文獻

傅偉勳（1993）。《死亡的尊嚴與生命的尊嚴——從臨終精神醫學到現代生死學》。台北：正中。

傅偉勳（1994）。《學問的生命與生命的學問》。台北：正中。

傅偉勳（1996）。〈論人文社會科學的科際整合探索理念暨理路〉。《佛光學刊》，1，117-129。嘉義：南華學院。

鈕則誠（2001）。《心靈會客室》。台北：慈濟。

鈕則誠（2004）。《生命教育概論——華人應用哲學取向》。台北：揚智文化。

鈕則誠等（2005）。《生死學》（增訂版）。台北：空中大學。

鄭曉江（1999）。《穿透人生》。上海：上海三聯。

鄭曉江（2002）。《尋求人生的真諦——生死問題的探索》。南昌：百花洲文藝。

鄭曉江（2004）。《神游千古——尋訪歷史文化名人》。北京：中國社會。

龔鵬程（1996）。《龔鵬程四十自述》。台北：金楓。

龔鵬程（2003）。〈邁向生活儒家的重建——儒家飲饌政治學新探〉。載於吳光主編，《當代新儒學探索》（頁180-204）。上

海：上海古籍。

龔鵬程（2005）。〈得儒學之正〉。《鵬程隨筆》，3月2日。宜蘭：
佛光學院文學所龔鵬程網站。

生命與生活——中國生命學的課題（代序）vii

目　錄

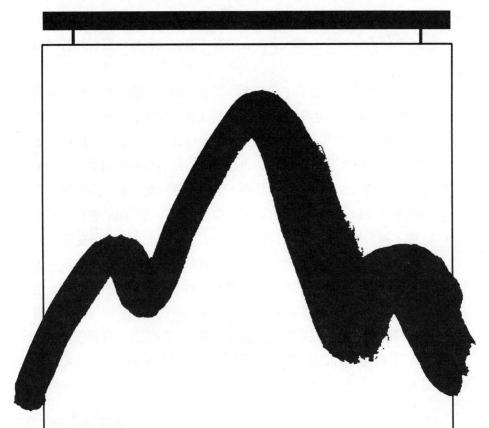

緒論

中國傳統人生哲學與當代之生死哲學

在進入本書正文之前，有必要對中國傳統的人生哲學之特點及與當代人之生死問題相繫的一面先進行一番論述，以期讓我們知曉：當代人要解決生死大事，必須從中國古代與現代賢哲的智慧出發。

一般而言，所謂人生包括生命與生活兩大方面。生命是人生的存在方面，指生命體的存活過程；生活是人生的感受方面，是人們當下此在的活動與感覺。本書認為，中國傳統人生哲學之內核是生命哲學，它既是儒學的核心，更是道家、道教及佛學的主要論題，形成了中國人生哲學鮮明的特色。但是，僅僅關注於生命問題，乃至把生命視為人生的一切，必然走向對人之生活問題的忽視，甚至貶抑，這是中國傳統人生哲學存在的主要問題之一。而在現代社會，市場經濟的運作充分地凸顯人的個我性，與傳統社會相反，人們走向專注生活而不思生命的問題，從而形成一系列新的現代人生困惑及社會問題。所以，必須在充分吸取傳統人生哲學資源的基礎上，發展出把人生問題與死亡問題聯繫起來考慮之生死哲學，使現代人既重視生活問題亦關心生命問題，以獲得更好的生與死之品質。

一、生命哲學

中國傳統人生哲學主要以儒釋道（道家道教）為主體，它是一種以生命問題為核心，以人性論與道德論（得「道」論、佛性論）為兩翼，以成聖成賢（得道登仙成佛）為終極目標的學說體系。其根本的理論宗旨在於透過對生命本質的求索，證明人之本質的道德性（或與道之同一性、或為佛性），從而使人們超越現實的具體生

活而達到生命存在的本眞，並進而成聖成賢、成仙了道或成佛。

（一）儒家的安貧樂道

孔子曾經自道云：「飯疏食，飲水，曲肱而枕之，樂亦在其中矣。不義而富且貴，於我如浮雲。」[1] 又曾稱讚顏回曰：「賢哉回也！一簞食，一瓢飲，在陋巷，人不堪其憂，回也不改其樂。賢哉回也！」[2] 在艱苦貧乏的物質生活中，顏回獨能保持快樂；而他人見其如此，有不勝之憂慮。孔子不僅生活艱難，且時運常困頓，其他的人在此境況下早已是愁眉苦臉了，而孔子卻獨能樂亦在其中。這並不是說，孔顏皆自足於貧賤困境，喜歡這種十分艱苦的日常生活，而是他們將生活之狀態與生命之境界嚴格地加以區分，認爲在生命的層面去「求道、得道」並能「守道」，就能獲取最大最根本的人之生存的價值，故而可樂。而日常生活中的狀態是貧還是富、是達還是窮，皆無足道哉。因之，宋大儒周敦頤寫道：

> 夫富貴，人所愛也。顏子不愛不求，而樂乎貧者，獨何心哉？天地間有至貴至愛可求，而異乎彼者，見其大而忘其小焉爾。見其大則心泰，心泰則無不足，無不足則富貴貧賤處之一也。處之一，則能化而齊，故顏子亞聖。[3]

「小」與「大」之區別，正在於生活與生命之分。關鍵在「處之一」，即人們無論在富貴裡還是貧賤中，皆能以生命之價值爲重，而視生活爲次；生命的滿足是最重要最根本的，生活狀態如何則可以不必在意。由此，人們便可在貧窮困苦的生活中保持人之精神（生命）的大快樂。

(二) 道家的「與道為一」

老子云：

> 營魄抱一，能無離乎？摶氣致柔，能嬰兒乎？滌除玄覽，能無
> 疵乎？愛民治國，能無知乎？天門開闔，能為雌乎？明白四
> 達，能無為乎？生之畜之，生而不有，為而不恃，長而不宰，
> 是謂玄德。[4]

「一」者，道也，人們若能與「道」為一且不離，就能復返
「嬰兒」之天真且無知無欲無為之生命之境，是謂「玄德」。人對
「道」之所「德」，實際上便是將肉體感性之生活完全合一於生命中
之「道」，如此，便將人的有限之生活由「道」的無窮之途徑而趨
於生命存在的無限，是為「長生久視」，是為「死而不亡」。由此，
現實的日常生活在道家哲人的眼中，也被置於次要之地位，只有那
種有「道」之生活，即表現生命永恆之生活才是有價值的，而無生
命之「道」的生活不啻如糞土一般：

> 楚威王聞莊周賢，使使厚幣迎之，許以為相。莊周笑謂楚使
> 曰：「千金，重利也；卿相，尊位也。子獨不見郊祭之牲牛
> 乎？養食之數歲，衣以文繡，以入太廟。當是之時，雖欲為孤
> 豚，豈可得乎。子亟去，無汙我。我寧遊戲於汙瀆之中以自
> 快，無為有國者所羈，終身不仕，以快吾志焉。」[5]

追求生活與生命之道合一，使莊子拒絕了「厚幣」與「卿相」
之誘，寧過一種「處窮閭陋巷，困窘織屨，槁項黃馘」的生活。可
見，儒道思想雖差別很大，但在凸顯生命價值高於和重於生活意義
這一點上，兩者卻是共通的。當然，道家亦有其與儒學的不同之

處。其思想雖然也以推崇人之內在生命為主，強調人們應該「清心」、「寡欲」，但同時也十分重視人們的世俗生活，只不過道家的思想家們追求的是一種藝術化的世俗生活（實為與生命之道合一的生活）。所以，老子要求人們復返「赤子」與「嬰兒」的狀態，過一種無知無欲的自然無為的生活；而莊子則要求人們擺脫一切觀念的和現實社會的約束，是為「無所待」之「逍遙遊」——絕對的精神與行為的自由，此即與「道」合一的生活，其理論宗旨仍然是要人們透過日常生活去顯露生命存在的本真。

（三）佛教的「涅槃」

佛教與儒道的區別當然很大，但它們在視生命存在高於一切的方面則有共通之處。儒家視人之道德生命至高無上，道家視人之得「道」之生命為最高；佛教則把人們實現「涅槃」的不生不死之永恆生命當作人生最高追求。佛教不僅指人們的日常生活無意義皆空幻，而且認為人們的現實生命亦無價值，亦空幻。因此，人們必須放棄世俗的生活與生命，趨於「涅槃」之境，此時此地，人們的生命獲得了最高價值，生活也臻於最大的意義——是為不死不生之永恆幸福。《遊行經》云：

> 佛為海船師，法橋渡天人。亦為自解結，渡岸得昇仙，都使諸弟子，縛解得涅槃……戒定慧解上，唯佛能分別，離苦而化彼，令斷生死習。[6]

可見，儒佛道三家都強調對人的世俗生活必須有所規範和限制，當然，程度是完全不同的。儒家以禮儀規範來克制人們日常生活中的種種欲望，但不否定人們日用庸常的意義；道家以「無為之道」為人們生活的核心，要使人之生活藝術化和美學化；而佛教則

以清規戒律來窒滅人們世俗的追求，要求人們放棄生活返歸生命。一爲入世，一爲遁世，一爲出世，但卻都表現出以光大人之生命（此生之生命與來生之生命）存在而貶抑人之世俗生活的品格。

（四）道教的「福祿壽」

至於中國本土生長出的道教，則又與儒佛道家有所區別，它主要是沿著道家不拒絕世俗生活的路子走下去，從「保身全生，以盡天年」、「自然無爲」、「逍遙之遊」、「神人眞人仙人」等等觀念發展成一種極爲關注普通百姓之日常生活的宗教系統。簡言之，道教以求人間之「福、祿、壽」爲宗旨，創設出一整套的儀式、法術、神仙系統，包括內丹外丹等等。所以，與儒、佛、道家的觀念皆只重人之生命不同，中國道教對現實中人的世俗生活給予了最大的關注。但值得指出的是，中國道教並不是忽略人之生命，只是把人之生命與生活融爲一體，認爲人生活本身的滿足便是人生命的安頓之處和最大的價值所在，《列子·天瑞篇》云：

> 孔子遊於太山，見榮啓期行乎郕之野，鹿裘帶索，鼓琴而歌。孔子曰：「先生所以樂何也？」對曰：「吾樂甚多，天生萬物，唯人為貴，而吾得為人，是一樂也。男女之別，男尊女卑，故以男為貴，吾既得為男矣，是二樂也。人生有不見日月不免襁褓者，吾既已行年九十矣，是三樂也。貧者士之常也，死者人之終也，處常得終，當何憂哉！」孔子曰：「善乎，能自寬者也。」[7]

「常」與「終」實爲世俗生活中所現之「道」，一個人只要是在生活過程中安於所處，足於所獲，便能夠遠離憂愁獲得快樂。不過，《列子》一書仍有著濃厚的道家氣息，後演變成《沖虛至德眞

經》，成為了道教的經典。道教的宗旨就在於從求得人們世俗生活的快樂與幸福出發，運用咒法、符籙法、齋醮、內外丹、「服氣」、導引、辟穀、房中術、行善修德等等，來使人們在日常生活中皆成為有福之人、有祿之人、有壽之人，甚至「白日飛昇」，成仙了道。這些世俗生活上的極至狀態，在道教思想家看來，也就是人的「性」與「命」的最完善的境界。

可見，在中國古代漫長的歷史時期發展而出的儒、釋、道（道家與道教），在人生問題上，既有相同的地方，亦有相異之處。不過，在思路上則基本上有二種類型：儒家、釋家、道家皆重生命安頓、生命本真、生命超越，而道教則重生活的快意與幸福，這可以說是儒家釋家道家和道教在人生哲學上最重要的分水嶺之一。由此，二類不同的觀念存在著一定的相斥性。不過，中國文化最最顯著的特色亦是其優異之處，就在於她的融會貫通性，四種最為主要的思想資源在漫長的歷史發展中既相斥亦相合，既互為批評又相互吸收，從而形成了燦爛輝煌的中國傳統人生哲學，並對傳統社會裡的中國人產生了極大極廣極深的影響。

二、生活與生命

如前所言，人生是生命與生活的統一體，人之生活必須以生命為基礎，無生命安有生活？另一方面，人之生命又必須由生活而顯現，無生活又怎能談得上生命？兩者密不可分，互為表裡，但偏重於（偏向於）任何一方都會造成不同的問題。由此觀點來看中國傳統的人生哲學，便能察覺許多發人深省的問題。

中國古代儒家的人生哲學透過對人性、人之本質道德性的先在

性和本根性的論證而凸顯人們生命意義的重要性、絕對性，從而得出感性生活的次要性與從屬性。這固然能使人們從日常生活的感性享樂中超昇出來，專注於道德生命的修養，並經由君子而賢者而聖人。可是，對人們感性生活的忽視甚至排斥，使人們生命的活力無從顯現，使人之生活走向乾枯而乏味。因之，中國古代社會對人性、人之欲望、人之自由的壓抑甚至是摧殘都是驚人的。此外，中國歷史上為何有那麼多的所謂「偽君子」、「假道學」、「滿口仁義道德，滿肚子男盜女娼」的人與現象，就是因為一方面人們出於外在壓力而必須表現出對道德生命的無限崇仰和追求；另一方面，人們又無法忘懷感性生活的誘惑。生命與生活的緊張便造成人們內與外的脫節，知與行的背離，靈與肉的混亂。所以，「知」與「行」的問題一直是中國古代哲學，尤其是宋明理學，乃至近現代哲學的一個核心問題。

中國古代之佛教出現的問題亦復如此。佛學要求人們「看破紅塵」，由「戒、定、慧」三學而知世上一切事物皆無實相，皆空幻，人又何能求？進而則何所求？從而使人們專注佛法修煉，終則超越世間、超越生死，入不死不生之「西方極樂」。這無疑對淨化人類的心靈、抑制人們的物欲、行善積德等有相當的作用。但其凸顯的是人之未來（來世）生命存在的無限性追求，貶低的是人之現世的感性生活，看不到現實的生活亦是人生重要且不可或缺的部分，因為人之生命必須要由人之生活才能顯現。

中國古代之道家追求與「道」合一的人生，認為在「自然無為之道」的層面上，可以把人之存在的內在生命與外在的感性生活統一起來，以藝術化的與審美性的生活展現生命存在的全部內涵。其求之也高，其意境也遠，但對芸芸眾生而言，實在是既無法落實生命的存在，又看不到現實生活究竟如何展開。由此發展而出的道

教，則傾向於消解人之生命的問題，將一切人生的問題皆歸之於感性的生活，因此才會有對「福、祿、壽」的孜孜求取，但卻常常陷入了「採陰補陽」，煉「金鋼不壞之身」，或求「長生不老」等等媚俗的而又無法實現的尷尬境地。

可見，在中國傳統人生哲學中，儒佛道（家）皆偏重於「生命」存在而比較地忽略人們日常的感性「生活」；而道教則偏重於人們感性的日常生活而忽略了人內在生命的存在面。應該說都有其優長的方面，亦有其問題的一面。如果我們將目光從古代轉向現代，會發現在生命與生活的問題上又出現了另一方面的偏向。

三、現代人之生存危機

現代人之人生的最大問題在於：與中國傳統儒釋道所堅持的生命高於和重於生活的觀念相反，人們大多傾向於、埋首於、專注於物質性的感性生活而忘懷了生命的層面，從而常常出現生活的意義與生命的價值的危機。

已經逝去的二十世紀，主要是人類對自然的認識不斷地深入，及利用這種知識改造自然以適應人們需要的世紀。人們有理由對過去的世紀感到自豪，因為人類在這個世紀中取得了輝煌的成就，吃穿住行用等等各方面的物質生活水準都大大提高了。但是，不可否認的事實是：人們存在的空虛感正在迅速地蔓延，表現為愈來愈多的人喪失了生活的意義和生命的價值。

人們在生活中，不斷地去求這求那，這有兩種可能：或者沒有求到，於是頓感活得沒什麼意思；要麼自己求的東西得到了，可是，人們迅即發現得到的這些東西不過爾爾，也填充不了人生的空

白。當然，還有些人則根本不知自己要什麼，到手的東西又有何益？不知自己想幹什麼，也不知自己幹什麼是爲了什麼？一切生活中到手及沒到手的狀態都意義消失，並進一步潛入到生命的層次，使人之生命的價值感也隨之消失，這就形成了人類生存的危機。

以往人類的生存危機多由於自然的災害，或大規模的戰爭；而在現代社會，人類的生存危機已經變成爲由生活意義的喪失到生命價值的隱去。這種狀況在二十世紀已然出現，而在二十一世紀它將成爲人類面臨的最大及最嚴重的人生問題。

僅以這一現象極端表現的自殺爲例。有資料顯示，在現代社會中，自殺已成爲十分突出的普遍性的問題。隨著社會的發展變化，許多國家的自殺現象都在增加。據世界衛生組織的統計，1950年至1960年間，全世界30多億人口，每年有30萬人死於自殺，自殺率爲10/10萬。而到1990年，人類社會的生產力得到了空前提高，人們的生活豐裕度也隨之迅速提升，但也就在這一年，世界衛生組織公布的30國自殺率顯示，自殺率呈明顯上升趨勢。比例最高的國家是匈牙利，自殺率高達44.9/10萬，其次是丹麥31.57/10萬。德國爲20.9/10萬，日本爲17.55/10萬，美國爲11.5/10萬，平均爲14.42/10萬。其中大多數國家的自殺率均有上升的趨勢。從人群分布看，老年人及青少年是自殺率高發年齡組，尤其以15歲至24歲的男性組別爲多。在美國，青少年死亡的原因中自殺已躍升爲所有死亡原因的第二位，而1965年時還是死亡原因的第五位。一般認爲，自殺死亡一人，那麼未遂者是6倍至10倍。日本對於「你曾想過死嗎」這一問題的調查發現，初中生的24.5％、高中生的34.5％作了肯定的回答。而某項對大學生的調查發現，對「至今爲止，你曾想過自殺嗎」的回答中，有75％的人回答說「有過」。

在中國大陸，據1992年首屆「危機干預暨自殺預防研討會」

發表的研究估計，大陸地區自殺率約10/10萬，香港自殺率11.3/10萬。就在中國改革開放取得決定性進展的1998年，據不完全統計，中國大陸發生了自殺案件235,200起，其中死亡152,672人。當然，這些統計數字還是相當的不完整，尤其是在中國廣大的農村地區，統計數字根本無法精確。台灣《聯合報》1998年5月15日報導，在衛生署公布的關於台灣地區十大死因中，1997年自殺首次列入，這一年台灣有21,720人自殺身亡。許多醫生表示，實際自殺死亡的人數可能是這一數字的10至25倍，因為有很多自殺者家屬去登記的死亡原因是心臟衰竭等非自殺原因。

自殺是生活無意義導致生命無價值體認的極端表現。實際上，在日常生活中，更多的人感覺到的是：「活得沒有意思」。大學生彭某回顧自己的人生道路，感慨地說：

「永遠快樂」這句話，不但渺茫得不能苟同，並且荒謬得不能成立，人生的快活絕不能長久更不會永久。我們平時說永遠快樂，正好像說四方的圓形、靜止的動作一樣自相矛盾。人要找快活，只能從痛苦中尋。比如，一個失眠的晚上，可以換來一次甜蜜的睡眠；上一堂沈悶的課，才能換來在空曠之地伸手踢腳的快活。既然如此，我們又何苦要快樂，又何能有快樂？所以，快樂在人生裡，好比引誘小孩子吃藥的方糖，更像是跑狗場裡引誘狗賽跑的電兔子。也許我們只是時間消費的籌碼，活了一世不過是為那一世的歲月充當殉葬品，根本不會享受到快樂。而我們也許會想到，死才是真正的安息和永恆的快樂。於是，快樂的引誘，不僅像電兔子和方糖，使我們忍受了人生的苦難，而且彷彿是釣鉤上的魚餌，竟使我們甘心於死。有的人可以用精神的力量來忍受痛苦，甚至於指導痛苦轉化成了快

樂，他可能是哲學家，但是，誰又知道他不也是一個大傻瓜呢？[8]

這是說，快樂不僅少，且要以痛苦為代價。簡言之：人生快樂簡直就不可能。沒有快樂的生活，又有什麼意思呢？沒有快樂的生命，又有什麼價值呢？既無意思又無價值，整個人生又有什麼值得留戀的呢？

人生中，不是「不快樂」，而是根本就「無快樂」，充滿周遭的全是「無聊」與「好煩」，這可以說是現代人對人生的一個基本的感覺。這是一種人生存的迷失，不知「生」從何來，「死」又何去？也不知「活著」究竟為了什麼，又有何益？生活的意義與生命的價值似乎都不明朗，都弄不清楚，人生的一切都充斥著無可奈何和煩悶。因之，尋找生活的意義與生命的價值應該說是整個二十一世紀的重大人生問題。

四、個我性與普遍性

奧地利著名精神醫學家弗蘭克繼佛洛伊德之後，創立了維也納精神治療法第三學派。他認為，今天的時代已經不再像佛洛伊德時代那樣面臨的是性挫折，而主要是生存的挫折，是一種無意義感伴之以某種空虛感，可稱之為「生存虛空」。為何會如此呢？弗蘭克醫生指出，人類要成為真正的「人」時，必須經歷雙重的失落，由此而產生生存的空虛：

人類歷史之初，「人」就喪失了一些基本的動物本能，而這些本能卻深深嵌入其他動物的行為中，而使牠們的生命安全穩

固。這種安全感就如同伊甸樂園一樣，永遠與人類絕緣，人必須自作抉擇。除此之外，人類在新近的發展階段中，又經歷了另一種失落的痛苦，即一向作為他行為支柱的傳統已迅速地削弱了。本能的衝動不告訴他應該做什麼；傳統也不告訴他必須做什麼，很快地他就不知道自己要做什麼了。[9]

叔本華說：「人類注定永遠在兩極之間遊移：不是災難疾病，就是無聊厭煩。」有人對美國愛達荷州立大學60名自殺未遂的大學生進行調查，問其為何自殺？有85％的學生回答說生活中再也看不到任何意義，而其中有93％的人在生理上和心理上都是健康的。[10]

　　人們在脫離動物界成其為「人」時，出於本能而動停行止的狀態被有意識地制止，並發展出一整套文明與文化的傳統來指導和規範自我的行為。可是，近代以來，尤其是現代以來，傳統在新的生產及生活方式的衝擊下逐漸地瓦解，這種情況在中國顯得尤為嚴重，上述儒釋道的人生觀在現實社會就影響相當小。於是，繼以「本能」不能告訴人們該做什麼之後，人們在「傳統文化」中也已經無法找到如何行為的方向和準則了。正在全世界氾濫的後現代文化更是提出要消解一切事物的深度、本質、規則、意義、價值等等。如此一來，人似乎獲得了空前絕後的自由，但白茫茫的大地也實在是太乾淨了：無路標，無道路，無任何參照系。人們不知要怎樣行？如何走？到哪裡去？要幹什麼？徬徨、猶豫、無奈、消沈、活得沒有意思等等狀態及感覺，就成為現代人之人生的鮮明標識。
　　此外，弗蘭克醫生還指出：

有時求意義的意志受到挫折，於是用其他代替者作為補償，例

如求權力的意志。也有些時候，這種受挫的求意義意志被求享樂的意志所取代，因此成為性的代償作用……因為存在的空虛，性慾遂猖獗氾濫。[11]

這就是現代社會許多人對金錢、權力、美色瘋狂追求，甚至不惜犯罪的內在深層的原因所在。

如果從生死哲學的角度觀察現代人生活無意義感及生命無價值感的問題，可以發現其產生的另一個重要原因是：人們把感性之生活置於人生最最重要的地位，甚至因此而無視生命問題。以現代社會最為嚴重的吸毒及自殺為例。吸毒者有各種各樣的理由和偶然性，但其本質上就是為了當下此在的感性生活享受而置生命於不顧。他們沈溺在生活的快活之中，毫不察覺或根本不在乎生命的損耗。而自殺者則與吸毒者不同，一般皆起因於對當下此在的生活性質與狀態無法忍受，以致要擺脫現實的生活而走向自我放棄生命的不歸之途。吸毒者是為了生活的享受而對生命慢性摧殘；自殺者則是為了生活的痛苦而放棄生命，這是二者之異；但二者又有共通之處，即：都是為了生活而置生命於不顧，乃至放棄生命的存在。

中國古代的賢哲多認為生命存在至上，生活次之。人們主要應該求得生命的安頓，而不論生活的性質及狀況如何。現代人多與此看法相反，把感性之生活看得比生命存在更為重要，認為生活不好、不舒適、不愉快，那麼毋寧去就死。在這樣一種人生觀的影響下，許多人輕賤生命、踐踏生命、摧殘生命、自絕於生命。古人因將生命問題看得比生活問題重要百倍而擠去感性生活的豐富性；今人把感性生活放在人生中的最高位置而忽略了生命存在的獨特價值，可見都有其偏。

總之，現代社會運用高科技的手段創造出的財富已大大超過以

往，人們的生活水準也大幅度提升，高樓成片拔地而起，超市中的商品堆積如山，高科技企業遍地開花。社會正在逐步走向富裕化、法制化、民主化。但是，不能不警惕的是，一方面我們自然的家園遭到了嚴重的破壞，環境污染已愈來愈令人擔憂；另一方面，我們的精神家園也受到重創。在市場經濟淹沒一切的今天，與傳統人生哲學要求人們專注於生命不同，人們沈醉於世俗的生活而不顧及生命的安頓問題，這就使欲望、金錢與權力在許多人那裡極度膨脹，使得物欲氾濫，人際疏離，道德淪喪，社會失衡。1992年中國大陸舉行了一次全國性的社會人際關係的調查，結果顯示72.8％的人為「人變得自私自利感到憂慮」；71.9％的人認為「人心難測」；78.2％的人認為「不送禮辦不成事」。有學者指出：

> 工業化、商業化、現代化帶給當代人的病痛，就是在內心世界、精神世界流落街頭、無家可歸。由於市場經濟的發展而滋生的功利主義、權錢交易、功名利祿、人欲橫流，人們深感方寸之心、良知自我、人格修養、氣節操守等等，都找不到託付、安定的終極之地，倍受信仰危機、道德危機的極度創痛，懷著失敗的沈重與無望的反抗，義無反顧地逃出民族文化的家門，衝上市場經濟斑駁陸離的思想大街，尋找自己的精神家園。[12]

五、生死哲學

承上所述，在人生中的生活與生命的二個向度中，中國傳統人生哲學主要是偏重於生命而忽略生活，而現代人的問題則在於只見

生活而不顧生命的層面。所以，有必要在中國傳統人生哲學的基礎上發展出一門不僅重視人之生活，也重視人類之生命；不僅僅重視人之「生」，而且重視人之「死」的學科，這就是所謂——「生死哲學」[13]——來較好地解決現代人之人生問題。既防止只重人之生命存在而可能走向的人生狹隘性，又避免只重人之生活而導致的人生空虛性，使現代人獲得真正幸福與快樂的人生。

生死哲學把人之生活與生命視為人生統一體中不可分割的兩大主要部分，兩者之間的緊張構成了人生之永恆與主要的問題。並進而認為：人生活與生命問題的解決必求之於人對「死」的觀照；人之死的問題的解決也必求之於對「生」的認識，這即所謂「生死互滲」觀。[14]

那麼，生死哲學如何解決現代人只重生活感受不顧生命存在的問題呢？一般而言，我們每一個人的人生都主要包括生、愛、死三項內容。「生」指人們生活的過程和性質；「愛」指性愛，直接關係到人類情感的生活及生命的延續；「死」包括人的生活與生命的中止及死後生命的問題。人生的這三大方面及三大主題涵蘊了人之生活與生命的全部內容。當人之「生」變成一種無意義的呆板停滯的過程、「愛」異化成只是動物性發洩和毫無責任的遊戲、「死」演變為現代人最最恐懼和痛苦的深淵時，人們便沒有了生活與生命的家園，當然也就喪失了自然與社會的家園。

為了不至於如此，首先必須處理好人之生活與生命之間的緊張。生活與生命雖然合一於人生，但兩者的性質有著重大的區別。人的生活是當下此在的，過去的生活已然逝去——非存在；未來的生活還沒有開始——也是非存在，所以，人之生活都是現在進行式，人們所能感受的也只是當下的生活。而人之生命雖然也顯示為現在此時的，但生命卻無法與過去和未來割裂開來，沒有過去的生

命是非存在，而無未來的生命則是一具死屍。所以，生命必須是在延續的過程中才能展現。

如果說，生活的品格是個我的、當下的；那麼，生命的品格則是普遍的和歷史的。人們若能夠從個我性的生活走向普遍性的生命存在，從當下此在的生活邁進永恆無限的生命洪流，那麼，便可以尋找到生活的意義與生命的價值。遺憾的是，在目前許多人的生活實踐中，這一切都出了大問題。

市場經濟的本質就是調動個人之主動性、積極性，倡導每個人都有獨特的生存與生活的方式。人們從事經濟活動，所獲是自己的，享樂也是自我的，一切責任亦需自我來負。於是，生活的個我化空前凸顯，人們一般皆只注意到生活的當下此在而不管生命的歷史延續性。這時，金錢的擁有和物質的享受必然成為人們關注的中心。人們以為「擁有」，而且是物質性的擁有便是人生的一切，無擁有即是人生的失敗，乃至痛感生活無意義生命無價值。這樣，人們把生活中的擁有等同於混淆於生命存在本身，這是現代人生中的一大誤區。應該意識到，無論是金錢財富的物質性擁有，還是權力地位美色的社會性擁有，一則擁有的數量與品質有多有少，有好有壞；二則，凡是生活中的擁有無不都易於失去和消解。實際上，在現代社會中，任何人擁有得再多，與其他人相比都是有限的、不足道的，此即所謂現代社會中人們「所得」與「所欲」之間的緊張。

在現實生活中，人們的「所得」總是一定的，而人們的「所欲」卻是無限的，總是大大超過現有的「所得」，無論此時的「所得」是多還是少。因為，人們的「所欲」取決於與他人所擁有的東西進行橫向的比較，而自我的「所得」卻源於人們的努力和機會。兩者一碰，會發現，這個世界上永遠都有在擁有上比自己多得多的人，無論你擁有是多還是少。故而，現代人在擁有上永遠都陷入一種

「一無所有」的尷尬境地。此外，人們的物質性擁有是易變的和易失的。俗語云：「三十年河東，三十年河西」，我們生活中的擁有又能怎樣？長期艱苦努力求富而得富者有之，一夜機遇而暴富者也有之；但富而窮者也比比皆是，瞬間從富豪到身無分文者亦不罕見。這樣，當人們把生活的意義與生命的價值置於純物質性金錢財富的這種無常之有的基礎上時，無疑會痛感生活的艱辛、生命的無常和人生的痛苦，尋覓不到自然、社會以及生活與生命的幸福家園。最後的結果只能是：輕則導致身體疲憊不堪，精神萎靡不振；重則輕賤生命，放棄生活，邁向自我毀滅的不歸之路。

這又牽涉到個我化的存在與類我化存在的緊張問題。人在生活的層面上，往往是個我化的，生活的內容及過程都是「我」的而非「他」的；是我擁有的東西就不是「你」的，是「他」所有的東西就不是「我」的。因此，人們若僅僅局限在個人的生活內，必然會形成個我化的人生觀。但是，如果人們能夠立於生命存在的基點來看，則會明白任何人生存的本質都是普遍性的。每個人的生命都是父精母血孕育而就，也都在社會中成長，都承受著人類文明與文化的薰陶，這些都使人之生命本真顯現為普遍性。也就是說，在生命的層面上，你我他皆連為一體，水乳交融，不分彼此。但是，人們在個我化的生活中往往看不到也體會不到生命存在的普遍性，而以個我化的人生觀處世，於是失去了生命本真的生活常常會陷入困境，從而發生意義與價值的危機。

以性愛的問題為例。本來人類的性愛與動物的交配完全不同，是一種生命普遍性最鮮明的表現。因為自從人猿揖別之後，它就建立在男女兩情相悅的前提上，在愛情的基礎上進而有肉體的結合、家庭的產生。這是一種人之最內在的生命、靈魂、感情等的溝通、感通、融會之後的結合，是一種最最超越個我性生活存在的生命的

普遍性存在。可是，現在有金錢交易後的肉體關係，有一夜情人和睡醒過來還不知身旁的人姓什名誰的所謂瀟灑等等，完完全全沈溺在個我化肉體享樂而喪失了生命存在的普遍性。因此，且不提這種喪失生命本眞狀態的性愛關係給社會帶來了嚴重的愛滋病等性疾病的氾濫，在現實生活裡又有多少人在愛情方面受到了無窮盡的傷害，一句「不在乎天長地久，只在乎曾經擁有」的歌詞，倒是道盡了現代人在兩性生活中的個我化人生觀凸顯、類我化人生觀消褪的狀態，這是現代社會不容忽視的大問題。

　　在人生的另一主題死亡的問題上，同樣也有兩種人生觀並可導致截然不同的結果。一者，人們若局限於個人生活的層次來看死亡，必然會視死亡毀滅了自己的一切，死亡使自我的生活完全中斷，自我擁有的一切完全喪失，這是多麼的可怕和焦心。因此，死亡對人們來說，是一種無法接受的東西。可是，生活中的許多東西你可以有自由的選擇，可以接受也可以不接受；死亡卻是任何財富金錢權力意志等都改變不了的生命結局。所以，僅僅立於生活的層面來看待死，必會產生無窮的恐懼和痛苦。如果人們在必不可免的臨死前，體驗到的全是刻骨銘心的巨痛，那麼，這種狀況就足以淹沒掉你生前所有的幸福，一筆勾消你生活過程中的一切快樂。但如果人們超越個我化的生活，立於生命存在的類我化的基點，那麼，面對死亡，就不會有那麼多的遺憾和恐懼。

　　以中國傳統人生哲學特別是儒學薰陶下的中國人爲例，人們一般都不把生活僅僅視爲個我的，而是認爲個人化的生活經由普遍性的生命而與家庭與家族、直至國家緊密地聯繫在一起。個人的生活目的全都繫於家庭、家族、國家的存在和發展。這樣，人們也就能突破生活的個我化的存在，進而達到生命存在的普遍性。因此，一般的普通老百姓面對死亡時，可以把其視爲「白喜事」，因爲他會

覺得，自我的生活雖然完結了，但自我的生命卻在家庭與家族中延續，直至永遠。這就是古人重視後代子孫，重視香火祭祀的內在深層的原因之一。而中國古代的士大夫們，則在面對必死的人生結局時，刻意於追求「殺身成仁」、「捨生取義」，或者去求得「立德、立功、立言」之「三不朽」。認爲崇高之道德品格、偉大之功業、完美之詩文可以傳之後世，個人之生活雖然中止了，而生命卻借助於立德立功立言的中介永恆且不朽了。由此，他們便由精神之途而超越了死亡，可以在臨終前消解死亡的恐懼與痛苦，甚至勇於且欣然地投入死亡的懷抱，如文天祥然。

因此，現代人若想解決死亡給人之生帶來的一系列問題，就必須從生活的層面躍升上生命的層次，把個我化的人生觀置換成類我化的人生觀，從而立於生命的基點上來對待「生」，來看待「死」，終則超越死亡，既獲得「生」的幸福，也得到「死」的安心，達到人生的最佳存在品質。

可見，要解決人生的三大內容——生、愛、死的問題——都必須由人之生活走向生命，由個我走向類我，既重視感性的生活，更重視存在的生命。但在現代化的社會中，要達到這一點又談何容易，從懂得這一道理，到化爲自我的實踐還相當的遙遠。有一種方法和一條途徑可以讓人們比較順利地由生活的存在昇華爲生命的存在，獲得生與死的圓滿。這就是——由死觀生。

這並不是說，人們應該去就「死」，也不是讓人們天天在「生」之中去考慮「死」，而是要求人們建構一種生死觀，由對「死」的體認來達到對「生」的把握，特別是獲得從生活的層面上升爲生命層次的途徑。

由死觀生的結果，可以使人們從個我化的生活中躍出，發現生命原來是與父母、社會緊密相繫的，意識到親情友情愛情人情才是

人一生中最最重要的；而生活中幫助他人，如栽上一棵樹，給城市和他人留下一片綠色；或者哪怕是用自己最可寶貴的身體器官救助他人也是那麼的美好，那麼值得自己去做的事情。若僅僅關注自我生活的享樂，則會浪費寶貴的生命時光，臨終前必會留下太多太多的遺憾。想到了這一切，並真的在現實生活中去加以實施，那麼，人們必可鎮定自若地敲下生命程式裡的最後一個enter鍵。

實際上，當人們從傳統的人生哲學中吸取了養料，突破了狹隘生活的小圈子，立於普遍性生命的視野來看生死，必可發現：死亡只是個人生活的中止，而非生命的終結。從大的方面而言，人之生命是宇宙這個大生命中的一個組成部分，個人之亡，意味著你的生命回歸於宇宙的生命洪流之中，參與到整個宇宙大生命的創生過程中去了，從而趨於永恆。若從小的方面來看，我們每個人的身體固然必會死而朽去，但生命本身並未完全消失。因為「我」的創造物還存在，「我」的生命也就存在；因為「我」在這個世界釀造出了濃濃的親情友情人情和愛情，許多人都記得我想著我念著我，所以，「我」的生命資訊還在這個世界上留存下來，成為了不朽。這樣，人們也就尋找到了生活意義，也覓得了生命的價值，從而消解了生活與生命、所得與所欲、個我與類我之間的緊張，達到了「生」之幸福與「死」之安寧的完美結合。

這是中國傳統人生哲學所欲達到但卻沒有完全實現的目標，當然也是我們現代人夢寐以求的生活的意義所在與生命的價值所在，從而也是人之人生的安頓所在。

本書試圖在中國賢哲的生死智慧中獲取解決現代人之生死問題的方法與途徑，特別是為建構適合中國人生死實踐特點的中國生命學，或生死哲學之理論體系打下堅實的基礎。讀者可以在閱讀本書的過程中，仔細體會中國賢哲是如何面對自我之生死課題，又是如

何解決之的。而在本書的兩篇附錄〈由「認」到「命」〉、〈心靈環保〉中，我則試圖運用傳統的生死智慧來解決現代社會和現代人所遭遇的二類生死問題。

不過，需要特別指出的是，生死問題一方面具有特別個我化的性質，也就是說，每一個人所遭遇到的生死問題都不一樣，解決的方法與途徑也應該各不相同，所以必須廣泛地去涉獵人類歷史上一切優秀的生死智慧；另一方面，生死問題又具有最大的普泛性，人人都必定會在特定的時間地點遭遇到生死問題。這一特質決定了生死問題是每一個人都必須勇敢面對的問題，也是人們特別需要智慧去加以解決的問題。

如果本書能夠為讀者解決生死問題提供一些有益的啟迪，那就是著者我最大的幸福與快樂了。

注　釋

1（宋）朱熹注，《論語‧述而》，《四書集注》本，嶽麓書社，1989。

2（宋）朱熹注，《論語‧雍也》，《四書集注》本，嶽麓書社，1989。

3《周敦頤全書》卷三，江西教育出版社，1993，頁143。

4 楊潤根，《老子新解》，中國文學出版社，1994，頁78。

5 司馬遷，《史記‧老子韓非列傳第三》，嶽麓書社，1990，頁495。

6 駱繼光主編，《佛教十三經》，河北人民出版社，1995，頁6。

7《諸子集成‧列子注》，上海書店，1990。

8 引用於南昌大學的大學生們，關於生死問題的一次課堂作業的內容。

9 弗蘭克著，趙可式等譯，《活出意義來》，三聯書店，1998，頁112。

10 弗蘭克著，趙可式等譯，《活出意義來》，三聯書店，1998，頁160。

11 弗蘭克著，趙可式等譯，《活出意義來》，三聯書店，1998，頁113。

12 見武才娃，〈新世紀探討儒家「安身立命」價值〉，《文化中國》，2000，期3。

13 參見拙文〈尋找人生的價值與生命的安頓——從人生哲學到生死哲學〉，

《江西社會科學》，2001，期2。

14參見拙文〈論生死哲學的學科建構〉，《南昌大學學報》，1999，期3；
〈關於人生問題研究的方法論沈思〉，文載中國人民大學複印資料《思想政
治》，1999，期1；〈論中國傳統死亡智慧與「生死互滲」觀〉，《中國哲
學史研究》，1999，期3；〈尋求生命的真諦——我與生死哲學的研究〉，
《東南學術》，2000，期2。

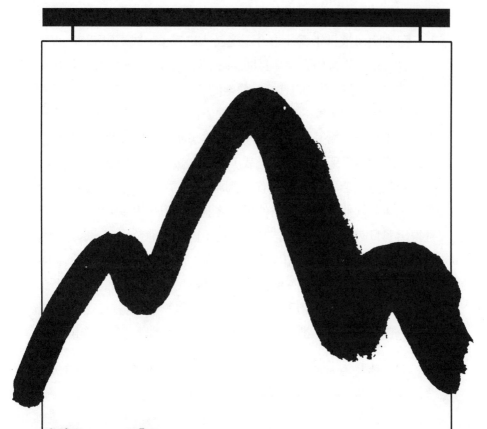

第一章
陶淵明之生死智慧

陶淵明（365-427年），字元亮，亦名潛，卒後諡靖節先生。東晉時期偉大的詩人和散文作家，江右十大名人之首[1]。在中國歷史上，陶淵明向被推崇爲「古今隱逸詩人之宗」，中國田園詩之祖，而其豐富深邃的哲學思想卻長期隱晦不顯。所以，胡適先生指出：「故他的意境是哲學家的意境，而他的語言卻是民間的語言。」[2]認爲陶公已臻於哲學家的意境，可謂評價甚高了。陳寅恪先生則明確指出：「淵明實爲吾國中古時代之大思想家，豈僅文學品節居古今之第一流，爲世所共知者而已哉！」[3]推陶公爲「大思想家」，亦可謂眞知灼見。袁行霈先生更作〈陶淵明的哲學思考〉，指出：「陶淵明不同於其他詩人，因爲他思考著關於宇宙、人生的大問題，而且得出了具有哲學高度的結論；他也不同於其他哲學家，因爲他是用詩的思維方式去解決和表達哲學命題。」袁先生還認爲，陶淵明思想中有三個主要的哲學範疇：生死範疇、形神範疇和窮達關係的範疇。[4]龔斌先生則認爲：「陶淵明的哲學思想大體有三個重要部分：化遷的宇宙觀、神滅論和委運自然的人生觀。」[5]又指出：

> 既然他認爲人稟氣而生，有生必有死，形盡而神滅，得道升仙絕無可能，生死壽夭各有性分，那麼，縱心任性，樂天知命，委運自然，也就成了人生的最佳選擇。這樣一種獨特的人生哲學，不僅形成了淵明任眞自得的人格，而且也是他那些純眞質樸詩文的內在靈魂。[6]

本章擬在前輩學者的基礎上，深究陶淵明的生死智慧，以期讓現代人能夠獲得應對生死問題的歷史文化思想的資源。

一、人生觀：任眞自得，恬淡高潔

　　長期以來，在陶淵明思想的淵源上，有人指出儒家思想為主導，有人認為是道家思想為核心，還有的學者則認為陶的思想是「外儒而內道」等等。但僅就其人生觀而言，應該說，陶淵明的思想是一種非常典型的儒道互補、融會儒道的觀念。

　　在人生觀的形成上，陶淵明受到兩種不同思想的影響，一為儒家的進德修業。陶淵明曾寫有〈命子〉詩，讚其曾祖父是「桓桓長沙，伊勳伊德。天子疇我，專征南國。功遂辭歸，臨寵不忒。孰謂斯心，而近可得？」[7]一方面讚其功業非凡，另方面也讚其獲寵而毫不迷惑矜驕，功遂身退。此外，陶淵明還為他的外祖父、做過征西大將軍桓溫長史的孟嘉寫過一篇傳，內云：孟從不苟合於世俗，亦無喜怒之容，從容不迫，坦坦蕩蕩。性好酒，但飲之再多也不亂，而喝至微醺之際，「至於任懷得意，融然遠寄，傍若無人。」大將軍桓溫曾問他：酒有何好，而君如此嗜之？孟笑答：「明公但不知酒中趣耳。」[8]

　　有如此功勳卓著的曾祖父，為其後人的淵明能不奮發努力嗎？又有如此風流倜儻的外祖父，淵明能不成為飄逸高潔之士嗎？所以，陶淵明「少年罕人事，游好在《六經》」，儒家修身齊家治國平天下的學說對年輕的陶淵明應有相當的影響。也因此，他懷著「大濟蒼生」、「朝與仁義生，夕死復何求」的理想，志在四方，樂觀奮發，是一個熱血青年。

　　西元383年，陶淵明十九歲時，適逢著名的「淝水之戰」。大約就在此時，年輕的淵明仗劍獨遊西北，多少年以後，他追憶這段

經歷的詩篇仍令人血脈僨張：「憶我少壯時，無樂自欣豫。猛志逸四海，騫翮思遠翥。」「少時壯且厲，撫劍獨行遊。誰言行遊近，張掖至幽州。」無論是他身在江南胸懷西北的悠遠之想；還是憑一股沖天豪氣行游四方，皆讓我們體味到陶淵明青少年時代受到儒學入世治國及拯斯民於水火觀念的深刻影響。可見，淵明在人生觀上並非完全的隱逸，至少在青少年時不是如此的。甚至在其年屆四十，躬耕田壟已久後，仍有治國安邦、創業垂統之理想：「先師遺訓，余豈云墜？四十無聞，斯不足畏。脂我名車，策我名驥。千里雖遙，孰敢不至！」

不過生於江南水鄉、廬山之麓的他，秀山麗水環繞四旁，長江之濱，田園風光，加之老子莊子崇自然、尚無為的哲理化為魏晉玄學在士子中廣為流行，以及《詩經》、《楚辭》等的奇詭麗想，都給「少無適俗韻，性本愛丘山」的陶淵明極大的陶冶。他曾回憶道：

> 少學琴書，偶愛閒靜，開卷有得，便欣然忘食。見樹木交蔭，時鳥變聲，亦復歡然有喜。常言五六月中，北窗下臥，遇涼風暫至，自謂是羲皇上人。[9]

可見，淵明又是一任真情流露、性喜與自然大化融為一體的人。其時，學風與士風皆為「儒玄雙修」，所以，一儒一道，一仕一隱，一奮發一飄逸，這種人生觀及人生踐履在陶公青年時代便已形成，但隨著年齡的增長，陶公歸隱的情結日益凸顯。

因為陶淵明生當中國魏晉大分裂、大動盪、大混亂的時期，外有異族虎視眈眈，內有政局動盪、王朝更迭頻繁；且在政壇上，寒門與世族、上品與下品之間矛盾重重，士人們不僅常常官位不保，性命亦在朝夕之間。陶淵明一則出身寒門，二則性高潔不群，如此

又怎能在官場一展平生所學，修身齊家治國平天下呢？故而陶淵明在〈感士不遇賦並序〉中說：

> 夫履信思順，生人之善行；抱樸守靜，君子之篤素。自真風告逝，大偽斯興，閭閻懈廉退之節，市朝驅易進之心。懷正志道之士，或潛玉於當年；潔己清操之人，或沒世以徒勤。故夷皓有「安歸」之嘆，三閭發「已矣」之哀。

士之不遇之嘆，以陶公此詩為深刻。進則「儒」不成，陶公退則「道」卻可。因之，在人生觀上，陶淵明之思想不是「儒為主」還是「道為主」的問題，也不是「外儒內道」的問題，而是先儒後道、儒道互補和儒道互融的問題。這在陶淵明之求「樂」的人生觀及人生踐履中可見一斑。

在陶淵明的詩文中，常可見其對「樂」的描寫：其飲酒可樂，觀景可樂，遊山可樂，躬耕壟畝可樂，「奇文共欣賞」可樂，與友朋交可樂，稚子繞膝可樂，與老農「共話桑麻」可樂，乃至「無樂」還能「自欣豫」。但實際上，從陶淵明生活的過程及性質上看，其有何樂？其又何能樂？他仕途受挫，家道日貧，兒輩不聰，最後是饑寒交迫，幾近乞討。可是，他的確有其樂：「歡然酌春酒，摘我園中蔬」，「俯仰終宇宙，不樂復何如」，「樂夫天命復奚疑」，「言笑無厭時」，「此事真復樂」，「陶然自樂」，「怡然有餘樂」等等等等。

那麼，陶公之「樂」，樂在何處呢？

一則樂於「道」。此「道」既是儒家之道德倫理之「道」，又是道家自然無為之「道」。陶淵明曾有言：「先師有遺訓，憂道不憂貧。」先師云云，顯指孔子之言「君子憂道不憂貧」之教誨。此「道」當指儒者所宣導的禮樂教化、人倫道德之「道」。儒者一來以

禮樂教化推行於天下，二則以人倫道德自律自處，且以之為「天」之命人所遵所行之「德」，故而能樂以忘憂，不知老之將至；故而能飯疏食飲水，曲肱而枕之，樂亦在其中；只要能博施於民而能濟眾，即便「惶惶如喪家之犬」、遭遇「王顧左右而言他」的冷遇亦可矢志不渝，樂在其中。這就是人生的安頓處，亦即儒者常說之「安身立命」之處。

陶淵明是持有儒家之「道」的，其安貧守賤，不慕榮利，實踐仁義，自食其力。他牢記儒家「君子固窮，小人窮斯濫矣」的教誨，常說：「不賴固窮節，百世當誰傳」；「寧固窮以濟意，不委曲而累己」，「居常待其盡，曲肱豈傷沖」；「貧富常交戰，道勝天戚顏」，「人生歸有道，衣食固其端」等等。所以，陶公才能「好六經」，成為一位「窮則獨善其身」的君子。

陶淵明又從道家之「道」中吸取人生安頓的資源。道家之「道」是宇宙之本、大化之源、社會之基、人生之真諦，但卻不可言也不可傳，只能靠「悟」，其根本特質是「自然」、「無為」。陶淵明以本根之「道」性直接化為人生之理，所以，其性恬淡自然，清靜不染，視仕途為「形役」，以田園青山為歸宿。更不用說《老子》有「安其居，樂其俗，鄰國相望，雞犬之聲相聞，民至老死不相往來」的理想社會，而陶淵明有「童孺縱行歌，斑白歡遊詣」之「桃花源」了。

一般而論，人生當然有衣食住行之需求，然後有富貴榮華之追求，此皆為人生之物質的安頓之處。常人以之為人生安頓的全部，所以常常是無「樂」可言，原因很簡單：人之物質欲望是個變數，而現實的物質獲取則是個定量，後者永遠也無法滿足前者之需，故而人生可樂之時可樂之處實在是太少了。而在儒者、道者及受其影響之陶公而言，現實的物質之需固然為人生安頓之處，無衣食哪能

生存？又何能進一步去修「道」？這是陶淵明回歸田園、自食其力、深感謀生不易之後有所感悟的道理。但是，僅有物質之安頓於人生是遠遠不夠的，人們一定要進而求「道」得「道」和運用「道」。唯此精神之安頓處方為人生的最終安頓，方能有其「樂」。陶公不僅有儒者之「道」可供其人生安頓之需，更有道家之「道」供其體味深思踐履，故而真能有「樂」、真能至「樂」。

二則樂於「真」。人從本性而言，生於自然，長於天地之間，故而其性本真。老子云：「天地不仁，以萬物為芻狗；聖人不仁，以百姓為芻狗。」[10]所謂「芻狗」，就是「草製之狗型物件」，代指低賤之物，意謂天地自然而然，不特別地有意地關心和厚待萬物；而真正的「聖人」治理天下，亦應效法天地之道，自然無為，不要也不需刻意地以人為之為（「偽」）對待百姓。求取自然之真，是為道家思想之精髓。

陶淵明得道家求真之法，在人生過程中，一直以任真自得、無事自適為生活樂趣之所在。如他求自然之真云：

> 山滌餘靄，宇曖微霄。有風自南，翼彼新苗。洋洋平津，乃漱乃濯。邈邈遐景，載欣載矚。人亦有言，稱心易足。揮茲一觴，陶然自樂。[11]

> 方宅十餘畝，草屋八九間。榆柳蔭後簷，桃李羅堂前。曖曖遠人村，依依墟里煙。狗吠深巷中，雞鳴桑村顛。[12]

遠山雲彩，平湖新苗，草屋炊煙，雞鳴狗吠，一派山水田園風光，這即是「真」之所在，亦即從「俯仰終宇宙」之自然的「真」中，獲得「不樂復何如」的人生境界。詩人陶醉於其中，不過卻要以其人生觀之「稱心易足」（即「道」）為基礎。否則，又焉能有

「樂」？甚至會在艱難勞累之農耕生活中，自有其苦不堪言之嘆。

陶公又求人間之眞云：

> 野外罕人事，窮巷寡輪鞅。白日掩荊扉，虛室絕塵想。時復墟
> 曲中，披草共來往。相見無雜言，但道桑麻長。桑麻日已長，
> 我土日已廣。常恐霜霰至，零落同草莽。[13]

陶公厭惡官場，不喜世俗交際，因爲這之中充滿著奸詐、虛僞、狡
猾，而只願與農人共話桑麻，且「養眞衡門下」。所以，陶淵明在
出仕之後又毅然回歸：

> 歸去來兮，田園將蕪胡不歸？既自以心爲形役，奚惆悵而獨
> 悲？悟已往之不諫，知來者之可追。實迷途其未遠，覺今是而
> 昨非。舟搖搖以輕颺，風飄飄而吹衣。問征夫以前路，恨晨光
> 之熹微。[14]

詩人去官乘船返歸，急不可耐。回家後，稚子踴躍，松菊含笑，酒
已斟滿，情意盎然。詩人深悔出仕皆因「口腹」之欲，自己「質性
自然」，怎耐官場俗氣？所以，詩人決定從今以後寄身於天地之
間。陶公之詩文讓人感到眞氣貫注，眞氣襲人。

尤爲可貴的是，陶淵明還求「性」之眞，從不對自己的七情六
欲諱莫如深，而是坦蕩蕩一覽無餘。他言到彭澤爲官的動機時，沒
有一點豪言壯語，只是「彭澤去家百里，公田之利，足以爲酒」，
所以求家叔舉薦之，簡直就是一份「酒徒的坦言」。好友顏延之在
〈靖節征士誄〉中稱他「心好異書，性樂酒德」，而蕭統在〈陶淵明
集序〉中更言：「有疑陶淵明詩篇篇有酒。」陶公自己也承認：
「平生不止酒，止酒情無喜」。他非常慷慨，常常「鬥酒聚比鄰」、
「隻雞招近局」。「貴賤造之者，有酒輒設。淵明先醉，便語客：

『我醉欲眠卿可去』。」後人津津樂道的陶公葛巾漉酒,「漉畢還復著之」的故事更是能說明其嗜酒如命的性格。後來,陶淵明家貧常無所飲,於是,「親舊知其如此,或置酒而招之。造飲輒盡,期在必醉,既醉而退」。以至在他自撰的〈輓歌詩〉中,發出了這樣的感慨:「千秋萬歲後,誰知榮與辱。但恨在世時,飲酒不得足!」陶淵明如此嗜酒,絕不可僅僅視為一個生理性的酒癮問題,它更是一個人生觀的問題,是其真性情之所在,也是他求精神之自由、情感之釋放的重要途徑。

陶淵明又在著名的七百餘字的〈閒情賦〉中,直白自己在一個「神儀嫵媚」的美人面前,魂飛魄散,乃至渴盼著成為美人之衣領、束帶、髮油、青黛、簟席、鞋子、影子、燭光、扇子、鳴琴等等,為的就是墜入溫柔窩,親近美人的肌膚。情感真摯,大膽狂熱,實已至想入非非之境了。雖然詩人最後因山水之隔強斷情思,且以讚成合乎禮義之男女結合的議論而停筆,但陶公之真性情已是一覽無遺了。魯迅先生說:「又如被選家錄取了〈歸去來辭〉和〈桃花源記〉,被論客讚賞著『採菊東籬下,悠然見南山』的陶潛先生,在後人的心目中,實在是飄逸得太久了,但在全集裡,他卻有時很摩登,『願在絲而為履,附素足以周旋,悲行止之有節,空委棄於床前』,竟想搖身一變,化為『阿呀呀,我的愛人呀』的鞋子,雖然後來自說因為『止於禮義』,未能進攻到底,但那些胡思亂想,究竟是大膽的。」[15]這是對陶淵明「性愛無遺」之真性情的深刻揭示。

陶淵明求自然之真,求人間之真,求性情之真,雖然成為一個漸趨衰老的農夫,但在大自然的懷抱中,在濃濃的親情友情人情的環繞之下,其個性真率淳樸,其人格堅貞高潔,完全顯現出一片「赤子之心」。老子云:「知其雄,守其雌,為天下谿;為天下谿,

常德不離，復歸於嬰兒。」[16]又說：「含德之厚者，比於赤子。」[17]「嬰兒」與「赤子」因無世俗染污，其得之於「道」之「德」最多，所以其動停行止皆一任自然，毫無做作。陶淵明正是如此，他回歸田園，一任本性，真情勃發，「含德之厚」，因此樂也融融。

三則樂於「美」。美是自然的還是人為的？是主觀的還是客觀的？千百年來文人學者爭訟不已。陶公是一個偉大的文學家、思想家，其眼中之美，其陶醉於其中的美，無疑以自然山水田野風光為最。秋色與松菊，在詩人的筆下是這樣的：

> 和澤週三春，清涼素秋節。露凝無游氛，天高肅景澈。陵岑聳逸峰，遙瞻皆奇絕。芳菊開林耀，青松冠岩列。懷此貞秀姿，卓為霜下傑。銜觴念幽人，千載撫爾訣。檢素不獲展，厭厭竟良月。[18]

又如最為膾炙人口的〈飲酒詩之五〉所描繪出的美：

> 結廬在人境，而無車馬喧。問君何能爾？心遠地自偏。採菊東籬下，悠然見南山。山氣日夕佳，飛鳥相與還。此中有真意，欲辨已忘言。

但是，不應以陶淵明所樂之美為一純粹的自然物，在陶淵明的筆下，所有的自然之物實加入了人之意，是人之物的美而非物之物的美。離開了人，離開了主體，又有何物去體會美欣賞美？無此，又怎能有美？所以，在秋高氣爽、百草凋謝之日，群峰更顯高峻，松菊更顯挺拔，但詩人在其中體味出了古代品德高尚的隱士，如高山一般奇絕，如松菊一樣堅貞。在後一首詩中，人境之草廬，東籬之野菊，山氣氤氳，好一幅美不勝收的圖景。

但陶淵明在此絕不是僅僅表達自然之美，其真意在何處呢？歷

來解此詩者，多把「悠然見南山」之「見」訓爲「看見」、「望」，此恐有違陶公原意。東坡先生早有言曰：

> 「採菊東籬下，悠然見南山」。因採菊而見山，境與意會，此句最有妙處。近歲俗本皆作「望南山」，則此一篇神氣都索然矣。古人用意深微，而俗士率然妄以意改，此最可疾。[19]

實際上，「見」者，「現」也，猶如古詩「風吹草低見牛羊」中之「見」爲「現」一樣。陶淵明採菊東籬下，不是去望一座實有的南山，而是心中浮現出了一座喻意之南山。[20]「南山」者，道教中相傳爲陳搏老祖修道之終南山是也，俗語中「壽比南山」之南山是也。陶淵明在其詩中明確記載服食菊花可延年益壽：「菊爲制頹齡」，在採菊的同時，他心中浮現出或嚮往著那座「長壽之山」，這豈不正合陶公之意嗎？陶公居住地不必「偏」，心靜而地自「偏」；不是無車馬，而是有車馬卻無心中之「喧」。他並非遠離官場名利場，而是若即若離地悠悠然做一介農夫，究竟爲何？爲的就是任情適意，爲的就是在山水田園中延年益壽。這絕非有功利之念，不達觀，而恰恰是陶淵明眞性情之流露：有酒喝且高壽，不就是陶公之所欲所求嗎？陶公曾言：「世短意常多，斯人樂久生」[21]，這不就是「此中有眞意，欲辨已忘言」嗎？當然，這與魏晉玄學家們提倡的得魚忘筌、得意忘言的觀念也是相通的。其實王瑤先生早有言曰：「相傳服菊可以延年，採菊是爲了服食。《詩經》上說：『如南山之壽』，南山是壽考的徵象。」[22]雖然龔斌先生認爲此解有問題，但筆者認爲此說甚合陶公詩的原意。

陶淵明有「道」爲之基，有「眞」爲之倚，還有「美」可悅情，則何能不樂乎？養眞、守拙，以盡天年，則何爲不樂乎？進一步深思之，「道」實即爲善，而唯眞才能善，唯美才可善。在陶淵

明的人生境界中，眞、善、美實合爲一體，他在中國文學史上達到了藝術創作的頂峰，而在人生觀上，亦釀造出一種融會儒道而別於儒及道，又在某種程度上高於儒和道的觀念，千百年來，無數的文人學子誦其詩文，學其爲人，讚其人格，影響巨大而深遠。

實際上，在中國人生哲學史上，人們在艱苦的環境中，在惡劣的生活條件下，如何達到人生之「樂」？怎樣獲得人生之「樂」？一直是個極重要的問題。從孔夫子的「樂亦在其中」、顏回的「不改其樂」，到宋代大儒周敦頤命二程兄弟尋「孔顏之樂」，以及宋明諸儒皆對此一問題的樂此不疲，孜孜以求，都說明了人生中「何以樂」、「怎樣樂」是中國人生哲學的核心問題之一。當然，儒者是由「天命」在身、道德在握的自信派生出其「樂」；而莊子面對死亡能「鼓盆而歌」，游於污瀆之中獨能「自快」，卻是由任性自適、身心逍遙而獲得的「樂」。至於陶淵明之「樂」則源於從自然之大美中體會出「道」（善）之「眞」，由眞善美之統一進至「樂」之境界。在這一方面，陶淵明的人生觀念及實踐是獨特的，對後人有著極大的啓迪價值。

二、死亡觀：樂天委分，識運知命

如果說陶淵明的人生觀主要是受孔子與老子思想的影響，那麼，他的死亡觀則主要是受莊子與列子思想的影響，當然，儒家思想仍然起著一定的作用。李澤厚先生指出：

儒家是從人際關係中來確定個體的價值，莊學則從擺脫人際關係來尋求個體的價值。所以，莊子在魏晉之際突然大流行，是

很自然的事。當時，舊的規範制度和社會秩序已經崩潰，戰亂頻仍，人命如草，「正是對外在權威的懷疑和否定，才有內在人格的覺醒和追求。也就是說，以前所宣傳和相信的那套倫理道德，鬼神迷信，讖緯宿命，煩瑣經術等等規範、標準、價值，都是虛假的或值得懷疑，它們並不可信或並無價值，只有人必然要死才是真的，只有短促的人生中總充滿那麼多的生離死別、哀傷不幸才是真的」。[23]

人會死，是自從人類誕生以來就存在的一個問題（動物只有存亡問題，沒有生死問題），它是如此的重大及重要，對它的思索及解答，絕不僅僅是影響到人們步入歸途時的心理及生理的狀態，更重要的是，它還全面地影響到人們的生存觀、處世觀和生活態度。所以，死亡，在中國魏晉「人命在呼吸間」的特殊時期，更顯突出，成為學者文人競相探討的問題。

朱自清先生在〈陶詩的深度〉一文中指出：「陶詩用事，《莊子》最多，共四十九次，《論語》第二，共三十七次，《列子》第三，共三十一次。」莊子「處窮閭陋巷，困窘織屨，槁項黃馘或」，但卻從不為富貴所惑，視功名利祿如糞土，笑辭千金之重利、卿相之尊位，寧遊戲於污瀆之中以自快的人生態度，明顯影響著陶淵明，如其性好山水，入仕卻常思回歸田園，最後「終死歸田里」。而在死亡的問題上，莊子對陶淵明的影響就更加複雜了。

一般而言，人們懼死有多重原因，主要有三：一是喪失的痛苦。死意味著人們生前所擁有的一切，財富、地位、聲譽、親情、人際關係，乃至身體等等均失去了，且是永遠的喪失。二是未知的痛苦。人畢竟沒有經驗死亡，不知死是怎麼回事，亦不曉死後往哪兒去，會發生什麼事情。三則是人們將「生」視為光明、享樂、生

機勃勃，是「有」；而視「死」為黑暗、痛苦、無知無覺，是「無」等等。職是之故，世人多恐死惜生。可死亡絕不會因人害怕就遠離，它總是在該到時必至。這就讓人在生前焦慮不堪，以至妨生害體。

陶淵明雖素稱達觀，但當其面對死亡這個人生最嚴重的問題時，亦常常陷入徬徨、焦慮、恐懼、頹唐的情緒之中。如他說：「人生無根蒂，飄如陌上塵」；「且極今朝樂，明日非所求」；「若復不快飲，空負頭上巾」；「但恨在世時，飲酒不得足」等等。其懼死憂死之情最集中地表現在這首詩中：

> 久去山澤遊，浪莽林野娛。試攜子侄輩，披榛步荒墟。徘徊丘隴間，依依昔人居。井灶有遺處，桑竹殘朽株。借問採薪者，此人皆焉如？薪者向我言，死沒無復餘。一世異朝市，此語真不虛！人生似幻化，終當歸空無。[24]

徘徊在荒蘆草莽墳墓之旁，陶公深切地感受到人之一生似夢幻，一切的一切終當歸於空無。陶公在〈輓歌詩三首〉中甚至發出這樣的哀嘆：「有生必有死，早終非命促。昨暮同為人，今旦在鬼錄。魂氣散何之，枯形寄空木。」那麼，面對「死」的這一虛無的結局，人之一生究竟為何？其價值在哪裡？又如何能擺脫死亡的恐懼？這是陶公必須要解決的生死大事。

有儒家「三不朽」的解決方案。孔子一般不言死後之「鬼神」問題，且認為：「未知生，焉知死？」[25]但生死問題乃人生中重要大問題，孔夫子實際上對此還是有所涉及的，比如其弟子子夏就說：「死生有命，富貴在天」[26]之類。而孔子倡「殺身成仁」之說，孟子取「捨生取義」之論，實際上就是一方面要人們懂得「死」乃人命中注定，故而不必畏不要懼；另一方面，人們又應該也必須

為崇高的道德價值而勇於赴死，並由立德立功和立言來超越死亡。《易·繫辭上》則說得更爲透徹：「原始反終，故知死生之說……樂天知命，故不憂。」萬物有「始」必有「終」，故而人有「生」必有「死」，此天經地義，人們安於此「命」，就可以無所憂慮，且專注於生前之道德修養和踐履。儒家這一整套的生死智慧對陶淵明的影響是顯而易見的。陶淵明寫道：

> 天地賦命，生必有死，自古聖賢，誰能獨免？子夏有言：「死生有命，富貴在天」，四友之人，親受音旨。發斯談者，將非窮達不可妄求，壽夭永無外請故耶！[27]

儒家的死亡觀使陶淵明不非分地求取富貴和長生，由「命」之定而對生死獲得了一種聽任自然的態度。但是，陶淵明對儒者透過死後聲名遠揚的途徑達到超越死亡的觀念又抱有深深的懷疑，其云：

> 顏生稱為仁，榮公言有道。屢空不獲年，長饑至於老。雖留身後名，一生亦枯槁。死去何所知？稱心固為好。客養千金軀，臨化消其寶。裸葬何必惡？人當解意表。[28]

顏回有仁義，榮啓期有道德，但一個無壽早夭，一個長饑而老，空留名聲在世又有何用？所以還是要稱心適意爲好。這裡，陶淵明顯然提倡的是道家「生死一體」的解決方案。而事實上，莊子列子之死亡觀比之儒家對陶淵明的影響更大更深。

在莊子看來，人之生與死都是「氣」之自然變化的結果：

> 生也死之徒，死也生之始，孰知其紀！人之生者，氣之聚也。聚則為生，散則為死。若死生之徒，吾又何患！[29]

消除懼死喜生之人生大患的關鍵在破除世人以「生」與「死」完全

不同的習見，意識到「生」與「死」乃同類，因爲它們都是一氣聚化而已。爲此，莊子刻意溝通生與死，視生死爲同類，所以，生不足喜，死亦不用悲。這就叫做：「古之眞人，不知說生，不知惡死」[30]，陶公實已達此境界，其云：

> 木欣欣以向榮，泉涓涓而始流。善萬物之得時，感吾生之行休。已矣乎！寓形宇內復幾時，曷不委心任去留，胡爲乎遑遑欲何之？富貴非吾願，帝鄉不可期。懷良辰以孤往，或植杖而耘耔。登東皋以舒嘯，臨清流而賦詩。聊乘化以歸盡，樂夫天命復奚疑！[31]

陶淵明在欣欣向榮的自然萬物中，察覺自己可能已經無所作爲，生命在無情地流逝，如何遣有生之年呢？求取富貴非其所願，而那仙山瓊閣求長生不老又是不可企及的，不如或遊樂山水，或農田耕作，或登高台放聲長嘯，或臨清流而賦新詩。這就叫隨順自然大化而生活，樂天知命，最終回復到生命的盡頭——死亡。這是陶淵明從莊子處獲得的對死亡的達觀。

陶公在著名的〈自祭文〉中寫道：「惟此百年，夫人愛之。」人們正因爲惜生，所以埋頭於生前之功名利祿，「存爲世珍，沒亦見思」，生也放不下，死亦牽掛於心，這就叫生死皆不安。而陶公自己則「寵非己榮」，不慕榮利，在草廬中任情「酣飲賦詩」。心嚮往的是隱逸，「從老得終」，又有何牽何掛呢？這就叫「奚復所戀」？由對「生」的放下，達到「死」之安寧。最後陶公感慨地說：「廓兮已滅，慨焉已遐，不封不樹，日月遂過。匪貴前譽，孰重後歌，人生實難，死如之何。」在這裡，陶淵明發出的感嘆是：人生既已如此之艱難，死亡又有何可懼可畏可怕的呢？這是以「生」之難來使人意識到死亡亦有其價值所在：它能讓人擺脫「生」之勞

累，獲得永久的「安息」。這是《莊子》中最重要的思想觀念之一：「夫大塊載我以形，勞我以生，佚我以老，息我以死。故善吾生者，乃所以善吾死也。」[32] 當人們也意識到「死」是「生」之勞的一個永久的安息之處時，那麼，也就不僅不會對死亡的臨近萬分恐懼，心靈極度不安，相反還會以某種欣然的態度步入人生的終點站。陶公就曾感慨過：「萬化相尋繹，人生豈不勞？」可見，〈自祭文〉從人不應「執著於」生前之所有，也不要以「死」為不可接受的人生結局這二個方面，促使人們從死亡的痛苦中解脫出來。這是陶公自己的死亡哲學，當然對世人亦有其啟示作用。

此外，陶淵明還對道教透過內丹外丹之養形而實現此「身」此「生」之不朽永恆的解決方案提出了批評，同時他對佛教所追求的透過佛法的信仰而「涅槃」，達至不生不死之「西方極樂」的解決方案也抱有深深的疑慮。為此，他與高僧慧遠進行了一場「形神」關係的大辯論。

晉安帝元興元年（西元402年），慧遠和劉遺民、雷次宗等一百二十三人在般若台精舍阿彌陀佛像前建齋立誓，共期唸佛往生西方極樂淨土。慧遠又和十八高賢結成白蓮社，共修往生淨土法門。據稱阿彌陀佛曾經發過四十八個大願，其中之一就是，一切眾生，只要一心稱唸「阿彌陀佛」的名號，死後就可往生西方極樂世界。佛教往生理論的基點是：人之肉體死亡之後，仍有一種生命存在，它或墮入「六道輪迴」，在「人道」、「天道」、「畜生道」、「阿修羅道」等六界中輪迴不已；或者人們生前精修佛事，從而免於六道輪迴之苦，往生不生不死之永恆幸福的「西方極樂世界」。所以，這樣一種理念與操作的核心是「神不滅論」。為此，慧遠和尚以精深的佛理和玄學功底，撰寫了大量的論證「神不滅論」的文章，其中最為著名的就是〈佛影銘〉和〈形盡神不滅論〉。慧遠根據西域

僧人所云，請畫工將北天竺同氏國那竭呵城南面古仙人石室裡的佛影描摹出來，畫成後的佛影猶如煙霧，若隱若現，極盡莊嚴。慧遠於是作銘五首，其一云：

> 廓矣大像，理玄無名。體神入化，落影離形。回暉層岩，凝映虛亭。在陽不昧，處暗逾明。婉步蟬蛻，朝宗百靈。應不同方，跡絕杳冥。[33]

在此，慧遠以玄學來解析佛法之幽深，不僅提出「神」與「形」的問題，還拈出一個「影」字，使「形」與「神」之問題更是複雜化了。

陶淵明不僅與慧遠相識，而且還有相當的交情。慧遠曾懇切地請陶淵明加入白蓮社，在廬山地區又有流傳甚廣的談論慧遠、陶淵明和道士陸修靜友誼的「虎溪三笑」的故事。但在佛教與形神的問題上，陶淵明卻與慧遠持完全不同的看法。

陶淵明在〈形影神並序〉的第一首〈形贈影〉中寫道：

> 天地長不沒，山川無改時。草木得常理，霜露榮悴之。謂人最靈智，獨復不如茲。適見在世中，奄去靡歸期。奚覺無一人，親識豈相思？但餘平生物，舉目情悽洏。我無騰化術，必爾不復疑。願君取吾言，得酒莫苟辭。

天地山川為永恆，草木則一歲一枯榮，人雖為萬物之靈，卻既不能如天地山川般永恆，亦不能像草木枯而再生。人逝物留，睹物何悽慘。所以，從人之「形」的這種「毀」和「滅」而言，人們何不有酒便醉、忘懷這一切？這是「形」對「影」的告誡。這首詩一方面是對慧遠「形」滅「影」留說的反對；另一方面則由「形」之死而反觀人之生，提出「有酒當醉，及時行樂」的人生觀。這代表著相

當多的世俗社會中人的看法。

在第二首詩中,「影」對「形」的回答是:

> 存生不可言,衛生每苦拙。誠願游昆華,邈然茲道絕。與子相遇來,未嘗異悲悅。憩蔭若暫乖,止日終不別。此同既難常,黯爾俱時滅。身沒名亦盡,念之五情熱。立善有遺愛,胡為不自竭?酒云能消憂,方此詎不劣!

在此,陶淵明借「影」之口說明道教之成仙了道、長生不老之說是荒謬的,不可能實現的;人之「形」滅,則「影」亦永久毀滅;一念及此,怎不叫人感情激蕩?所以,不如生前「立善」,透過立德立功立言之「三不朽」來「遺愛」後世,達到萬古流芳,而以酒來忘懷死亡之將至,實在是低劣的作法。這首詩既對慧遠「佛影」之論進行了抨擊,且運用儒家的超越死亡的智慧對世俗人因視死為毀滅而縱情聲色的觀念加以矯正。

第三首〈神釋〉是陶淵明藉「神」對「影」「形」觀點的回答,表述了自己的看法:

> 大鈞無私力,萬理自森著。人為三才中,豈不以我故!與君雖異物,生而相依附。結托善惡同,安得不相語!三皇大聖人,今復在何處?彭祖愛永年,欲留不得住。老少同一死,賢愚無復數。日醉或能忘,將非促齡具!立善常所欣,誰當為汝譽?甚念傷吾生,正宜委運去。縱浪大化中,不喜亦不懼。應盡便須盡,無復獨多慮。

在此,陶淵明認為,人之「形」不存,「影」將不存,而「神」亦無所依附而歸於滅,自古即今,沒有任何人可以逃避死亡的降臨。以酒醉忘懷死亡,可能會妨礙生命;立善而求名,在是非不辨的世

道裡，又有誰來讚譽你呢？不如人生天地間，順隨自然大道的變化，無拘無束，無憂無慮，「生」也由之自然，「死」也由之自然，不必考慮得太多了。

〈形影神〉三首詩表達了陶淵明完整的死亡觀，其中有對世俗死亡觀的超越，有對佛教道教生死觀的批評，也有對儒家死亡觀的微詞，卻獨對《莊子》《列子》的死亡觀抱有好感，且用文學藝術的形式進行闡述，有相當大的感染力。從中亦可看出，人們對死亡的看法，相當程度上規定了人們的人生態度。這也就是在陶淵明的詩文中，談論死亡的問題相當之多的內在原因。

三、對陶淵明生死智慧之現代沈思

對陶淵明的人生觀及死亡觀作了如上的闡述和解析之後，我們擬可得出以下的認識：

第一，陶淵明在中國文學史上占有崇高的地位，影響巨大，藉助於此，其生死哲學思想對中國傳統文化及中國人也產生了深遠的影響。昭明太子蕭統云：「嘗謂有能觀淵明之文者，馳競之情遣，鄙吝之意怯，貪夫可以廉，懦夫可以立，豈止仁義可蹈，抑乃爵祿可辭！」大詩人李白吟道：「何日到彭澤，長歌陶令前」；豪放的東坡先生也說：「淵明作詩不多，然其詩質而實綺，臞而實腴，自曹劉鮑謝李杜諸人皆莫及也。」魯迅先生更言：「歷來的偉大的作者，是沒有一個『渾身是靜穆』的，陶潛正因為並非『渾身是靜穆』，所以他偉大。」郭沫若先生說：「中國有詩人，當推屈與陶」；而朱自清先生則說：「中國詩人裡影響最大的似乎是陶淵明、杜甫、蘇軾三家。」

唐代大詩人白居易曾被貶謫為江州司馬，他於元和十一年（816）訪淵明故里，寫下了〈訪陶公舊宅詩〉：

柴桑古村落，栗里舊山川，不見籬下菊，但餘墟里煙。子孫雖無聞，族氏猶未遷。每逢姓陶人，使我心依然。[34]

次年，他果然在廬山香爐峰北、遺愛寺南的一片幽靜之地結草堂隱居，真是與陶公心意相通，神接思隨。宋代大文豪蘇東坡在元豐年間因反對王安石變法，被貶黃州。生活艱苦異常，每當身心不適，便取陶詩一讀，尋求精神的寄託。而且，每天只敢取一詩讀之，唯恐讀完就「無以自遣耳」。東坡精研陶詩陶文，和詩數十首，且認為陶公不僅詩文絕佳，而且析名談理亦十分精當，對陶淵明詩文之思想史的價值早有所言。北京大學教授袁行霈指出：

陶詩不但寓於情趣，也富於理趣。他常在抒情寫景之中，用樸素的語言闡說人生的哲理，給讀者以啟示。他的詩不是在一般意義上反映著他的世界觀，而是在更高的層次上表現了他對宇宙和人生的認識，是探求人生的奧秘和意義，認真思索和實踐的結晶，而這一切又是用格言一樣既有情趣又有理趣的語言加以表現的，如「人生歸有道，衣食固其端」，「不覺知有我，安知物為貴」，「顧嗟身後名，於我若浮煙」……無不言簡意賅，發人深省。[35]

在中國歷史上，文史哲經法諸學問向無分野，只是到了近代西方科學進入中國，才有各種學科的分類。所以，如果我們僅僅局限於古代思想家的理論性著作去作哲學史的研究，那是相當成問題的。今日中國哲學史研究的深入發展，有賴於突破現有的公認的哲學家及原有的哲學史資料的範圍，更廣泛地從中國古代的文學家藝

術家史學家等等的著作中去發掘哲學史料。從此視角而言，探討陶淵明的生死觀就不僅僅具有個案研究的意義，而且具有中國哲學史研究之方法論的價值。

　　第二，從陶淵明的生死哲學思想來看，在人生觀及死亡觀上，各種觀念雜陳，前後變化甚大，有著非常複雜的情景。長久以來，許多研究者總是追求理論的嚴整規範，邏輯的嚴密一貫，在對人物思想的分析上，對前後矛盾、不一致、不符合思想邏輯的觀念，總要力求解析掉，似乎人們的思想就應該是前後一貫的，不應該有矛盾。如果說，這樣一種研究的方式方法在某些思維嚴謹的思想家那裡還可以行得通的話，那麼，在中國人生哲學史研究的領域就完全不切實際了。以陶淵明的人生觀及死亡觀的研究而言，有許多人總是試圖去解決陶淵明的思想中是儒學為主導還是道家為主導，或是其他的什麼思想為主導，其實根本沒有所謂一以貫之的「主導觀念」的存在。任何一個人之人生觀及死亡觀往往都不是那麼純那麼單一的，陶淵明的人生觀有儒有道（甚至有人說有佛），在有儒時也有道，在有道時亦有儒。此外，陶淵明似乎對道教的長生不老、肉身成仙的觀念處處予以猛烈的抨擊，但實際上，他對延年益壽的方式與方法（其中就有道教的某些做法）非常感興趣。在人生觀上，陶淵明由儒而道家老子；在死亡觀上，則多從莊子列子思想中吸取資源，這其間也是有所區別的。現實中的人，不是理論上的抽象，更不是邏輯上的概念範疇，他或她要面對日新月異變化的社會和人際關係的變化，他或她也要處理無數複雜的生活問題，要其執一種人生觀和死亡觀應世，如何可能？可以說，每一個現實的人所執有的人生觀都會在時間的長河中有所變化，而同時執多種不同的人生觀和死亡觀（甚至相互間有矛盾）處理面對的眾多問題也是常見的。由此我們就可以理解陶淵明思想淵源的複雜性和多樣性，也可以說

明陶淵明人生觀和死亡觀中各種因素雜陳且有諸多矛盾的現象。

第三，在陶淵明的生死觀中，始終存在一種生命與生活的兩難緊張，這是理解陶淵明生死哲學思想的關鍵所在。在人生中，可分出生命與生活二個層次。生命是人生的存在方面，是過去現在和未來的統一體；而生活是人生的感受方面，是當下此在單一的。一個人沒有過去的生命，就不會有現在的生命，更無從談起未來的生命，所以，生命是一個流；而人之生活只是當下此在的感受，過去的生活已經過去，未來的生活還沒有開始，都不存在，所以，生活一定是當下的此在的。

從深層次看，陶淵明之生死觀，在生命的層面歸之於「道」。道家視人之生命的自然性爲最高，反對一切人爲之爲，扭曲生命的自然性。陶淵明言自己「性剛才拙，與物多忤」，「素襟不可易」，絕不與社會污穢同流，降身辱志，這即是生命自然性在社會中的表現。陶淵明又「性本愛丘山」，流連山水美景，崇尚自然之美；他的酒量驚人，簡直就是嗜酒如命；他喜歡的是與純樸的農人「共話桑麻」。這都是其生命之自然性在個人生活過程中的顯現。

但是，陶淵明在生活的層面上有時又是歸於儒的，所以他仍有相當長的一段時期注重世俗的功業，求取仁義道德，講君子的節操，也要入仕以謀生活和發展，即便回歸田園之後，有時也仍希望有朝一日能逞凌雲之志等等。這就使陶淵明在人生觀及人生踐履上陷於生命之求「自然」而生活則求「有爲」的兩難緊張之中。這當然不僅是陶淵明的問題，也是許許多多中國古代士子們面臨的人生兩難選擇。但是，陶淵明不是迴避人生中生命與生活之間的緊張，而是十分巧妙地將二者合爲一體，使生命的自然之求與生活的感性之需共處於己一身，從而顯示出一代大哲卓越的人生智慧。

在人生觀與死亡觀上，陶淵明爲何無法接受佛家透過「涅槃」

而達到「西方極樂」式的超越死亡之途徑呢？因為，佛教的這種說法及做法，無疑是重生命的永恆而置感性生活於不顧，是為了那渺不可及的「來世極樂」而放棄此在的生活感受，這與陶公仍然重視感性生活的人生觀不合。而儒家的「立善」式的超越死亡之方法，也是讓人們壓抑生活中的感性欲望，去獲得道德生命的不朽，也與陶淵明的生死觀有悖，最終亦不為他所取。道教的肉身成仙、長生不老之說，似乎既重生活感受，亦重生命的永恆延續，能夠滿足陶淵明的生死觀念。但實際上，道教服食所謂「金丹」達到長生不老之目的，不僅不能實現生命的永恆，相反讓許多人一命歸天，加速了人的死亡。此外，若透過吐納之氣功，特別是用所謂「辟穀」的方式來實現成仙了道之願望，又恰恰是對人之感性生活的否定。因此，道教之生死觀亦不被陶淵明所取。那麼，為何老子莊子列子的思想能為陶淵明所讚賞吸取並弘揚呢？

從本質上而言，道家的人生觀是建基於死亡觀的基礎之上的，是從對生命之流的本真認識來獲得肯定人之感性生活的一種思維方式，這叫做「由死觀生」法。佛家用人之生為「空」、為「幻」、為「虛無」等等觀念對人之現實生命加以否定，從而也否定了人之現實的感性生活，把人的七情六欲視為洪水猛獸，必去除淨盡，這是陶淵明竭力反對的。《列子・天瑞篇》記載了這樣一種對待死亡的態度：

孔子游於太山，見榮啟期行乎郕之野，鹿裘帶索，鼓琴而歌。孔子問曰：「先生所以樂，何也？」對曰：「吾樂甚多：天生萬物，唯人為貴，而吾得為人，是一樂也；男女之別，男尊女卑，故以男為貴，而吾得為男矣，是二樂也；人生有不見日月、不免襁褓者，吾既已行年九十矣，是三樂也。貧者士之常

也，死者人之終也。處常得終，當何憂哉？」孔子曰：「善乎！能自寬者也。」

《莊子·至樂》中也載有：

> 莊子妻死，惠子弔之，莊子則方箕踞鼓盆而歌。惠子曰：「與人居，長子老身，死不哭亦足矣，又鼓盆而歌，不亦甚乎！」莊子曰：「不然。是其始死也，我獨何能無慨然！察其始而本無生，非徒無生也而本無形，非徒無形也而本無氣。雜乎芒芴之間，變而有氣，氣變而有形，形變而有生，今又變而之死，是相與為春秋冬夏四時行也。人且偃然寢於巨室，而我噭噭然隨而哭之，自以為不通乎命，故止也。」

榮啟期為何能「樂」？莊子為何「妻死鼓盆而歌」？因為他們都通乎自然之變的必然性，將這種源於自然之必然性化為人生的自覺性，於是他們對生活的性質無論怎樣都可安然而受；對死亡的降臨亦可無憂無懼。陶淵明正是接受了這樣一種人生觀與死亡觀，既然死是人人必經的一種自然而然的過程，我們為何要恐懼呢？生命之流是自然賦予的，我們也就應該安於自然大化的安排坦然地走向終點。從對生命自然性的肯定，使自己從死亡的恐懼中超脫出來，陶淵明因此而能專注於感性生活之自然，優遊於山水田園，欣賞自然美景，不用受官場之形役，不受社會之染污；躬耕自食，享受天倫之樂；飲酒賦詩，直抒胸襟，則何為不樂乎？

於是陶公獲得了人生的大自由：從大道之自然無為中體會到生命的自然生滅，由此獲得生命層面的無拘無束；再由生命的大自由，釋放出對感性生活的專注之情，全身心地體驗生活、品味生活、享受生活。這使陶公獲其「大樂」，也使我們獲得了一份寶貴

的生死哲學的遺產。

注　釋

1江右十大名人是：陶淵明、王安石、黃庭堅、歐陽修、湯顯祖、曾鞏、文
　天祥、宋應星、朱熹、八大山人。

2《白話文學史》，上海新月書店，1928，頁130-131。

3〈陶淵明之思想與清談之關係〉，見《陶淵明研究資料彙編》，中華書局，
　1962。

4見《陶淵明研究》，北京大學出版社，1997。

5《陶淵明集校箋‧前言》。

6龔斌，《陶淵明傳論》，華東師範大學出版社，2001。

7龔斌校箋，《陶淵明集校箋》，上海古籍出版社，1996，頁41。下不註明
　者均出自該書。

8〈晉故征西大將軍長史孟府君傳〉。

9〈與子儼等疏〉。

10見楊潤根，《老子新解》，《老子》第五章，中國文學出版社，1994，頁
　41。下不註明者，皆引自該書。

11〈時運〉。

12〈歸田園居〉。

13〈歸田園居〉。

14〈歸去來辭〉。

15《且介亭雜文二集‧「題未定草」六》，人民文學出版社，1973。

16《老子》二十八章。

17《老子》五十五章。

18〈和郭主簿〉。

19鄧立勳編校，《蘇東坡全集》中，黃山書社，1994，頁441。

20筆者先後三次實地考察陶淵明故居之地，在江西星子縣栗里陶家附近見一
　稱為南山之山；後又至九江縣陶家壟附近再見一座南山；去宜豐縣之「故
　里團」，看到了第三座被稱為南山的山。也有學者考證，南山即是指整個廬

山而言。思忖再三，筆者認為，根本無一座現實中特指的南山，南山實為陶公心中浮現的喻意之山。《道教文化辭典》（張志哲主編，江蘇古籍出版社，1994）中載有：「終南山，又稱南山……道教稱第一福地。在陝西西安市南四十多公里處……周至縣終南山北麓的樓觀台是關中著名的道教重鎮，老子當年西遊入關，曾在此開壇講經，著《道德五千言》（即《老子》）。現仍有授經台、煉丹爐、化女泉、老子墓等遺跡。」（頁1095）大文豪柳宗元亦有言曰：「……惟終南據天之中，在都之南，西於褒斜，又西至隴首，以臨於戎，東至於商顏，又東至於太華，以距於關……。（〈終南山祠堂碑〉，《柳河東全集》，中國書店，1991）

21 〈九日閒居〉。

22 參見龔斌校箋，《陶淵明集校箋》，頁221所引。

23 《中國思想史論》上，安徽文藝出版社，1999，頁196。

24 〈歸田園居〉五首之一。

25 楊伯峻，《論語譯注‧先進》，中華書局，1963，頁120。下不註明皆引自該書。

26 《論語‧顏淵》。

27 〈與子儼等疏〉。

28 〈飲酒〉二十首之一。

29 張耿光譯注，《莊子全譯‧知北游》，貴州人民出版社，1991，頁380。下引不註明者皆出自該書。

30 《莊子‧大宗師》。

31 〈歸去來辭〉。

32 《莊子‧大宗師》

33 參見洪丕謨，《極樂蓮邦──中國淨土宗紀實》，百花洲文藝出版社，1995。

34 馮兆平、胡操輪編注，《廬山歷代詩選》，江西人民出版社，1989，頁59。

35 〈陶謝詩歌藝術的比較〉，文載《陶淵明研究》，頁25。

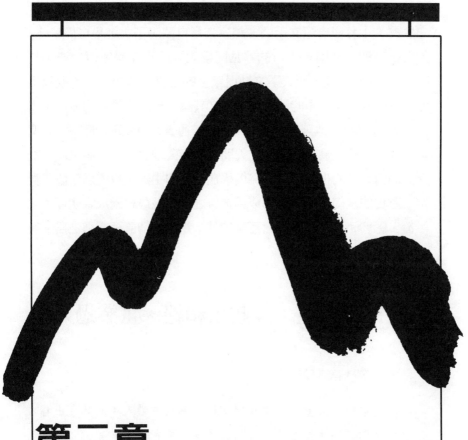

第二章
周敦頤之生死智慧

宋眞宗天禧元年（西元1017年），周敦頤誕生在湖南道州營道縣營樂里樓田村（今湖南道縣），字茂叔，號濂溪。大學者陳傅良先生說：「名節自范文正公，議論文章自歐陽子，道學自周子。」范文正公即寫下膾炙人口的〈岳陽樓記〉的大文學家范仲淹，其「先天下之憂而憂，後天下之樂而樂」的名言，傳頌千古；歐陽子即「唐宋八大家」中的歐陽修，其文其論，皆成後學者的範本；周子亦即周敦頤，他著〈太極圖說〉、《通書》，成爲宋明理學的開篇。周子由解《易》入手，究天問地，探天地之根、萬物之理、社會人間何以立的根本原理，爲儒學在宋代的中興、蛻變爲新儒學奠定了堅實的基礎，故而其學成爲道學之源，並最終匯成宋明理學之洪流，影響了中國思想史七百年的基本走向，清康熙帝稱之爲「有宋理學之宗祖」。

一、政治人生：「政事精絕，宦業過人」

　　大儒朱熹有言曰：

> 濂溪在時，人見其政事精絕，則以爲宦業過人；見其有山林之志，則以爲襟懷灑落，有仙風道骨，無有知其學者。[1]

可見，周子在時，人們知其政治的才能與業績，也知其人品高尙，志向遠大，但卻不知其學問之廣之深；而今日，人們似乎是知其學亦知其人品，而對其政治方面的卓越貢獻卻知之甚少。

　　自古以來，中國的政治、官場、朝廷皆熱鬧非凡，你方唱罷我又登場，成者王侯敗則寇。高官顯貴們競相爭權奪利，不管天下百姓的死活。政治能夠把人之私欲挑激到最高，也能把人的才能發揮

至最大，千百年來，「引無數英雄競折腰」。周敦頤與歷史上無數在官場中滾來滾去者相比，有何高明之處呢？從根本上而言，周敦頤是以其「濟眾為懷」之人生理念為從政之基，把人生的事業置於政治與權力之上，故而他能不做「政客」，不做「權力狂」，不做昏庸之官，也不做碌碌無為之官，而做一個清官，一個有為之官，一個有卓越政治智慧之官，同時還能「出污泥而不染」，保持了一個不以官位是求是念的高潔之士的品格。

儒學本就有一源遠流長的人生之路的典範，那就是：「修身齊家治國平天下」。周敦頤可謂是這條人生之路實踐者的典範。濂溪先生雖然以道學宗主顯揚於後世，彪炳於史冊，但他在其人生過程中，創出的政績亦十分顯赫，他一生仕宦三十多年，歷十餘州縣，並最終卜老廬山之麓。清張伯行歎道：「故當其出，則政事精絕，宦業過人；當其處，則胸懷灑落，如光風霽月。」[2]「出」謂周子入世為官，處理政事精明強幹，業績驚人；「處」則言其平時為人心懷坦蕩，操守愼嚴，人品極高。

周敦頤在政治人生上的突出之處約有三：

第一，政績顯著，尤其表現在他「斷案如神」上。

史載，濂溪先生十五歲喪父，舅舅龍圖閣學士鄭向將他和母親接回開封居住。他讀書刻苦，為人淳厚誠實，二十歲即「行誼早聞於時」，舅舅深為讚許，以致在獲得封蔭子侄的機會時，不薦自己的兒子為官，直接舉薦周敦頤入仕。

仁宗康定元年（1040），周敦頤服完母孝，由吏部調洪州分寧縣任主簿。洪州分寧即今之江西省修水縣。當年濂溪先生一至分寧，即驚絕父老鄉親：有一犯人關押多時，因案情複雜，牽涉甚廣，久審不決，引起許多人的關注。周敦頤以二十五歲初任主簿，只一次審訊便將案情弄得水落石出，轟動一時。宋度正撰〈周敦頤

年譜〉載：「時有獄久不決，先生一訊立辨。邑人驚詫曰：『老吏不如也。』由是士大夫交口稱之。」可見，濂溪先生辦案果斷明快，年紀輕輕卻識見過人。

至和元年（1054），周敦頤以大理寺丞知洪州南昌縣，即現今江西省的省會南昌。濂溪先生一入南昌，頗似當年初仕分寧即轟動官府民間一樣，也引起全城的震動：

> 南昌人見先生來，喜曰：「是初仕分寧即能辨獄者，吾屬得所訴矣。」於是更相告誡，莫違教命，不惟以得罪為憂，又以污善正為恥。[3]

再次顯現出周敦頤「屠奸剪弊，如快刀健斧，落手無留」辦案風格的威力。

第二，有卓越的政治品格與智慧。

慶曆五年（1045）周敦頤調南安軍司理參軍。據史書記載，濂溪先生一上任，又在審案上一鳴驚人：

> 南安獄有囚，法不當死，轉運使王逵素苛，欲峻治之。眾莫敢抗，先生力爭，不聽，乃置手版取告身委之而去。曰：「如此尚可仕乎！殺人以媚人，吾不為也。」[4]

王逵一下愣住了，漸漸地也有了一絲悔意。回頭再仔細審閱案情，感到自己是有錯，於是，從寬處理了該囚犯，並且向朝廷鼎力舉薦周敦頤，不及一年，濂溪先生便因此升任湖南郴州縣令。周子不顧「官大一級壓死人」的現實，據理力爭，乃至以棄官而去為「殺手鐧」，真正讓人感覺到他政治品格的高尚。

慶曆六年（1046），周敦頤離開南安，升任湖南郴州縣令。一至該地，便發現學校毀損嚴重，「首修學校以教人」，並親撰〈修

學記〉。新官上任三把火，周子的第一把火便是修繕學校，改善教學條件，使子弟入學有良好的環境。他的上司知州李初平是武官出身，對周敦頤平日刻苦攻讀聖賢之書，努力於地方的辦學事業非常讚賞，也深爲自己的學業不修而憂慮，問周子：「我想讀書，求教於您，不知行否？」周敦頤直告曰：「您的年紀大了，恐怕很難。不過，我可以專門講給您聽。」後來，周敦頤公務再忙，也要抽出時間爲李初平講學，持之以恆一年餘，李知州竟然頗有收穫。周子深知政治的基礎是教育，人的素質決定一切。所以，他每至一地爲官，皆重視當地的教育事業，這也是其政治智慧的表現。

熙寧三年（1070），周敦頤已五十四歲了，在宰相呂公著的極力舉薦下，以虞部郎中任廣南路提點刑獄，達到一生中仕途的頂點。一次他巡按到端州，發現知州杜諮利用職權，濫採著名的「端州石硯」，上行下效，眾官與民爭利，百姓怨聲載道。周敦頤本可上本參劾杜諮，但因牽涉太廣，便採取了一個迂迴的計謀：上報朝廷，由朝廷正式下禁令：「凡仕端者，取硯石毋得過二枚。」爲端州的地方官只可取端硯兩枚，自然不能參與社會上的開採了，禁令一出，「貪風頓息」，民眾歡呼雀躍，濂溪先生卓越的政治智慧由此也可略見一斑了。

治平二年（1065），周敦頤知永州，寫下了對後世影響巨大的〈拙賦〉：

> 或謂予曰：人謂子拙。予曰：巧，竊所恥也。且患在多巧也，喜而賦之。
> 巧者言，拙者默；巧者勞，拙者逸；巧者賊，拙者德；巧者凶，拙者吉。嗚呼，天下拙，刑政徹；上安下順，風清弊絕。

人皆取巧，而周子獨取「拙」。平日裡拱默不語，逍遙飄逸，

醉心於山水，無取於民，無勞於百姓，這正是周子超群之政治品格的表現，而且不失為治理政事的好辦法，表現了周敦頤卓越的政治智慧。從中我們亦可看到道家宣導的無為而治之政治哲學的影響。

第三，清正廉潔，人格感人。

濂溪先生在知洪州南昌縣的任上，殫精竭慮，日夜操勞，終至大病一場，甚而假死過去。好友潘興嗣趕來為他料理後事，檢點家產，衣服雜物全部疊起來不足一箱，而「錢不滿百」。

天不絕夫子，地不絕斯文，濂溪先生昏死一日一夜後，又奇蹟般地甦醒過來。他此時為官已十餘年，何以貧苦至此等境地？朱熹撰〈周敦頤事狀〉云：「自少信古好義，以名節自砥礪，奉己甚約。俸祿盡以周宗族，奉賓友，家或無百錢之儲。」有人說他是為取好名聲故而如此，周子毫不在意，「處之裕如也。」

嘉祐元年（1056），周敦頤離開南昌，以太子中舍簽書衙任合州（今四川合川縣）代理通判官。其間，他的頂頭上司、號稱「鐵面御史」的趙清獻聽信讒言，以為周敦頤很壞，待他「甚威」，可周敦頤「處之超然」。在這四年期間，周敦頤敢於任事，人心悅服：凡事不經先生之手，官吏們不敢實施；即使強行下傳，百姓也不聽從。這不僅說明周敦頤有卓越的政治才能，而且其人品也感化了許多人。所以，在嘉祐五年（1060），周敦頤以國子監博士通判虔州時，與曾敵視他的趙清獻再次相逢，不過，趙氏經過這麼些年，對周敦頤的人品學品皆有了深入的了解，執其手而歡曰：「幾失君矣，今日乃知周茂叔也」，並向朝廷大力舉薦。後來，兩人成了莫逆之交。

周敦頤在提點廣南東路刑獄的一年之中，行程遍及各地，「盡心職事」，一者解民間冤屈之事，一者監督各級官吏。他不辭辛勞，不避瘴癘，雖「荒涯絕島」，一如往之。這年夏天，周敦頤病

倒了，恰在此時，又聽說母親的墓被水沖擊，於是，他上書乞知南康軍。

史載嘉祐六年（1061），周敦頤以國子監博士通判虔州，由開封出發，經江西九江，「愛廬山之勝」，欣然購地築書堂於一溪河之上，「先生濯纓而樂之，遂寓名以濂，與其友潘興嗣訂異時溪上詠歌之約」。可見，濂溪先生築屋於一條溪流之畔，並將其屋取名濂溪書堂，而以家鄉之名命屋前之溪，這樣，廬山之麓就有了一條濂溪。

周子嚮往著一種隱居的生活：或詩書或琴瑟，或溪邊踏青，或山前觀雲，田園山水風光伴一逍遙自得之人。但是，周子在為仕期間雖然有數次路過濂溪書堂小憩一番，真正隱居還是在書堂建好十一年後的熙寧六年（1072）。這年他知南康軍，年底即以多病為由請准予離職，至是結束了他三十一年的仕宦生活。

從周子之政治生涯來看，他有著卓越的政治智慧，高超的辦案能力，尤其重要的是，他清正廉潔，不結黨營私，更不謀取私利，心胸坦蕩，為人正直，為後人樹立起一座從政的豐碑。所以，蒲宗孟讚周子曰：「孤風遠超，寓懷於塵埃之外。」

中國古代之儒者，在人生道路上，常有是「仕」還是「隱」的兩難選擇。從周敦頤之性情而言，他是愛山水自然的人。蒲宗孟說他：

生平襟懷飄灑，有高趣，常以仙翁隱者自許。尤樂佳山水，遇適意處，終日倘佯其間。酷愛廬阜，買田其旁，築室以居，號曰濂溪書堂。[5]

但是，他的治國平天下的遠大抱負又使其暫時地放下出於其內在性情的歸隱之念，毅然從政達三十餘年。可見，周子不是為政治而政

治，不是為謀取權力地位而入官場，他是以「澤於斯民」的人生目的為從政之基，故而在不高的官位上創造出顯赫的政治業績，流傳千古，對今人亦不乏啓迪意義。

二、人生態度：「孔顏之樂」與「吟風弄月」

居中國宋元明清時期思想界之統治地位的理學，可以說由周敦頤奠基，至河南洛陽程顥程頤二兄弟處成一大氣候。這之後，二程傳學於福建的楊時，楊時傳羅從彥，羅從彥傳李侗，李侗傳朱熹。而朱熹則窮究經史子集，糅合儒釋道，由天理而人性，由萬物而社會，窮理盡性，格物致知，終於集理學之大成。

作為理學發展史上之關鍵人物的洛陽二程便親受學於濂溪先生。孔孟之「聖道」自孟子沒而不聞千餘年，到濂溪先生處煥然一明，二程先生接上道統，至朱夫子那裡才大白於天下。所以，濂溪先生教二程之事在理學發展史上具有重大的意義。

慶曆六年（1046），周敦頤在南安的任上，「大理寺丞知虔州與國縣程公珦假卒南安，視先生貌非常人，與語，果知道者，因與為友，令二子師事之。」[6]朱熹亦說得很肯定：「洛人程公珦攝通守事，視其氣貌非常人，與語，知其為學知道也。因與為友，且使其二子往受學焉。」[7]所以，古之南安府（今江西大餘縣）是河南二程求學於周子的地方，亦即是周敦頤教洛陽二程「尋孔顏樂處」之地，是濂溪先生之成為「道學之宗」與「理學之祖」的起始點。其時，濂溪先生二十九歲，程顥十五歲，而程頤年僅十四。年輕的老師周敦頤，帶著還是孩子的二程，能教他們什麼學問呢？

據二程的門人記載：「先生（二程）嘗曰：昔受學於周茂叔，

令尋顏子、仲尼樂處,所樂何事?」原來,濂溪先生要二兄弟去尋找古之顏回和孔夫子爲何能在艱難困苦中保持恆常的精神愉悅的緣故。

　　一般而言,人之一生必會有艱難困苦之處,窮途末日之時,人生時的痛苦,人亡時的悲傷,如影隨形一般與人生相伴而行。常人在此境況中,往往受不了,沒有歡樂,只有悲傷。這一悲觀主義的人生態度會嚴重地侵蝕掉人們的上進心和責任感,導致生命的價值與生活的意義皆無法落實,不僅讓人之生成爲一悲劇性的過程,而且也不會有任何作爲。所以,如何在生存的艱難險阻之中,保持人生態度上之「樂」就成爲歷代儒家學者苦苦思索的大問題,成爲儒家人生哲學的核心,周子在這一問題上的思考充滿著眞知灼見,對儒學貢獻巨大。

　　《論語》中記載,顏回身居陋巷,簞食瓢飲,「人不堪其憂,回也不改其樂」[8]。而孔子爲推行自己的治國安民的大道、仁政禮制的方案,常常碰壁,屢遭嘲諷,甚至被追殺圍堵。但他卻能「曲肱而枕之,樂亦在其中」[9],這是爲何呢?周敦頤在《通書·顏子》中寫道:「夫富貴,人所愛也。顏子不愛不求,而樂乎貧者,獨何心哉?」周子解道:顏子獨能不愛富貴,關鍵是把外在富與貴的獲取視爲「小」,而把精神境界的提升放在人生第一要務,視爲最大最高的價值之所在。因此,「小」「大」之比,顏子只會去專心於「大」、去獲取「大」,而不在意於「小」的得到與否。而當他實現了這種最高的道德境界之後,便非常滿足,此爲「心泰」;當然,也就不會在意於富貴貧賤的生存狀態了,故而能「樂」。

　　周子更深層的意思還在於:「貧」與「富」、「貴」與「賤」固然是兩種截然不同的人生實存的狀態,但要達致「孔顏之樂」的境界,則必須在心理上、精神中塡平二者,達到「處之一」。所

以，人們不爲身處富與貴之中而傲慢得意，亦不會因爲淪入貧與賤之中而悲痛憂傷。因爲，眞正的「聖賢」只以尋「道」獲「道」爲志，世俗生活裡的富貴貧賤是不入於胸襟的。顏子正因爲能把現實中的「不齊」在心理上「化而齊」，故在常人必會憂愁的狀態中獨能「樂」之，成爲道德境界極高的「復聖」。可見，周子所謂「孔顏樂處」，並不是要人樂於「貧」安於「賤」，而是在「貧」與「賤」之中有其「樂」，能得其「樂」。

四年之後（皇祐二年庚寅，西元1050），大儒胡瑗考十八歲的程頤，出〈顏子所好何學論〉的題目，程頤幾乎毫不思索便提筆作答：「然則顏子所獨好者，何學也？學以至聖人之道也。」認爲，顏子獨好「聖人之學」，以求道行道、涵育道德的精神境界爲終生所好，所以，平日裡的富貴顯達不能使其必樂，而貧窮困頓亦不能使其沮喪。「樂」是精神境界之事，與日常生活狀態——貧賤富貴——無關。可見，程頤是深得濂溪先生眞傳的。胡瑗對小程的回答深感驚異，他倒是沒有想到程頤在十四歲時已從濂溪先生處獲得了基本的解答。

程顥則受老師周敦頤的啓發，每每對「孔顏之樂」深思體味，著〈識仁篇〉以明「何以樂」之意：

> 學者須先識仁。仁者渾然與物同體，義、禮、知、信皆仁也，識得此理，以誠、敬存之而已，不須防檢，不須窮索……此道與物無對，大不足以名之，天地之用皆我之用。孟子言：「萬物皆備於我」，須反身而誠，乃爲大樂。

「仁」是生生之道，「天地有好生之德」，人與物在此本體上是渾然一體的，體會此並達到此一境界，人與人、人與物、人與己皆無隔膜，皆融然一體，則人得「大樂」矣，而達此之方法與途徑就在孟

子的「反身而誠」。程顥還進而提出了「樂天知命」的問題：

> 樂天知命，通上下之言也。聖人樂天則不須言知命。知命者，
> 知有命而信之爾。不知命，無以為君子是矣。命者，所以義，
> 一循於義，則何庸之以命哉。若夫聖人之知天命，則異於此。
> **10**

認為，聖人者，如孔子，以「知天」、「行天之道」為職，即所謂
「替天行道」是也；而「命」則是人生中的必然性，如富貴貧賤之
類。「聖人」知天，所以努力於自我的道德人格的修養，致力於
「博施濟眾」的事業。把個人的精神境界、事功行為上接之神聖的
「天」，這就為人之世俗的思慮生活接續上了超越性的價值之源，如
此，則何為不「樂」乎？至於具體人生中的富與貴、貧與賤，都是
不可妄求亦不可規避的。知此「命」則心安，心安則能在貧困潦倒
中生發其「樂」、保持其「樂」，這就叫「樂天知命」。

後來，二程常談「孔顏樂處」的問題，並由此使之成為宋明理
學的核心問題之一，他們皆強調：「學至涵養其所得而至於樂，則
清明高遠矣。」程頤記載道：「先生（程顥）為學，自十五六時，
聞汝南周茂叔論道，遂厭科舉之業，慨然有求道之志。」**11** 程顥又
說：「自再見周茂叔，吟風弄月以歸，有『吾與點也』之意。」這
些都是體悟「吾與點也」的孔夫子之「樂」的關鍵，也是獲有「吟
風弄月」之發自內在真情性大快樂的基礎。也只有解決了現實生活
中之貧賤富貴對人之心理境界的影響之後，人們才可能達到「吟風
弄月」這樣的幸福人生。

《論語》中記載：

> 子路、曾皙、冉有、公西華侍坐。子曰：「以吾一日長乎爾，

毋吾以也。居則曰：『不吾知也！』如或知爾，則何以哉？」
子路率爾而對，曰：「千乘之國，攝乎大國之間，加之以師
旅，因之以饑饉，由也為之，比及三年，可使有勇，且知方
也。』夫子哂之。「求，爾何如？」對曰：「方六七十，如五
六十，求也為之，比及三年，可使足民；如其禮樂，以俟君
子。」「赤，爾何如？」對曰：「非曰能之，願學焉！宗廟之
事，如會同，端章甫，願為小相焉。」「點，爾何如？』鼓瑟
希，鏗爾，舍瑟而作。對曰：「異乎三子者之撰。」子曰：
「何傷乎？亦各言其志也。」曰：「莫春者，春服既成；冠者
五六人，童子六七人，浴乎沂，風乎舞雩，詠而歸。」夫子喟
然歎曰：「吾與點也！」[12]

這時的孔子似乎完全沒有了在政壇上叱吒風雲、一展胸中經綸的志
向，亦遠離了衣著一塵不染、言行一絲不苟的道德家的拘謹，而成
了與二三好友攜酒隨意而行、浪漫舒展、充分享受人生的踏青者。
這種志向與形象的天壤之別，忽然集中在聖人孔夫子身上，「吟風
弄月」之意遂成歷代儒者苦苦思索以求解的千古之謎。

　　當年濂溪先生率他兩個高足大程與小程，是否解開了孔夫子
「吟風弄月」之謎，並亦能效仿聖人，也臻於「吟風弄月」之人生
佳境呢？

　　在古之南安府內，二程兄弟親見一很難解釋的事情：「周茂叔
窗前草不除去，問之云：『與自家意思一般。』」什麼叫做「與自
家意思一般」？

　　在濂溪先生看來，宇宙萬物產生之序是：

無極而太極，太極動而生陽，動極而靜。靜極復動。一動一
靜，互為其根；分陰分陽，兩儀立焉。陽變陰合，而生水、

火、木、金、土。五氣順布，四時行焉。[13]

因乾坤交感，萬物於是乎出。人亦萬物中之一，不過是「得其秀而最靈」。所謂「得其秀」者，即是說受之於天地之本根「太極」而成人性，表現出來就是：「中正仁義而主靜」。可見，萬物與人雖然判然為二，但在本源上卻同是「太極、陰陽、五行」化而生；可是，現實中的人汲汲於世俗之利之欲，沈溺在日常之衣食住行、爭權奪利之中，對自我之大「本」大「源」完全忘記了，也完全體會不到了。

　　所以，周子常要「觀物」，甚至留下自家窗前的雜草來「觀物」，還教二程兄弟去「觀」這「觀」那。此「觀」不是簡單的看看而已，而是在「靜觀」萬物之中體會天地之根、萬物之源，並最終達到對「中正仁義」之人性的把握與凸顯。

　　於是，道學之宗、理學之祖周濂溪為何不僅自己性喜山水，好回歸自然，樂不知返，又為何一而再、再而三地要學生們去「觀物」去「吟風弄月」就好理解了。周子的「觀物」、「遊樂山水」絕非僅僅是欣賞山水田園的自然風光，而是要從中體會出、體味出天地之根萬物之源，並進而獲得道德修養的內在自覺性，堅定自我踐履「中正仁義」之信心與決心。

　　「吟風」、「弄月」、「觀物」，從而「悟道」，這即是古之孔夫子之情懷和人生之境；亦是周子所解聖人之意，從而用以教授學生之精髓。周子有詩云：「數十黃卷軸，賢聖談無音。吾樂蓋易足，名濂以自箴。」[14]學生程顥亦有詩曰：「雲淡風輕近午天，傍花隨柳過前川。時人不識余心樂，將謂偷閒學少年。」[15]師徒有書可觀即可樂，吟風弄月、觀物觀景亦有樂；此樂因與物質的現實的富貴貧賤的狀態相隔分，故而能久遠，能恆常，能入人的心田裡，並由

此達到一最佳之人生狀態。

後朱熹曾對「孔顏之樂」做出解釋：

> 顏子不改其樂，是私欲既去，一心之中，便是天理流行，無有
> 止息。此乃至富至貴之理，舉天下之物無以尚之，豈不大有可
> 樂？[16]

明末清初的王夫之非常同意朱子的看法，他寫道：

> 說聖人樂處，須於程朱注中篤信而深求之，此外不足觀也……
> 遇富貴則不逾富貴之矩，遇貧賤則不逾貧賤之矩，乃是得。
> 「左右來去，儘是天理」，方於疏水曲肱之外，自有其樂，而其
> 樂乃以行於疏水曲肱之中。[17]

人生中必遭遇到各種狀態，有富有貴，也有貧與賤；有順有逆，也
有高潮與低谷；有幸福有痛苦，也有吉祥與災難等等。在宋明諸儒
看來，無論人處於何種人生的狀態中，都始終與「天理」相合一，
以「天理」之理為人處世，此即為天下之「至富」與「至貴」，達
此之境，人則何為不「樂」乎？所以，獲此「樂」的關鍵有二：一
是，人們握有「天命」觀，安於所處之人生狀態，以之為「天之
命」，此即「樂天知命」；二是，人們以「天理」的所求與所獲為
人生最高價值所在。這樣，就可以由對人生存在之必然性的接受、
對人生存之當然性的把握而進至精神之大快樂之中。

明儒陸澄曾寫信給老師王陽明，就「孔顏樂處」提出了一個有
趣的問題：

> 昔周茂叔每令伯淳尋仲尼顏子樂處，敢問是樂也，與七情之
> 樂，同乎？否乎？若同，則常人之一遂欲皆能樂矣，何必聖

賢。若別有真樂，則聖賢之遇大憂、大怒、大驚、大懼之事，此樂亦在否乎？且君子之心，常存戒懼，是蓋終身之憂也，惡得樂？澄平生多悶，未嘗見真樂之趣，今切願尋之。

這一共提出了三個問題：一是，「孔顏之樂」與常人「一遂欲」即「樂」的「樂」是否一樣？二是聖人者亦會有憂驚怒懼等情感，當此之時，其還有「樂」否？三是，儒者平日裡應該「如履薄冰」般的戒懼謹慎，則何能「樂」呢？陸澄最後以自己常無「樂」為例，盼望老師能指出一條讓他能尋其「樂」的方法與途徑。陽明先生答曰：

> 樂是心之本體，雖不同於七情之樂，而亦不外於七情之樂。雖則聖賢別有真樂，而亦常人之所同有。但常人有之而不自知，反自求許多憂苦，自加迷棄。雖在憂苦迷棄之中，而此樂又未嘗不存，但一念開明，反身而誠，則即此而在矣。[18]

這是說，「孔顏之樂」是人之心源於天道（天理、天命）而得到，自然與平常人之七情六欲中之感性「快樂」有別；但既然是「樂」，則肯定不離人之「七情之樂」。也就是說，心之本體之「樂」雖不同於感性之「樂」，可又必須體現於感性之「樂」中。正如人人都有「良知良能」一樣，人人也都先驗地具有心之本體之「樂」，不過許多人不自知罷了。如果人們知此「樂」不外於己身，就在本心之中，反身而誠，則必體會到此「樂」並獲得此「樂」，從而即便「疏水曲肱」亦有「樂」，若在別的更好的人生狀態中就更有其「樂」了。陽明先生似乎並沒有解答學生的所有疑惑，但他之深意則在要陸澄去心中尋其「樂」，而不要外求之。這與陽明之心學主張是完全一致的。

可見，「孔顏之樂」「吾與點也」的問題在周敦頤提出並教之二程兄弟之後，成爲了歷代大儒共同討論的課題，從而匯聚成中國古代人生哲學的核心問題，意義重大，影響深遠。約在宋乾道間，南安教授郭見義修建祀周敦頤與二程的「三先生祠」，並作〈記〉云：

> 人心可亡則先生之道亦可亡也，天理可滅則先生之道亦可滅也。苟人心天理無容亡滅，則學者修其祠，明其道，百世以俟聖人可矣。

可見，周子在南安教二程兄弟「尋孔顏樂處」的影響之大了。

三、生死態度：「今死矣，命也！」

生死態度，是人們面對生死時特殊的心理與精神的活動，表現爲對生死的看法與行動，是某種生死觀念的具體化。就一般人的感覺而言，人之「生」與「死」判然有別：「生」是擁有，「死」爲喪失；「生」是光明，「死」爲黑暗；「生」是活力無限，「死」是寂滅沈淪。所以，人們在對待「生」與「死」的態度上，或持只關注「生」而不視不顧「死」之將臨，墮入了縱欲主義；或者成日恐懼於「死」，溺於死亡的哀傷中，妨礙了生之意義的開顯。與此相異的是，儒家的先賢先哲提供了一種卓越的生死智慧，即不把「生」與「死」分做兩事來看，而是或由「生」去悟「死」，或由「死」而透「生」，「生」與「死」成爲互相提供意義的兩極。生死互滲、生死相交、生死互顯意義，是爲中國儒家生死哲學的基本特徵。

孔夫子云：「未知生，焉知死？」[19]這是希望以「生」之意義的確立來彰顯「死」之理，是對生死的知性把握。孟夫子則曰：「盡其心者，知其性也。知其性，則知天矣。存其心，養其性，所以事天也。夭壽不貳，修身以俟之，所以立命也。」[20]這是從人生內涵上來確立人們的生死態度。人們因為「天命」、「天理」在握，「生」則汲汲於仁義道德的修養與實踐，那麼，即便「早夭」亦可無怨無悔，是為「不貳」。一般而言，「早夭」是世間人可悲可痛之大者，人人極力遠避之；但儒者們則因為溝通了「天道」與「人道」，又以「人道」的現世推行為己之大任，故而人們若活著時能夠專注於人倫道德之事，則長壽也好、早夭也好，皆可不在意，此謂「立命」。這都是以人們「生」之性質和內容來確定「死」之觀念與態度，與一般的世俗之人以「死」之性質來確定「生」之內容的觀念與態度完全不同，這是早期儒學在生死問題上的基本看法。

周敦頤在生死態度上，與孔孟的看法保持了一致。周子逝於宋熙寧六年（1073），享年五十七。逝前曾致書札與蒲宗孟，云：

> 上方興起數百年，無有難能之事，將圖太平天下，微才小智苟有所長者，莫不皆獲自盡。吾獨不能補助萬分一，又不得竊須臾之生，以見堯舜禮樂之盛，今死矣，命也！[21]

從書札的語氣來看，這當是周子病重徘徊在死亡邊緣時的文字。俗語云：「人之將死，其言也善」，可以說，這段話相當清晰地透露出周敦頤的生死態度。但是，這封臨終前的書信，通篇給人的印象似乎周敦頤亦畏懼死亡，乞求能活得長一些。朱熹也許正是以此為由，在編輯周敦頤著作時，將蒲宗孟寫於〈周敦頤墓碣銘〉中的這段引自周敦頤書信的話全部刪去，以期保持周敦頤的聖賢氣象。他

在乾道五年（1169）重新編定《太極通書》的建安本，並寫道：「又諸本附載銘、碣、詩、文，事多重複。亦或不能有所發明於先生之道，以幸學者」[22]，所以，他做了一些刪節。觀《周敦頤集》，以「碣」名者僅蒲宗孟的〈周敦頤墓碣銘〉，而其中錄周敦頤臨終書信的一段自然被朱子認爲是「不能有所發明於先生之道，以幸學者」的話，故被朱子刪削了。另外，朱子還寫下了刪除的另一個理由：

> 而蒲〈碣〉又云：「慨然欲有所施，以見於世。」又云：「益思以奇自名。」又云：「朝廷臘等見用，奮發感厲。」皆非知先生之言。又載先生稱頌新政，反覆數十言，恐亦非實。若此之類，今皆削去。[23]

可見，朱子不僅刪削了周敦頤臨終前寫給蒲宗孟信中的一些內容，還刪除了其他的一些文字，主要理由是「不知先生之言」和「不實」，亦即不理解周子之學，曲解了周子之意。其實，周敦頤在熙寧六年去世時，正是王荆公大力推行「變法」之始，作爲一名有相當作爲的地方官吏，周敦頤應該說是支持「新法」的，至少他不會反對變法。而到了南宋時期，理學家們全面反對王安石變法，朱子以此立場看周敦頤，自然認爲記諸於蒲宗孟信中周子臨終前的這段話是不對的。如此去看周敦頤臨終書信的內容，是眞不知周子矣！

關鍵在於，我們應該從周敦頤性好山水之生活情調與他生命中「修齊治平」遠大理想的關係中去解讀其中的意義。

周子性高潔，喜山水，宋至和六年（1061）通判虔州，路過江州（今九江）時，「愛廬山之勝，有卜居之志。因築書堂於其麓」，並與好友潘興嗣「訂異時溪上詠歌之約」[24]。但直到十一年之後的宋神宗熙寧五年（1072），周敦頤才辭官定居書堂。按常情

推之，周子早有歸隱之意，此時回到書堂，正是心願所在。其曾有詩云：

> ……廬山我久愛，買田山之陰；田間有清水，清泚出山心。山心無塵土，白石磷磷沈。潺湲來數里，到此始澄深。有龍不可測，岸竹寒森森。書堂構其上，隱几看雲岑；倚梧或欹枕，風月盈中襟。或吟或冥默，或酒或鳴琴。數十黃卷軸，聖賢談無音。[25]

琴棋書畫，山林溪邊，逍遙於天地之間，正顯露出周敦頤「襟懷飄灑，雅有高趣。尤樂佳山水，遇適意外，或徜徉終日」[26]之性情。但深入一步去考察，則不然。此時辭官歸隱，實非周敦頤出自內心的願望。一則，他在任廣東轉運判官，提點刑獄時，以「洗冤澤物為己任」，「雖荒崖絕島，人跡所不至」，他都不憚勞苦，不避瘴癘，亦前去巡察，使得那些被判有罪者也心服口服。可他卻患下了重病，恰在此時，又聞在潤州的母墓被水沖壞。先人墓被損，當然是以儒家忠孝精神立身處事之周子最最揪心的事，於是，他上奏朝廷，乞知南康軍，於熙寧四年「十二月十六日改葬鄭太君於江州德化縣廬阜清泉三起山」。至此，周敦頤的確是完成了身為孝子的一大心願；但另一方面，周敦頤仕宦三十餘年，從來都是以國家朝廷利益為重，從未汲汲於個人家事而妨礙公事。但乞知南康、遷母墓，周敦頤自知是以個人家事為重了，這是身為忠臣的他內疚不已的事情；加之其病仍不癒，使他不得已而決心辭官歸隱。他曾說：「強疾而來者，為葬母耳，今猶欲以病污麾紱耶！」於是，他「上南康印，分司南京而歸」[27]。周敦頤雖然性好山水，亦常常嚮往著回歸田園，但應該說，其熙寧四年的辭職卻並非其真正的願望，而是一種出於忠臣的愧疚心理。因此，周子原在虔州的上司趙清獻鎮

蜀，得知周敦頤致仕隱居，便奏請朝廷，重新啓用他，朝命及門，而周子已逝矣。設想若周敦頤身體尚好，他當會毅然承命而出仕。

　　爲何周子性好山水，卻仍然孜孜於「廟堂之上」呢？周敦頤自小習儒術，長而仕宦，渴望的是將自己畢生所學，貢獻給朝廷國家，爲天下蒼生盡一儒者之責。所以，他在政壇勤勤懇懇，殫精竭慮，被譽爲「政事精絕，宦業過人」；「操行清修，才術通敏，凡所臨蒞，皆有政聲」。直到五十七歲，他思想深處雖然長期保有退隱山林之志，但當時他卻並無退出政壇、返歸田園享清福之意，仍然希望在政壇上一展身手。其好友潘興嗣曾希望周敦頤：「歸來治三徑，浩歌同五柳。」[28]周敦頤卻回答說：

> 可止可仕，古人無所必。束髮爲學，將有以設施，可澤於斯民者。必不得已，止未晚也，此濂溪者，異時與子相從於其上，歌詠先王之道，足矣！[29]

由這樣一種背景，我們便不難解讀周敦頤臨終前寫給蒲宗孟信札中之深意了。

　　在濃重的死亡氛圍中，周敦頤臨終書信表現出的生死態度其實並無畏懼和痛苦感，但卻顯出一些遺憾。他表露的意思是：自己還沒有盡到臣子之責，讓天下百姓受益，此爲一生之憾事；次則，自己重病在身，已是離死神不遠者，未能親「見」（讀「現」，顯現之意）儒家仁義禮樂之政於世，這是其平生第二大遺憾。所謂「竊須臾之生」云云，並非是像一般人那樣，臨終前仍然盼長壽，不甘心於死；周子之深意在於，若他的壽命能夠長一些，便可以爲國爲民辦更多的事情，讓儒家的理想──王道政治復顯於世。可以說，周子在茲念茲，皆在天下國家，處處彰顯的是修齊治平之儒家的理念。但是，天不假壽，大限臨頭，周子亦無懼意，因爲他在世間汲

汲於完成仁義道德，「天命」在我；而此刻壽數已盡，即將踏上死途，那也是「命也」！此「命」非民間百姓所認爲的那種冥冥中決定人們生死富貴的人格神，亦非道家自然天道之「必然性」；而是儒者堅信的以人倫道德爲內涵之「天命」。周子堅信：自己在世間所思所行，全然合於「天命」；自己的生命歸於結束，亦爲「天命」所定。如此，則何有畏懼和痛苦？唯一所「憂」者，是還沒有完成作爲一名儒者在人世間的責任。這種生死態度源於孟子的一段話：

> 是故君子有終身之憂，無一朝之患也。乃若所憂則有之：舜，
> 人也，我亦人也。舜爲法於天下，可傳於後世，我由未免爲鄉
> 人也，是則可憂也。憂之如何？如舜而已矣。[30]

面對死神的降臨，周子憂慮的正是天不假年，未能讓他重現「堯舜禮樂之盛」於當世，誠如潘興嗣在〈墓誌銘〉中所言：「志固在我，壽則有命」。這即是周敦頤面對死神的生死態度，亦是醇儒們共通與共同的生死態度。

〈年譜〉中記載，宋至和元年（1054），周敦頤知洪州南昌縣，一日突患暴疾，瀕臨死亡。好友潘興嗣趕來守護，「視其家，服御之物，止一敝篋，錢不滿百」[31]。一般而言，懼死者，多是出於放心不下世間的所得所獲；錢財愈多者，更加無法割捨，因此面對死亡，必痛苦萬分。「生」時汲汲於私利而無一日之快慰，死時又因無法放下所擁有之物而焦慮、痛惜，這是世間人恐懼死亡的深層原因之一。周敦頤則反是，他關注天下蒼生之福祉，爲國爲民竭盡全力，從不以富貴爲念，可謂是家無餘糧，身無餘財。如此，又怎會有死時因割捨不下世間之財貨而導致的痛苦？這即是儒家在生死態度上一貫的思考模式：「生」之問題解決了，「死」之問題也就迎刃而解矣。

周敦頤性「尤樂佳山水」，其內在意義在於：當人們忘情於山水，沈醉於田園，便可以將個體有限之生命融入大自然之無限中，從而超越死亡獲得永恆。但這只是道家推崇的超越死亡之境。而周子之為周子，就在於他並沒有因為追求個人的生死超越而放棄儒者世間的責任，其好山水之性因其強烈的濟世觀念與長期的仕宦生活而無法完全如願。周敦頤的大舅子蒲宗孟在〈墓碣銘〉中嘆息道：

> 廬山之月兮暮而明，溢浦之風兮朝而清。翁飄遙兮何所，琴悄寂兮無聲！杳乎欲訴而奚問，浩乎欲忘而難平！山巔水涯兮，生既不得以自足，死而葬乎其間兮，又安知其不為清風白月，往來於深林幽谷，皎皎而泠泠也！形骸歸此，適所願兮，攸安攸寧。[32]

儒者們在生前竭盡全力行仁義道德，為天下蒼生耗盡了全部的體能與智慧，真正至此，他們也就會安於「死」之「命」，甚至覺得「死」是自己一種最好的休息。在蒲宗孟看來，周子的逝世恰如回歸他生前最為心儀的深林幽谷，在清風白日中、在皎皎月色下悠閒、飄遙、自得。

荀子云：

> 子貢問於孔子曰：「賜倦於學矣，願息事君。」孔子曰：「《詩》云：『溫恭朝夕，執事有恪。』事君難，事君焉可息哉！」「然則賜願息事親。」孔子曰：「《詩》云：『孝子不匱，永錫爾類。』事親難，事親焉可息哉！」「然則賜願息於妻子。」孔子曰：「《詩》云：『刑於寡妻，至於兄弟，以禦於家邦。』妻子難，妻子焉可息哉！」「然則賜願息於朋友。」孔子曰：「《詩》云：『朋友攸攝，攝以威儀。』朋友難，朋

友焉可息哉！」「然則賜願息耕。」孔子曰：「《詩》云：『晝
爾於茅，宵爾索綯，亟其乘屋，其始播百穀。』耕難，耕焉可
息哉！」「然則賜無息者乎？」孔子曰：「望其壙，皐如也，
填如也，鬲如也，此則知所息矣。」子貢曰：「大哉，死乎！
君子息焉，小人休焉。」³³

　　這裡區分了二種生死之境：一是「小人」，他們生前孜孜求
利，無所不為，毫無顧慮；那麼，「死」則是他們生命之全部皆
亡，是為「休焉」。二是「君子」，他們一生都專注於道德修養與精
神境界的培育，因其目標理念的崇高、現實行為的規整，使其一生
中都無有懈怠與喘息的時候與地方。無論其在學習、從政、侍奉父
母的過程中，還是在操持家務、交結朋友，乃至於務農的活動中，
都必全力以赴，勤奮努力。這樣，「死」對他們而言，就非生命的
全部消亡，因為他們經由道德與人格精神的崇高而顯揚於後世了，
是為「息焉」。此所謂「息」還蘊藏更深的意義。因為「君子」們
受內在道德良心的召喚，發顯為嚴謹規矩的生活與社會行為，所
以，終其一生都不可能有放縱、休息的時候。唯如此，也只有在這
萬般辛勤勞累之後，「君子們」才會覺得「死」是一種最好的人生
休息，從而能享受到「死」作為永恆的甜蜜之鄉的巨大價值之所
在。周敦頤正是如此，其求學、教書、仕宦、孝親，一生可謂是無
有休息之時、無有喘息之地，僅僅是在逝後，他才能真正享受廬山
之陰的幽靜，風清月白的涼爽，信步而行的悠閒。儒者周子雖逝千
載，其學其德卻傳頌萬古，是為永恆與不朽；他是真正能含笑九
泉，逍遙於另一世界之安息者。

　　儒家生死態度的價值與意義於此可略見一斑了。

四、生死觀：「原始反終，故知死生之說」

　　生死觀主要是人們對生死的種種觀點、看法和理論，一般而言，具體的生死態度往往取決於人們特定的生死觀。張文彪先生認為：「所謂生死觀，是透過人類的生死存續的過程而明白地顯示出人生意義的觀點。」[34]這種生死觀的定義，比較符合中國儒家學者的看法。若從廣義而言，生死觀應該包含有二層意思：一是人們關於「生」和「死」的觀點，是人們對有「死」之「生」的看法，亦是對有「生」之「死」的看法。二是由這種生死觀念的確立，派生出的人生意義與人生實踐的內涵，以及人們面對死亡所可能抱持的態度。前者是觀念層次，後者主要是踐履的層面。人們只有透過由「生」至「死」的整個過程的沈思，方能彰顯出人生的意義與價值，也才能在這一基礎上，獲得生存與生活的方向，以及人生實踐的內容。但是，許多人只能囿於己之一身（個我生命）、己之一生（個我生活）來看「生」與「死」，既無能力亦無智慧躍出個我之生，從天地宇宙、生存之本來看「生死」。如此，則「生死」觀念不明，「生死」性質難定，「生死」之方向因之而錯矣！周敦頤建構生死觀的主要目的，即在促使人們超越世俗之個我生活，返歸生命之根、萬化之本來看「生」與「死」，從而使人之生命有所立，生活有所歸，人生獲其道德意義與價值。

　　周敦頤在言簡意賅的〈太極圖說〉中，由本體之「無極而太極」開篇，繼而述太極之動靜而生陰陽，立為「兩儀」。陰變陽合，於是生「金木水火土」五行。然後則「乾道成男，坤道成女」，在二氣交感下，化生萬物。在萬物中，惟人「得其秀而最靈」。所謂

「靈」即人感動而有其「善惡」，「萬事」便出現了。為此，「聖人定之以中正仁義而主靜，立人極焉」，這是認為「聖人」為社會與人類立下了人倫道德的準則，以使人與人之間和睦相處，社會國家間和平安定。但聖人「立人極」並非是任意主觀的行為，周子說：

> 故聖人與天地合其德，日月合其明，四時合其序，鬼神合其吉凶。故曰：「立天之道，曰陰與陽；立地之道，曰柔與剛；立人之道，曰仁與義。」又曰：「原始反終，故知死生之說。」大哉《易》也，斯其至矣！[35]

這段話大多引自《周易·繫辭上》：

> 《易》與天地準，故能彌綸天地之道。仰以觀於天文，俯以察於地理，是故知幽明之故。原始反終，故知死生之說。精氣為物，遊魂為變，是故知鬼神之情狀。[36]

周子將這段讚頌《易》理至廣大盡精微的話，稍加變化，引申出深刻的生死之理。著名學者呂思勉曾指出：

> 《通書》者，周子之人生觀；〈太極圖說〉，則其宇宙觀也。人生觀由宇宙觀而立。廢〈太極圖說〉，《通書》亦無根柢矣。[37]

《通書》者，固然反映了周敦頤之人生觀；但周子之〈太極圖說〉，從哲學的角度解讀，的確是為儒學立形上本體之書，可從人生哲學的觀點來看，也可以說是一部闡述儒家生死觀的著作。其根本的立足點在讓人們通「天地萬物人我」為一體，此「一」亦就是「無極而太極」，這叫「原其始」；於是乎，個我之人躍出了自我肉體、精神之限囿，獲得了「宇宙人」的存在，以這樣一種立場與觀念來

對待自我之「生」與「死」，便可確立儒家之道德人生的內涵與方向，是謂「反其終」，既是知「生」亦爲知「死」。

一般而言，當一個人僅僅圍於自我的生活圈子來看生死，他或她往往會不知「生該如何」？「死又怎樣」？於是，其人生流於放任或孜孜於利欲；可是，他或她若能夠超出個我之生，立於本體之境來看生死，那麼，其必能以本體之性質來確定其「生」之方向，亦會意識到「死」不過就是回歸本體，從而免於死亡之恐懼和痛苦。朱熹的學生曾闡釋其理云：

> 天地之化，雖則生生不窮，然而有聚必有散，有生必有死。能原始而知其聚而生，則必知其後必散而死，能知其生也，得於氣化之自然，初無精神寄寓於太虛之中，則知其死也，無氣而俱散，無復更有形象尚留於冥漠之內。[38]

所謂「形象留於冥漠之內」，是指民間百姓皆相信的人死爲鬼神的觀念；在儒者看來，太極之理爲「生生不窮」，化而爲「陰陽二氣」，其聚則爲人之「生」，其散則爲人之「死」。人們若從本根上知曉了自我之「生」的本質，亦必知曉自我之「死」便是回歸。既然「氣」之散爲人之「死」，那麼，便不可能留下任何其他的「形象」。此說實爲對民間人格神之「鬼」的否定。

朱熹則在注釋周敦頤〈太極圖說〉這段話時寫道：

> 陰陽成象，天道之所以立也；剛柔成質，地道之所以立也；仁義成德，人道之所以立也。道一而已，隨事著見，故有三才之別，而於其中又各有體用之分焉，其實則一太極也。陽也、剛也，仁也，物之始也；陰也，柔也，義也，物之終也。能原其始，而知所以生，則反其終而知所以死矣。此天地之間，綱紀

造化，流行古今，不言之妙。聖人作《易》，其大意蓋不出此，故引之以證其說。[39]

直契《易》理之奧秘，從而理解周敦頤生死觀之關鍵在於：人們必須從萬殊（萬事萬物）之中，體會到「其實則一太極也」，這樣便脫出了個我化之生活，立於生命之本的基點來思考「生死」問題。這時，人們必發現：個人之生命源於父精母血，首先與父母家庭相繫爲一體；且人們生命之成長必紮根於社會文明、文化與傳統的土壤中，故而與他人、與過去現在未來之一切人的生命亦相繫；最後，任何一個人之生命皆只能存在於天地自然之中，故而，其與宇宙大化也實爲一體。這樣，就由生命追溯的途徑，由「個我」（肉體之我）而「大我」（社會之我）而「宇宙之我」（本體之我）。周子云：「二氣五行，化生萬物。五殊二實，二本則一。是萬爲一，一實萬分。萬一各正，小大有定。」[40]當人們能夠體認這一過程，也就由「原其始」而知其「生」，並進而由「反其終」而知所以「死」。在己之一生中，必爲彰顯本體本根之仁義而奮鬥，面臨死亡亦可爲己即將返歸本體而毫無恐懼與痛苦。此爲儒家「原始反終」之生死觀的本意之所在，亦是周敦頤從《易大傳》中闡述而光大的重要理論之一，並構成了儒家生死哲學的核心內容。

梁紹輝先生認爲：

所謂「原始反終，必知死生之說」，就是說，既知最初因氣聚而生，必知最後仍因氣散而死。擴而言之，就物種的延續而言，是生生不息的；但就任何具體生命而言，則又有聚有散、有生必有死，留之不住，逐之不去的。應該說這才是周敦頤思想的實質。而這也是古來通達之士常有的思想。但這種思想又並非棄所當事，不以吉凶禍福累於心，不因死生聚散礙於志，

胸懷開闊，磊磊光明。故王夫之説：「吉凶、得失、生死，知為天地常然而無足用其憂疑，亦可以釋然矣。」(《思問錄內篇》)[41]

儒者建構的生死觀，根本目的即在達到對生死的「釋然」，亦即「生死」不累於心、不礙於志。這就需要做到三點：一是透悟生死之至理。按周敦頤〈太極圖説〉之意，即是原始反終，知生之所由來，亦知曉死之所由去，從太極、陰陽、氣化之理，掌握人間生死大事的本質仍是——氣之聚散即人之生死。二是以這種對生死至理的深刻洞悉爲基礎，自覺地將太極之理——仁義道德貫之以生命延續、生活的內涵中，光大自我之道德人生。三是以人生中充實的道德生活來超越生死之念，達到「存順歿寧」之達觀。

應該承認，周子在生死觀上所達到的「釋然」之境界，與其在面對死亡時微有遺憾之態度，兩者之間有些不一致。也就是說，面對死神的降臨，周敦頤似乎有那麼一些不甘不安，並沒能達到完全的釋然。後世的儒者，包括朱子，皆努力於消解這之間的矛盾，有時乾脆便抹除周敦頤臨終前給蒲宗孟書信中的這段話，由此來顯示周敦頤在生死態度與生死觀上的一致性，也是出於維護周子古今大儒形象的需要。因爲，如果承認這一矛盾的存在，人們也許會因此而責之周敦頤：爲何在生死關頭沒有做到完全的達觀？宋儒何子舉就是這樣來看的：

其言曰：「先生疾革時，致書某：『上方興起數千百年，無有難能之事，將圖太平天下，材智皆圖自盡。吾獨不能補助萬分一，又不能竊須臾之生，以見堯舜禮樂之盛，今死矣，命也！』嗟乎！有是言哉！先生之學，靜虛動直，明通公溥，以無欲爲入聖之門者也。窮達常變，漠無繫累，浮雲行藏，晝夜

生死。其所造詣，夫豈執世俗戀榮偷生之見者，所可窺其藩！
言焉不擇，左丞尚得知先生者！[42]

　　這樣的看法與做法皆有其失。且不說在對待文獻上，應該有信
實的態度，不能因為不符合理想中之人物形象，便如朱子刪削文
獻，或如何子舉完全認定蒲宗孟所記為錯。從記之於蒲宗孟〈周敦
頤墓碣銘〉中周子臨終前的這些言論來看，應該說從兩人之關係及
信中之語氣上來判斷，皆是可信的。另一方面，周敦頤在生死觀上
可以「晝夜生死」，但在生死態度上也可以「竊須臾之生」，這種不
完全一致是可以並存的，也是可以理解的。生死問題是人們所可能
遭遇到的最嚴重的問題，在臨終者生理與心理的巨大壓力、焦慮與
痛苦前，一切完美和完善的理論皆蒼白無力，人們出現某種動搖和
改變是完全可以理解的。況且，正如第三節所述，周子的遺憾與希
望「天」予之「壽」，並非是「執世俗戀榮偷生」，完全是出於其儒
者之道德責任使然，與一般的臨終者完全不甘心、不認「死」還是
有本質區別的。實際上，正是周敦頤在生死觀與生死態度上的些許
差距，使其成為有血有肉、有人的喜怒哀樂之情的現實中的人，而
非抽象的「人」或「神」。同時，也啟示我們，在對生死觀與生死
態度的研究上，要堅決摒棄模式化、抽象化、概念化的方法，要從
現實中的人、具體的人和人的情感與思想出發，才能真正掌握古代
哲人的生死觀，並使這種研究達到真實的科學化水準。

五、對周敦頤生死智慧之現代沈思

　　周子著述甚少，全部加起來不過6,248個字[43]，但是，其影響

是深遠的。清儒賀瑞麟云：

> 孔孟而後，千有餘年，聖人之道不傳。道非不傳也，以無傳道
> 之人耳。漢四百年得一董子，唐三百年得一韓子，皆不足與傳
> 斯道。至宋周子出，而始續其統，後世無異詞焉。[44]

大儒胡宏更言：

> 周子啓程氏兄弟不傳之妙，一回萬古之光明，如日麗天；將為
> 百世之利澤，如水行地。其功蓋在孔孟之間矣。[45]

僅就其人生哲學思想而言，周敦頤的貢獻也是巨大的。

首先，我們可以對其人生智慧進行一些現代的沈思。

第一，政治的人生化還是人生的政治化。許多人從政，皆是全身心的沈溺在政治之中，除了去獲得權力與地位，及繼續追求更大的權力與地位之外，就不知人生還有其他的領域和其他的事情可做。所以，當他們或被迫離開官場，或因高齡而退出政壇時，他們便不知幹什麼，也不會幹什麼，於是其全部的興奮點及所有的體能智慧皆集中於保持其位其權，為了這唯一的生存目的，他們可不擇手段地幹任何事情。因此，其人格漸趨扭曲，心靈逐漸污染，甚至有可能良心泯滅，無惡不作，給民眾及國家帶來痛苦和災難，這即是人生政治化帶來的可怕後果。周敦頤的從政觀念及從政實踐，不是取「人生政治化」，而是走「政治人生化」之路。也就是說，他把政治納入其人生過程之內，當作人生的組成部分，而非人生的全部，甚至也不是人生中最最重要的部分。周子雖然從政達三十一年之久，人生的主要時光是在官場中度過的，但他從來就是把政治建於其人生理念的基礎之上，以「修家齊家」為從政的前提，視之高於和重於政治，從而保持了在政壇險惡與污濁包圍中的清白和高

尚，且做出了較大的政績。

周敦頤長期從政，卻常思退隱山水田園，因為他自有詩書禮樂可娛情怡志，自有他的求天地萬物人我之深層究竟的學問可供其做人生無限的馳騁之地。故而，周敦頤可以在官場卻不以官場為念，握有大權而並不視其不能放下。要達到這一點，一個人擁有的何種人生哲學觀是決定性的，為此，周敦頤非常強調人品與人格的問題，集中體現大約在嘉祐八年（西元1063）構思並創作的意境深遠、影響空前的〈愛蓮說〉一文中：

> 水陸草木之花，可愛者甚蕃。晉陶淵明獨愛菊。自李唐來，世人盛愛牡丹。予獨愛蓮之出淤泥而不染，濯清漣而不妖，中通外直，不蔓不枝，香遠益清，亭亭淨植，可遠觀而不可褻玩焉。
>
> 予謂菊，花之隱逸者也；牡丹，花之富貴者也；蓮，花之君子者也。噫！菊之愛，陶後鮮有聞；蓮之愛，同予者何人？牡丹之愛，宜乎眾矣！

濂溪先生獨愛「蓮」，是因其生淤泥之中而不染，象徵著人格的高潔；蓮之枝「中通外直」，無分枝分叉，象徵著質樸無華的人品；蓮之花香雖遠傳卻為清，花朵由潔白而粉紅，象徵著君子凜然不可侵之堅貞不渝的情操。可見，濂溪先生愛蓮，實為愛「蓮」所象徵的君子們潔身自愛、超凡脫俗的高尚品質。

其實，把政治合一於人生，而非人生合一於政治，是儒家學說一貫強調的觀念。儒家所宣導的從政之路是：以政治為人生的延長線，由「修身齊家」之後，才進而「治國平天下」，也就是說，有了「內聖」之後，才可去「外王」，任何「外王」必須建基於「內聖」之上。但是，儒家的這套政治合一於人生的理論沒有一種制度

化的構建作為基礎與保證，故而在現實的歷史發展中演變出一種反向的結果：人們不是先「內聖」，而是先「外王」，獲取了極大的政治權力之後，再自吹和強迫他人（百姓）承認自己同時也是「內聖」。這樣，理論上的「政治合一於人生」，就轉化為現實中的「人生合一於政治」。周子是一個例外，因為他的思想境界奇高，道德涵養深厚，人生價值觀正確，故而在其一生中，基本堅持了「政治合一於人生」的路線，成為中國古代儒家學者從政的典範。

　　一般而言，政壇上充斥的是權力之爭，利益之奪，有時是你死我活的拼鬥。人一踏入其中，常常是拋棄了是非曲直，丟失了道德倫理，昧著良心做著卑鄙的勾當。如何在這樣一個「大染缸」中展開自我人生之路時仍然能保持自我之純潔與道德性，這是儒家學者要解決的重大問題之一。周敦頤的觀點與做法是：以人格的高尚和凸顯人生中的道德倫理性來獲得從政的方向與準則，從而既不迷失人生的方向，也能做出較大的政治業績。這一點應該說對今日的從政者也是有啟示作用的。

　　第二，周敦頤在其人生哲學思想中揭示出，在人生過程中，保持一個快樂的人生態度是非常重要的。現實中的人，大多以物質財富和地位權力的獲取為人生幸福，所以，常常是無「樂」而只有愁與苦。因為，人們現實的物質性的所得總是有限的，而人之欲望卻無窮無盡，以「有盡」去滿足「無窮」，當然是沒有辦法實現的。於是，人們只好永遠陷入「求不得苦」之中。佛教解決此一問題的方案是：取消人之現實所求，專注於來生入「西方極樂世界」。而從孔孟開始至周敦頤的儒家解決的方案則是：人應該只有物質性所「需」，而不應進而產生物質性的無限之「求」。物質性所需即滿足自我之衣食住行、生老病死、傳宗接代、接受教育等所必需。因此，孔子談「足食」、「富民」之問題；孟子講「五畝之宅」、「有

恆產則有恆心」等等問題。但超出此所需，去進至對物質財富和地位權勢的無限之求，那麼，其結果只能是：從小的方面而言，人們將永無可「樂」之時、可「樂」之處；從大的方面來看，人人都求之無限，人將不人，國將不國，天下必大亂。因此，孔子與孟子一方面指出了滿足人們一定的物質需要的重要性；同時，又大談對人之物欲的限制與控制的問題，強調人們要「寡欲」，乃至「窒欲」。周敦頤也探討了這個重要的問題，他的解決方案當然與孔孟一致：嚴格區分物質性的需要與所求，前者是人生命存在與生活發展所必需，後者則是人之貪欲所致，完全可以去除。那麼，何以使人意識到這一點呢？這就必須解開源於孔夫子至周敦頤、二程而成為中國人生哲學核心問題：人何以得其「樂」的問題。

在周敦頤看來，人們若只限於在物質性所求所享受上尋其「樂」，那是根本求不到「樂」的，人們只有進而深入心靈去求其「樂」，且是以「道」為樂之內容，方能尋找到人生的真「樂」所在，也才能無論是在富貴之中還是在貧賤之內，皆能尋找到「樂」且有其「樂」。人生中之「樂」絕非源於現實之物質性功利，而只能來自於人們心靈對仁義道德獲取後產生的愉悅，這一點，對現代那些沈溺於物質欲望之中不可自拔者難道不具有一種警醒作用嗎？

其次，我們可以對周敦頤的死亡智慧進行一些現代的沈思。

周敦頤生死智慧主要由其生死態度與生死觀念所構成，是直承《易大傳》和孔孟思想精髓而形成，實際上也深刻地影響到宋明諸儒在生死問題上的看法。因此，周敦頤的生死哲學已成為儒家生死哲學中重要的一環。現就幾個重要問題討論如下：

第一，關於周敦頤建構生死哲學之目的問題。周敦頤的生死哲學是在充分吸取先秦儒家思想的基礎上建構而成的，應該說，其目的是在理論上與釋道生死觀相抗衡。周敦頤為何在他最重要的哲學

著作〈太極圖說〉中特別地引出《易大傳》「原始反終，故知死生之說」，並讚歎：「大哉易也，斯其至矣」的話呢？其外在原因是希望學者們重視生死問題，深入探討生死態度與生死觀念；但內在的原因則是希望建構儒學關於生死的完整學說，以與釋道相爭勝。先秦孔孟荀諸儒，理論的關注點主要在倫理與政治；漢之董仲舒，忙於從「天」之神秘性為儒學尋找終極的理論基石；而至隋唐，已是釋道大發展時期。在這之前，儒家學者固然也常談生死問題，但多集中在具體的操作性之上，如孔子言：「志士仁人，無求生以害仁，有殺身以成仁。」[46]孟子曰：「生亦我所欲也，義亦我所欲也；二者不可得兼，捨生而取義者也。」[47]荀子說：「禮者，謹於治生死者也。生，人之始也；死，人之終也：終始俱善，人道畢矣。故君子敬始而慎終。」[48]諸如此類的觀念，皆是從人們具體的生死實踐上著眼，少有立於哲學本體、人生之根本來考慮生死問題的理論。與此相反，先秦時老莊已大量地從哲學的高度思考了生死問題，有著許多精闢的言論，構成了以「生死齊一」之精神超越死亡的生死哲學。其後發展出的中國道教，更將道家精神超越死亡之說，轉化成為長生不老、肉身成仙的理論。更不用說，隋唐蓬勃發展的佛教，本就以世間苦難與死亡為立教之基，並以其「六道輪迴」、「往生西方極樂」之生死理論風行於世，影響十分巨大。所以，從唐末韓愈、李翱發其端，「北宋五子」繼其後的復興儒學的思想運動，闡揚和發揮儒家的生死哲學本就是題中應有之義。周敦頤不僅以〈太極圖說〉建構出儒家的形上學，也不僅以《通書》確立了儒家完整的倫理政治的理論；更以對《易大傳》的闡發，奠定了儒家生死哲學最重要的理論基石。朱子在回答學生「原始反終，故知死生之說」的問題時，云：

此申「無極而太極」、「太極本無極」之理，使人知生死本非二事，而老氏謂「長生久視」，佛氏謂「輪迴不息，能脫是則無生滅」者，皆誕也。橫渠曰：「物之初生，氣日至而滋息；物之既盈，氣日反而遊散。至之謂神，以其伸也；反之謂鬼，以其歸也。」此之謂也？[49]

朱子正是以周敦頤所揭示出的生死之理來反對道釋在生死問題上最主要的一些看法。而張橫渠關於氣之聚散是人之生死本質的思想，「存順歿寧」、「死之事只生是也」的生死態度[50]，應該說都是與周敦頤的生死觀念相通的，都可認為是宋初儒者們復興和建構儒家生死哲學的努力。

第二，關於生死本體之境的問題。周敦頤所揭示出的「原始反終，故知死生之說」的生死本體之境，發顯之，則是張載所持「存，吾順事；沒，吾寧也」的生死態度，亦是王夫之所言面對生死「亦可以釋然矣」的生死實踐。孔孟所提出的「殺身成仁」、「捨生取義」之生死態度，不過是儒家生死哲學在具體化的現世政治倫理生活中的運用而已。由對《易大傳》的闡發而奠定儒家生死哲學之基，應該說是周敦頤對儒學發展的又一重大貢獻。這一生死哲學的理論說明，人之生死即「乾坤」、即「陰陽」、即「動靜」、即「太極」「無極」。所以，人之生與死最終皆可歸之於形上本體，知此則知生死，知生死之理則知「生當如何」？「死又怎樣」？這就形成了儒家的生死觀，可以用來規劃人們的一生之求，亦可用來形成達觀的生死態度。大儒劉宗周云：

自無極說到萬物上，天地之始終也；自萬事反到無極上，聖人之終而始也。始終之說，即生死之說，而開闢混沌，七尺之去留不與焉。知乎此者，可與語道矣。主靜要矣，致知亟焉。[51]

所謂「七尺之去留不與焉」，是說人們明白了「始終」即「生死」之理，那麼，面對死亡人們亦可安心矣。

但不可否認的是，正如前述，周敦頤的生死態度與其揭示出的儒家生死本體之境微有差距，這並不是說，周子的學問不精、修為不夠，而實在是因為儒家生死本體之境太高超了，真正要達致這一層面，實在是不容易。從學理上明白此理易，而真正要貫之以生死實踐則難，即便是如周敦頤這樣的儒學大家亦不例外。要達到儒家生死哲學本體之境，首先要由己之「生命」、己之「生活」超脫出來，獲得完全普遍化的「生命」與「生活」，從內在心性上體認到萬事萬物皆「氣聚而生」的實存性；其次，再進一步去體會宇宙「生生不息」之本根、「無極太極」之本體。達到這一層次，仍然還只是道家生死哲學之境，亦即老子所言「死而不亡」、莊子「妻死，鼓盆而歌」的層面。在這一層次，人們可以不恐懼於死，卻難以完成自我之道德人格。於是，人們必須再加努力，去努力地從天地之化中體會「剛柔」、從萬物之本中體認「仁義」，從而意識到：行仁取義是自我一生的使命，是天地本根賦予我們生者在世間的職責，是儒者們的份內之事。至此，人們便可體驗己之「生命」由「天道」而來，亦必將回歸「天道」；己之生活則由「天理」而定，終其一生都將充實而無所欠缺。此即孟子所言之境：「萬物皆備於我矣。反身而誠，樂莫大焉。強恕而行，求仁莫近焉。」[52] 於是，儒者們不僅面對死亡的降臨，可獲得安然與釋然；更可因此而獲得「生」之方向與內容，從對生死的自然主義的態度，轉化成生死的道德主義，這是道與儒之根本分途之處。

常人則囿於生活之感性存在，生命之個我化實存，多追求當下此在的生活感覺；所以，在生死之性質上，嚴別生與死，認死生為二途。他們不能躍出個我之生死，去知曉「無極而太極」，去獲得

「一死生」之本體境界，於是，便陷入了「醉生夢死」之途。儒者們追求的「一死生」絕非道家之「長生久視」、道教之「長生不老」，亦非佛氏之「輪迴六道」、「無生死之涅槃」。儒學本體意義上的氣之聚散導致的人之生死變化，並非表示個體之人可以獲得肉體的永生，或者能夠生死輪迴，或往生「西方極樂脫生死」。應該說，本根之變化是一全體之化，是一根本之變，具體之人的生死是本根之化的表現，個別之人只能於全體、終極的存在意義上獲得「永生」與「不朽」，這絕非個體之人生命的永存。周敦頤彰顯儒家的生死哲學，全部目的只在於讓人們可以由生死之本根性的認識，來獲得生之內容與方向。當人們在生前孜孜求道、闡道、行道，努力於行仁取義，那麼，自我之有限生命就可以與無限之本體合為一體（因其本質在仁義），借助於無限之本體而實現了個體生命的不朽。這不是道家純精神性的超越死亡，亦非借助於修煉修行而實現的道教之肉體成仙、佛教之往生西方，而是從人生命內涵之道德性確定、人生活目標之倫理性定位，以及人生踐履之道德倫理性來實現超越的「不朽」與「永生」。這充分彰顯出儒家生死哲學的鮮明特色。

　　第三，關於「認命」的問題。周敦頤面對死亡將至發出的感慨：「今死矣，命也」，應該說語出《論語·雍也》篇：「伯牛有疾，子問之，自牖執其手，曰：『亡之，命矣夫！斯人也而有斯疾也！斯人也而有斯疾也！』」[53] 視「死」為「命」，即一種冥冥中的必然性，是儒者們面對死亡時的一種「認」的態度，此「認」即肯定、承認、接受死亡的降臨。一般的人面對「死」，常常是萬分不甘心，總覺得自己還沒有活夠，還沒有這樣或那樣，甚至還會產生「人為何要死呢」的疑問。於是，由「不認」到「不甘」再到「不安」，輾轉反側於生死邊緣，飽嚐生死之痛苦與哀傷，可最後仍然

要「上黃泉路」，這是不可能會改變的。而儒家面對死亡發展出的這種「認」之態度，是從天地化生之必然性的體認出發，內化成人們「常然」的觀念，意識到有「生」者必有「死」的自然規律，再由這一外在的必然性轉化為人們思想意識上的一種「認下」、「接受」的務實態度。王船山有言云：

> 氣之聚散，物之死生，出而來，入而往，皆理勢之自然，不能已止者也。不可據之以為常，不可揮之而使散，不可挽之而使留，是以君子安生安死，於氣之屈伸無所施其作為，俟命而已矣。[54]

儒者們在死亡面前固然有傷悲，亦有遺憾——這與常人無二；但卻因為「認」之後「俟命」的生死態度而絕無不甘、不安之情，絕不會為自己臨近死亡而苦苦地求生不放——這又是異於常人的地方。在對人之死亡結局的「認」之方面，中國古代的道家學者，尤其是《莊子》與《列子》書中都有很好的闡述，但道家之「認」主要是從自然的必然性方面出發，而儒家之「認」則是從應然（倫理性）的必然性方面出發，兩者目的一致，而方法與途徑則大異，所導致的人生實踐與死亡態度亦大相徑庭。[55]

　　發掘中國傳統哲學中這種「認命」之生死智慧，對現代人解決複雜和嚴重的生死問題有著極大的價值與意義。因為現代人借助於科技與制度變革，了解自然、控制自然、改造自然的能力空前強大，許多人間的惡疾被不斷地征服，人類的壽命也大為延長。於是，隨之而來的是：人類對死亡之本能抗拒的心理無限地膨脹起來，以致於愈來愈多的人面對死亡的降臨非常的不甘心、非常的不安，導致強烈的死亡恐懼與痛苦，這使現代人死亡品質空前地低下。從根本上而言，現代人當然要努力地改善生活的水準，提高自

身的健康水準，以獲得高壽，推延死期的到來；但同時也應該從傳統儒家對死亡之「認」的觀念中汲取智慧，因為只要是「人」，畢竟會在某一天走上不歸之途的，任何力量都無法挽回。若人們有了對死亡之「認」的態度，必能免於劇烈的死亡哀傷和痛苦，從而獲得較好的生死品質，這也是周敦頤生死哲學對現代社會可能做出的重大理論貢獻。

注　釋

1 《朱子語類》，北京：中華書局，1999。

2 〈周濂溪先生全集序〉，周文英主編，《周敦頤全書》，江西教育出版社，1993，頁325。下不註明皆出自該書。

3 〈周敦頤年譜〉。

4 〈周敦頤年譜〉。

5 〈周敦頤墓碣銘〉。

6 〈周敦頤年譜〉。

7 〈周敦頤事狀〉。

8 《論語‧雍也》。

9 《論語‧雍也》。

10 《明道語錄》一。

11 〈明道先生行狀〉。

12 《論語‧先進》。

13 〈太極圖說〉。

14 〈題濂溪書堂〉。

15 《二程全書》五。

16 《朱子語類》，北京：中華書局，1999。

17 《讀四書大全說》。

18 〈與陸原靜〉。

19 楊伯峻，《論語譯注‧先進篇第十一》，中華書局，1963，頁120。

20（宋）朱熹，《四書集注・孟子集注・盡心章句上》，中華書局，1988，頁349。

21 陳克明點校，《周敦頤集》，中華書局，1990，頁87。

22 陳克明點校，《周敦頤集・太極通書後序建安本》，中華書局，1990，頁42。

23 陳克明點校，《周敦頤集・再定太極通書後序南康本》，中華書局，1990，頁45。

24（宋）度正，〈周敦頤年譜〉，周文英主編，《周敦頤全書》卷一，江西教育出版社，1993，頁14。

25（宋）度正，〈濂溪書堂詩〉，周文英主編，《周敦頤全書》卷五，江西教育出版社，1993，頁288。

26（宋）朱熹，〈周敦頤事狀〉，周文英主編，《周敦頤全書》卷一，江西教育出版社，1993，頁5。

27（宋）度正，〈周敦頤年譜〉，周文英主編，《周敦頤全書》卷一，江西教育出版社，1993，頁19。

28〈題濂溪〉，周文英主編，《周敦頤全書》卷六，江西教育出版社，1993，頁299。

29（宋）度正，〈周敦頤墓誌銘〉，周文英主編，《周敦頤全書》卷一，江西教育出版社1993，頁22。

30（宋）朱熹，《四書集注・孟子集注・離婁章句下》，中華書局，1988，頁298。

31（宋）度正，〈周敦頤年譜〉，周文英主編，《周敦頤全書卷一》，江西教育出版社，1993，頁12。

32（宋）蒲宗孟，〈周敦頤墓碣銘〉，周文英主編，《周敦頤全書卷一》，江西教育出版社，1993，頁24。

33（清）王先謙，《荀子集解・大略篇第二十七》，中華書局，1997，頁509-511。

34〈宋明理學鬼神生死思想探析〉，文載人大複印《中國哲學史》，2001，期3。

35（宋）周敦頤，〈太極圖說〉，周文英主編，《周敦頤全書》卷二，江西教

育出版社，1993，頁31。

36 高亨，〈繫辭上〉，《周易大傳今譯》卷五，齊魯書社，1983，頁511。

37 呂思勉，《理學綱要》，東方出版社，1996，頁35。

38 〈太極圖說集解〉，周文英主編，《周敦頤全書》卷二，江西教育出版社，1993，頁69。

39 〈太極圖說集解〉，周文英主編，《周敦頤全書》卷二，江西教育出版社，1993，頁67。

40 陳克明點校，《周敦頤集·通書·理性二十二》，中華書局，1990，頁31。

41 《太極圖說通書義解》，海南出版社，1991，頁72。

42 陳克明點校，《周敦頤集·周敦頤墓室記》，中華書局，1990，頁88-89。

43 參見《周敦頤評傳》，南京大學出版社，1994。

44 〈周子全書序〉。

45 〈通書序略〉。

46 楊伯峻，《論語譯注·衛靈公》，中華書局，1985。

47 楊伯峻，《孟子譯注·告子上》，中華書局，1960。

48 （清）王先謙，《荀子集解·禮論篇第十九》，中華書局，1997，頁358。

49 周文英主編，《周敦頤全書》卷二，江西教育出版社，1993，頁69。

50 參見拙文〈張載生死觀及其現代沈思〉，文載《船山學刊》，2000，期3。

51 〈濂溪學案下〉，《宋元學案》卷十二，中華書局，1986，頁498。

52 （宋）朱熹，《四書集注·孟子集注·盡心章句上》，中華書局，1988，頁350。

53 楊伯峻，《論語譯注·雍也篇第六》，中華書局，1963，頁62。

54 〈張子正蒙注〉，《船山全書》第十二冊，長沙：嶽麓書社，1985。

55 可參見拙著，《中國死亡智慧》，三民書局，1994；《生死兩安》，廣西人民出版社，1998；《尋求人生的真諦——生死問題的探索》，百花洲文藝出版社，2002。

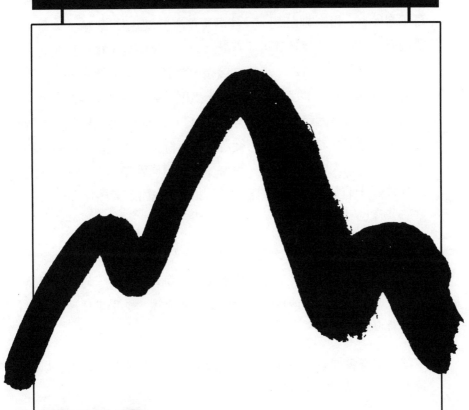

第三章
李靚之生死智慧

李覯（1009-1059），字泰伯，宋建昌軍（今江西南城縣）人，學者稱其「旴江先生」。北宋中期著名思想家，一生幾皆爲「邑外草萊之民」、「南城賤民」、「建昌軍草澤」，但卻以政論、易論、禮論而名世，范仲淹讚其：「善講六經，辨博明達，釋然見聖人之旨。著書立言，有孟軻、揚雄之風義，實無愧於天下之士⋯⋯」。[1]《宋元學案》稱其「俊辯能文」[2]。朱熹則「謂李泰伯文得自經中，雖淺，然皆自大處起議論，蓋有取爾也」。[3]李覯科考、舉茂才等皆不中，回鄉講學於旴江書院，從游者常百餘人。後因范仲淹等人的大力舉薦，遂入太學爲直講、說書，並曾權同管勾太學，故而「門人升錄者千有餘人」，「東南士人，推以爲冠」，儼然「爲宋代儒宗」。所以，胡適先生云：

> 李覯是北宋的一個大思想家。他的大膽，他的見識，他的條理，在北宋的學者之中，幾乎沒有一個對手！⋯⋯他是江西學派的一個極重要的代表，是王安石的先導，是兩宋哲學的一個開山大師。[4]

本章不準備全面討論李覯的思想，僅從其生死觀的角度切入，以期獲得一些卓越的生死智慧。

一、生存智慧：「人事修」

人之生首先顯現爲生命在時間中的延續、空間的拓展，是爲生存。人與動物不同的是，不僅生存在大自然裡，更生存在社會的環境之內。所以，其不僅要經受自然環境形成的生存困難，還必須經受社會環境造成的生存問題。生存之不易使人們無不孜孜於尋求與

建構化解生存困境的方法、途徑和技巧，是謂生存的智慧。李覯因
其艱難的處境，對此更是有著切膚之感，他常稱自己一生「落魄不
肖」，「身不被一命之寵，家不藏擔石之穀」[5]，「覯也蚤以薄祐不
能及時，上乏騏驥千里之力，下無鉛刀一割之效，退藏山野，日就
衰老。雖然用農夫之穀，分工女之帛，既得以不死，而無益於
人。」[6]生存的不易，當然使李覯對如何克服生存困難的智慧有著
特殊的興趣，並透過解《易》而發揮出來。

作為西周初年的作品《易經》，本為筮書，以卦爻辭的演算告
人以吉凶事宜；出於戰國時代多人之手的《易傳》則是對《易經》
所做的最古的一種註解。易學專家高亨先生說：「《易經》既是筮
書，筮人自然要根據卦爻的象數來判斷人事的吉凶。」[7]這就形成
了歷史上解易之象數派。但《易》本身因其神秘性抽象性空靈性等
而被認為蘊藏有深刻與豐富的義理，於是，又形成了易學史上的義
理派。李覯解《易》，開宗明義即聲明承自王弼黜「象數」而重
「義理」的思路：「援輔嗣之注以解義」，其目的是「蓋急乎天下國
家之用」，「人事修而王道明」[8]。當然，李覯與王弼以老莊玄學解
《易》不同，用的是儒學義理來解《易》，這種方法論上的特點使李
覯的易論充滿著豐富而實用的生存智慧。

第一，「常」與「權」的關係問題。萬事萬物、社會國家、人
生事情等無一不在有規律地變化發展之中，是謂「常」；但事物有
時也會脫出常理，發生一些變異，人們順勢而動而行，是謂
「權」、「宜」、「通變」。李覯說：

常者，道之紀也。道不以權，弗能濟矣。是故權者，反常者
也。事變矣，勢異矣，而一本於常，猶膠柱而鼓瑟也。「履九
五」曰：「夬履，貞厲。」謂履道尚謙，不喜處盈，而五以陽

處陽，正當其位，是以危也。「豐六二」曰：「豐其部，日中見門，往得疑疾，有孚發若，吉。」謂處明動之時，爻皆以居陽位，又不應陰為美，而二以陰居陰，常於厥位，故幽而無睹，不能自發也。若夫排患解紛，量時制宜，事出一切，愈不可常也。[9]

任何事物都有質的穩定性和發展變化中一定的規則在，一般而言，人們可以將事物的這種常住性上升為常理性，認識之適應之且運用之。但是，人們在掌握此「常理」的同時，要意識到事物的發展在一定的條件和情況下，會脫離原有的軌道，逸出常理，發生不同尋常的變化，此時，人們再以常情常理處之，必受挫甚至失敗，造成生存的困難。所以，人們應該「通變」，處之以「宜」，運用非常規的辦法來適應事物的變化發展，此之謂「權」，在此意義上，「權」即是反「常」。在生存中，人們若不懂「權」變的重要性，就會陷入墨守成規、固執己見、不能通達，形成人生困境。所以，人們只有同時掌握兩個方面，並巧妙地應用，才能處事不疑惑、不猶豫、不沮喪、不陷入禍患、不發生謬誤，且獲得生存之順利與成功。所以，「度宜而行之」，「通權達變」、「量時制宜」是人生中極其重要的一種生存的智慧。

第二，「禍」與「福」的關係問題。有人問：文王被囚，箕子為奴，此之禍「豈其所自取哉」？意思是說，文王與箕子，古之聖賢，何以不能避禍？李覯說：有些禍患是自己不明事理而招致，有些禍患卻是必不可免的。前者可用「禍患」言之，而後者卻不能視為「禍患」，「是有命焉」。同樣的生存災難，在感覺上認識上卻一是「禍患」、一為「有命」，其間之區分在何處呢？李覯運用易理解釋云：

「節六三」曰：「不節若，則嗟若，無咎。」謂以陰處陽，以柔乘剛，違節之道，以至哀嗟。自己所致，故無所怨咎也，此患自己招者也。「漸初六」曰：「鴻漸於幹，小子厲有言，無咎。」謂始進而未得其位，則困於小子，窮於謗言，故曰「小子厲有言」也。困於小子讒謬之言，未傷君子之義，故曰：「無咎」也……「蹇六四」曰：「往蹇來連。」謂往則無應，來則乘剛，往來皆難，故曰「往蹇來連」。然得位履正，當其本實，雖遇於難，非妄所招也。此患非己招，不可免者也。是有命焉，非智之過也。亦有進不違私，志在救難，以危其身，此又君子之大義非智者之羞也。[10]

李覯此處要說明的是，人生中實存的狀態有窮與達、富與貧、平安與禍患等等，但在思想意識上，對這些實存的狀況要有不同的認識，從而有不同的接受態度，這是一種非常重要的生存智慧。違背自然規律，悖逆人事之理，必招致這樣或那樣的禍與患，這是咎由自取，所以，就要安於所受，吸取教訓，避免以後再陷入類似的災禍之中。但若君子受小人之讒言暫時受困，則並未傷及「君子之義」，所以，人們根本不必以禍患視之，可安然而受。當人們所遇的災難並不是自己處置不當引起，就應視其為「命」（自然）所致，既如此，也不必憂心如焚，怨聲載道。更進一步言之，君子們拯斯民於水火，自然會身處困境險境甚至於死境，但這卻是「君子之大義」使然，根本不是其無智所導致，更應該安然受之。所以，李覯言：

天道之變，日星循環，占之而不舛者，以知其數也。人事之動，情偽交錯，應之而不謬者，以知其勢也。持之以正，用之以中，百祿之來，弗可辭也已。噫！非天下之至變，其孰能與

於此哉！[11]

在此，李覯所提出的生存智慧是：萬事萬物變化無窮，人間禍福亦變幻莫測。人無不喜福厭禍，但需要明白的是，人間的禍患又是無可避免的。這時，最重要的是在思想意識上要擁有三種不同的接受方式：一是面對咎由自取的禍患，我們要從「自作自受」的角度而接受，並吸取經驗教訓；二是人們受外在不可控制的力量所致而陷入不可免之禍害，只需堅持做人的準則，便無可畏懼地受之；三是人們為了社會和人民的福祉身陷危難之境，那更是可從內在之道德價值的承諾而以「君子之大義非智者之羞也」受之。這就是李覯為世人提供的接受禍患的生存智慧。

但是，人生於世，當然不是為承受禍患而活，關鍵是要消禍於未形，避難於未至，以至轉禍為福。設問：由福而禍，猶如影之隨形，要如何才能消災免禍呢？李覯云：

> 火之生也，一勺之勝，及其燎也，川流莫競。是故君子慎乎始也。「節初九」曰：「不出戶庭，無咎。」謂為節之初，將整離散而立制度也。故明於通塞，慮於險偽，不出戶庭，慎密不失，然後事濟而無咎也。初九曰：壯於前趾，往不勝為咎。謂居健之初，宜審其策，以行其事。壯其前趾，往而不勝，宜其咎也。[12]

所謂「慎乎始」，即是調動人們思維的超前性，從事物剛開始時便預期預感預見到可能會發生的變化和發展，以未來可能發生的狀態來規範現今自我的行為，如此，禍患便可消之於未萌芽的狀態。再設問：若人生中「不慎而失之」，禍患已臨頭，有否補救的辦法呢？李覯說：在於人是「明」還是「昧」。聰明者辨別禍患早，即

使偶爾處置失當，禍患已臨，亦可「過而能改」；而不明事理的「昧者」總是「以智飾非」，固執己見，以至禍患臨頭仍不知醒悟，終則悔無可及。李覯由《易》推之云：

> 「訟九四」曰：「不克訟，復即命渝安，貞吉。」謂處上「訟」下可以改變者也。故其咎不在，若能反本理，變前之命，安正不犯，不失其道，為仁由己，故吉從之也。[13]

所以，人們在生活之中，在處理問題之時，對任何事情切忌讓其「貫盈」，要慎乎始，讓事物的發展保持在可以把握得住的程度，否則，事發展至「極」，大禍必臨頭，一切悔之晚矣。

第三，生存中把握「時」的重要性。「時」是時機、機會、關鍵點之謂，在李覯看來，人生中把握時機而行止，掌握機會而行動，抓住關鍵而動作，是趨吉避凶、獲得生存中最佳狀態的重要方法。他說：

> 時乎時，智才弗能違矣。先時而動者，妄也；後時而不進者，怠也。妄者過之媒，怠者功之賊也。「蹇初六」曰：「往蹇來譽」。謂處難之始，居止之初，獨見前識，睹險而止，以待其時，故往則遇蹇，來則譽也。「歸妹六三」曰：「歸妹以反須，反歸以娣。」謂室主猶存，而求進焉，進未值時，故有須也。不可以進，故反歸待時，以娣乃行也。凡此不可先時者也……「節九二」曰：「不出門庭，凶。」謂初已造之，至二宜宣其制矣。而故匿之，失時之極，則遂廢矣。故不出門庭，則凶也。凡此不可後時者也。[14]

在李覯看來，人生中最重要的選擇之一是：面對事物的發展，何時可「進」何時應「退」？若具體到儒者，則是「進」而治國平天

下，「退」則養親修身頤養天年。李覯認為，是「進」還是「退」完全要看其「時」到還是未到。先時而「進」為「妄」，一定凶；後「時」而動為「怠」，必不獲成功。而且，在現實的人生過程中，往往是進取之「時」易見，容易把握；而退隱之「時」難見，不易掌握。所以，李覯要求人們「見機而作」，抓住時機而有所行動。若貽誤了時機，災禍臨頭才想躲避，那是無法做到的。這就叫做：「危至而後求行，難可免乎？」因此，人們不應「矯枉過正」，而要「和而不同」，「身乃無患」；不要因為心中有所欲求而左盼右顧，遲疑不決，這稱做「以欲而忘患，鱗屬所以死於餌也」，魚兒因貪口腹之欲，所以上了釣者之餌的當，死到臨頭惘然不知；人們在生活中還要遠「小人」才能「遠害」。在李覯看來，人之生存中雖有許多趨吉避凶的方法，最根本的還是「守正」：

> 若夫分有所定，義不可去，則莫若守正之為利也。「泰九三」曰：「無平不陂，無往不復。艱貞無咎，勿恤其孚，於食有福。」謂處天地之將閉，平路之將陂，時將大變，世將大革，而居不失其貞，動不失其應，艱而能貞，不失其義，故無咎也。信義誠著，故勿恤其孚，於食有福也。[15]

「守正」者，即堅執儒家道德仁義不動搖。無論是「居」之停，還是「動」之行；也不管是在安居樂業之時，還是處於艱難險阻之境，人們皆要持「義」不怠，毫不動搖，這就叫「既明且哲」，足「以保其身」。所以，李覯所言之「時」，絕非是要人們投機取巧，為己之利而「靜若處子，動若脫兔」；而是心有所主，雖然也要見機行事，但其根本點還是要求人們持道德仁義而處世。

在中國古代，因為有著深厚豐富的易學的傳統，也因為人們實際上的生存之不易，「常」與「權」、「禍」與「福」，以及「時」

的問題是思想家們常常討論的對象。李覯的貢獻在於：由「易」而窺「天道」——從陰陽二氣來釋《周易》，實開宋代易學義理派中氣學一脈的先河；又由天道而人事——因為陰陽二氣的變化、相摩相盪是貫之於自然與社會的至理，故而亦是《易》之核心，由《易》而察之人事，亦必以易理貫之於人世間的一切。這就是李覯生存智慧的方法論和最為關鍵的地方。人之生存本就在天地之間，生存之智慧本就應該取之於自然天道，因此，人們若師心自用，崇尚人為之偽，把生存的智慧皆立於自我的奇思怪想之上，必不能達到生存的佳境，必陷自己於災難接踵而至的悲慘狀況之中。所以，泰伯先生提供的生存智慧的卓著之處，不在其內容如何豐富深刻，提出了什麼特別的方式和技巧，而在其觀察問題的視野，在於其生存智慧所由出的方法論。

二、生活準則：循禮

　　人生不唯表現為生命在客觀環境中的存在，更表現為生命體在人世間的生活。生命重要的是存在，而生活中凸顯的則是人之感受與感覺。若問人之生活究竟是什麼？簡言之，就是人在生命延續的基礎上，由內在之心、性、情而產生的欲望欲求情感等的現實化過程。可是，人皆有生命，生命皆蘊藏心性情，心性情皆要化為人間的欲望欲求與情感，於是，人們在人生的過程中必不可免地會與他人、社會以及自然界發生各式各樣的衝突，為了使人人可得遂其情其欲，亦為了社會的安定和與自然的共存，人們遵守一定的人生準則也就成為了必然。在中國傳統社會，人生準則一部分歸入「德」，一部分則化為「禮」。泰伯先生特別地發展了儒家關於「禮」

的學說。

　　人生於世，生命是個我的，生活是個我的，其存在與感受皆表現為是「我」的而非別人的。因此，從人之內心而言，嚮往的是一種自在自由的、順情適意的生活。可是人之生命在孕育時便是父母的，出生後又只能在社會中成長，由非自覺到自覺地接受著社會、歷史、文化、語言、傳統的模塑和規範，從這樣一種生存性質而言，人又不可能達到完全的自在與自為。這即是個我性與類我性、個人與社會之間的緊張，表現於外、顯現於人之生活中，就是人渴望過一種無拘無束自由自在之生活與「禮」之種種規則規矩規範所導致的應該如此必然這樣之間的衝突。為此，有孔子宣導的人們循「禮」應該有內在之仁愛精神為基礎的化解模式，也有荀子李覯從禮以養人之「性」的解決方法，其深意都是希望一定程度上消解這些緊張與衝突。

　　在儒學發展史上，禮樂刑政是政治學說的核心。孔子救無道之世的利器便是「克己復禮」，由「君君臣臣父父子子」的歸位、名實相副而正天下、治天下、平天下。但孔子敏銳地發現，典章制度、儀規準則並非僅僅是外在的規範，人們若無一種內在之精神相配合，「禮」就可能成為一種「死」的毫無生氣的東西，人們勉強行禮是無法真正循禮的。所以，孔子指出：「禮云禮云，玉帛云乎哉？」[16]「林放問禮之本。子曰：『大哉問！禮與其奢也寧儉；喪，與其易也寧戚。』」[17]這種回答內含了一個循禮過程中必須要有一種內在之精神相配合的問題。孔子說：「人而不仁如禮何？人而不仁如樂何？」[18]可見，在孔夫子心中，「仁愛」是禮之內在的精神，一切的禮儀規則無不應該貫之以「仁」。也就是說，人們行孝行悌行忠、為信為誠為義、行止動停、養生送死等等，皆必須以仁愛作為基礎和內核。比如，只有蘊有愛心的「孝」，才能克服孝

之過程中物質與時間的損耗帶來的不適等等。這樣一種討論非常重要，在一定程度上也能消解人生之自在自為自由和人生之他在外在（社會）與規則的緊張問題。但是，內聚並高揚仁愛精神者，其惟聖賢乎？芸芸眾生哪能都如此？且又何能如此？如何使最廣大的百姓亦能發自內心地循「禮」，使其自由生活的渴望被規範在與他人和諧共處的範圍之內，特別是讓人們欲望滿足的人生行為不至於危及社會與國家的安定，這是一個極其重大的問題。

大儒荀子別闢蹊徑，用「禮」為「養欲」說來試圖解決這一問題。他說：

> 禮起於何也？曰：人生而有欲，欲而不得，則不能無求，求而無度量分界，則不能不爭。爭則亂，亂則窮。先王惡其亂也，故制禮義以分之，以養人之欲，給人之求。使欲必不窮乎物，物必不屈於欲，兩者相持而長，是禮之所起也。故禮者養也。**19**

「養」者，實指一種合理的限制。也就是說，人生而有欲，這是人之生命本有之的，是無可否定的；因此，人們生活於世，追求欲望之滿足亦是天經地義，無可去除的。這樣一種看法，當然就不是說給「聖賢」們聽的，而是講給芸芸眾生們受用的，而且是可以入耳的誠懇之言。但是，人人生而有欲，人人受欲之驅使而追求，必不可免的結果就是造成爭奪，進而演變為社會國家的動亂，故而必須制定一些規則——「禮」來限制之。「禮」固然是一種對自由生活的限制，是人之欲的界線，它使人們在生活中不能隨心所欲，但從根本上而言，這卻是必要的限制，是人為滿足其欲而必須付出的代價。也就是說，人們只有讓渡一部分的人生自由、克制一些生活的欲望，才能更好地獲得人生的自由、滿足生活的欲望，是謂

「養」。所以，荀子反對孟子「性善」之說，提出了人性惡的理論，認爲「善」源於人爲之爲的「僞」，亦即後天的教化和規範，所以，包括「刑」與「禮」皆爲規範人之行爲的必需。

李覯也撰有《禮論》，理論的出發點是荀子的觀念，人性論的觀點卻取自揚雄和韓愈，但他首先做的是把「禮」之重要性、必要性抬高到無以復加的地步，其云：「夫禮，人道之準，世教之主也。聖人治天下國家，修身正心，無他，一於禮而已矣。」[20] 在李覯處，「禮」不是指「節制文章，獻酬揖讓，登降俯仰」等規則與規範，而是人類生活生存的總則，它關係到國計民生，亦是天下安危之所繫，因此成爲聖人教化百姓的根本所在。如此崇高之「禮」，在李覯看來，亦是起於人之求利足欲的「節文」：「夫禮之初，順人之性欲而爲之節文者也」。[21] 其又言：

> 利可言乎？曰：人非利不生，曷爲不可言？欲可言乎？曰：欲者，人之情，曷爲不可言？言而不以禮，是貪與淫，罪矣。不貪不淫而曰不可言，無乃賊人之生，反人之情，世俗之不喜儒以此。[22]

人之生就是內在之欲望的現實化，「禮」之產生與作用絕非窒人之欲利，相反，恰恰在使人之欲與利能得到更好的實現。在李覯看來，夫婦、父子、長幼等家庭家族之禮；君臣、公卿、大夫、士、庶人之政治等級之禮；師友、賓客、死喪、祭祀等社會之禮皆是順人之性之情而作。至於禮之本則爲：「豐殺有等，疏數有度。貴有常奉，賤有常守。賢者不敢過，不肖者不敢不及。此禮之大本也。」[23] 如果人們在一生中，皆能意識到人之性情自身便是禮之制定的基礎，人生之欲的實現、生活追求的滿足亦都在循禮與否，那麼，社會中人人：

飲食既得，衣服既備，宮室既成，器皿既利，夫婦既正，父子
既親，長幼既分，君臣既辨，上下既列，師友既定，賓客既
交，死喪既厚，祭祀既修，而天下大和矣。[24]

不由孔子仁愛精神來爲「禮」奠基，而是由人生之性欲來尋
「禮」之淵源，實際上正是荀子與李覯看到了聖賢與庶人之區別使
然。他們強烈地意識到，對芸芸眾生而言，要讓其心服口服地自覺
自願地踐履「禮」，用抽象深奧之仁愛來說服是難以奏效的，最好
的方式只能以「足其欲」爲號召。當人們都意識到了只有在循禮的
前提下，才能更好地滿足人生欲望，達到生活中的追求，自然而然
地就可以把外在的「禮」化爲出於內在自覺的行爲；將那對自由生
活、自在的生存有所束縛的「禮」亦當作必須要接受的限制而遵循
之。這即實現了李覯之「禮論」所欲達到的最高境界——「大
和」。此「大和」實際上即是：人人都能在其一生中遵循禮儀，社
會有秩有序，國家有規有矩，而人人又都不會以之爲束縛，身心皆
能達至自由之境，國家社會也能臻於和諧安寧之態，於是，這就由
「和」而至於「樂」之境了。

但是，儒者章望之對李覯的禮論頗不以爲然，認爲是「好怪」
之論，是「率天下之人爲禮不求諸內，而競諸外，人之內不充而惟
外之飾焉，終亦必亂而已矣」[25]。章氏這一說，明顯出於孔子必須
以仁愛精神爲禮之內核的看法。可是，在李覯看來，「禮」者絕非
只是一些外在的節文而已，它源於人之內在之「性」，是以內在心
性爲基礎的。一方面，李覯指出：「聖人率其仁義智信之性，會而
爲禮，禮成而後，仁義智信可見矣！」[26]也就是說，從聖人而言，
其性內在地就有仁義智信，凝而成「禮」，人們可從其循禮中體會
到仁義智信。另一方面，從百姓的層次而言，李覯指出，禮爲「順

人之性欲而爲之節文者也」，同樣是出於內在之欲的節文而爲「禮」。可見，「禮」之「外」恰恰是其「內」的表現。因此，絕對不可以把性、禮截然分爲內與外，並且對立起來。李覯又說，人之饑食渴飲與冠弁衣裳並無內外之分，因爲後者也是出自於內在之欲的：

> 夏則求輕，冬則求暖，固出於吾心，與饑渴之求飲食一也。而章子異之，不已惑乎？故天下之善，無非內者也。[27]

實際上，章望之的看法源於孔子，認爲若無內在之仁愛精神，又如何能夠自覺地接受禮遵循禮？而李覯的看法出於荀子，認禮爲人之欲的「節文」，所以本就蘊涵著體用不二、內外一致的性質。尤其重要的是，章望之的出發點是孟子的性善論，而李覯的出發點是韓愈的性三品說。

李覯認爲，古之論性者有四種類型：孟子執性善說，荀子言性惡，揚雄謂之善惡混，而韓愈則持性三品：「上焉者善也，中焉者善惡混也，下焉者惡而已矣。今觀退之之辯，誠爲得也，孟子豈能專之？」[28]因此，李覯的禮論兼顧了幾種人：「聖人會其仁、義、智、信而爲法制，固由於內也。賢人學法制以求仁義，亦內也。」[29]在李覯看來，人性之品可別爲三：一上智，是不學而能的「聖人」，其性根於善。二「中人」，其中又分成三：學而得其本（善）者爲賢人，可以相當於聖人；學而失其本（善）者爲迷惑之人，僅守於中人的地位而已；還有一種是兀然而不學者，只能爲固陋，與下愚者相同。三是下愚者，雖學而不能，僅僅具備人之軀殼而已。這就叫「性之三品，而人之類五」。

在李覯的禮論當中，「中人」從數量上說占絕大多數，是禮之應用的主要對象。「中人」之性雖然善惡相混，未能天生就有仁義

智信之善，但若能使其相信「禮」是讓其欲得以實現的基礎，那麼仍然可以讓他們出自內心地循禮。李覯云：

> 故知禮者，生民之大也。樂得之而以成，政得之而以行，刑得之而以清，仁得之而不廢，義得之而不誣，智得之而不惑，信得之而不渝。聖人之所以作，賢者之所以述，天子之所以正天下，諸侯之所以治其國，卿大夫士之所以守其位，庶人之所以保其生，無一物而不以禮也。窮天地，亙萬世，不可須臾而去也。[30]

「保其生」就是庶民循禮所獲得的大功用，就是庶民能遂其欲的表現。「聖人」與「中人」裡的前二類在生活中的循禮皆可說由之「內」，雖然性質有別，可卻落在了實處，這在教化百姓方面有莫大的好處。

由李覯關於「禮」之內外相合、體用兼備之說，可以導出人們在生活過程中遵守「禮」，一應該自覺，因為是人內在心性所由出；二應當快樂，因為是滿足自我之情欲的。但是，儒者胡瑗撰《原禮篇》，認為人們循禮與人之性情不合，絕對不可能引出快樂的感覺，反之在禮的規範下人受到百般的束縛，難有其樂：

> 民之於禮也，如獸之於圈也，禽之於綫也，魚之於沼也。豈其所樂哉？勉強而制爾。民之於侈縱奔放也，如獸之於山藪也，禽之於飛翔也，魚之於江湖也。豈有所使哉？情之自然爾。[31]

胡瑗既然認為人之循禮是無所樂，所以必須要由君與師去對民施以強制性的教化，百姓才能「勉強而制」。李覯認為，胡瑗此論大謬，不唯使先王之道不得今用，而且使民與聖君賢師為「仇敵」——用禮來桎梏人、制約人，直至窒滅人之性，當然遭致民眾的不

悅。李覯進而指出：「……唯禮爲能順人情，豈嘗勉強之哉？」人天生就有愛親之情，順之而爲父子之禮；人天生就有畏其長之情，故而延伸出兄弟之禮；人天生有情欲，長大則求後嗣，故而有夫婦之禮等等，其他如君臣之禮、冠禮、祭禮等無不如此。進而又

> 推事父之恩，而爲養老之禮。廣事兄之義，而爲鄉飲酒禮。凡此之類，難以遽數，皆因人之情而把持之，使有所成就耳。[32]

禮非困人之情，而是順人之情，成就人之生，讓人之生活得以正常並獲得幸福。所以，李覯說：「有禮者得遂其情，以孝以悌，以忠以義，身尊名榮，罔有後患。是謂獸之於山藪，鳥之於飛翔，魚之於江湖也」。相反，「無禮者得遂其情，爲罪辜，爲離散，窮苦怨悔，弗可振起。是謂獸之於囿，鳥之於綫，魚之於沼也。」[33] 人之情與性是天生如此，是一種客觀的存在，人生而需飲食，長而要男女，此又何能非之？關鍵在如何引導和規範，這即是「禮」的功用所在。人們必須意識到，循禮，正是人生之中得情遂欲的保障；而不循禮，無限制地追求情欲的滿足，必遭災惹禍，終則無法得情遂欲。李覯之深意還在於：明白了這個道理，人們就可以在人生過程中既做一個循規蹈矩者，且又能不以之爲束縛，不以其爲桎梏，相反，還能發自內心地覺得遵循禮的各種規定規則，正是自我之心性使然，正是自我之情的完全隨順。達至極點，便進入了孔夫子所謂既能「隨心所欲」，又可「不逾矩」的自由之境。

　　人的一生中，要與他人打交道，要與社會、社區、集團等發生關係，還同國家有著各種聯繫。於是，循「禮」便成爲必然。但禮作爲典章儀式，作爲種種規則規範的總和，確實與人之生活的自由嚮往存在著一定的緊張，甚至發生相當大的矛盾。李覯禮論的理論努力，在於一方面把「禮」上升爲「道」，視爲天之「經」地之

「義」，具有最大的普遍性和絕對性，因此人們不能不從不可不從；另一方面，則從發生學的角度，把禮之產生與人之性人之情相繫，故而說成是內在於人的東西，也是完全合於人的本性的東西。於是，「禮」消解了外在性和強制性，獲得了人之生命的內在性和親和性，這就使人對禮進入到可以自覺地遵循之自願地踐履之的程度，到此，泰伯先生透過其禮論而完成了對人生準則的建構。

三、死亡觀：「唯有令名人，終古如不死」

人之生實涵蓋「生」與「死」兩個密切相繫的階段和部分，人們對「生」之看法會影響到對「死」的體認；反之，人們對「死」的看法亦強烈地影響到「生」之方向與性質。李覯是一個學者，其對生存智慧的闡述與對人生準則的建構必然延伸至死亡觀。可分二個部分：一者泰伯先生是個普通人，有著與平常人一樣的面對死亡所生發出來的感受，不過，他是個學者，所以從中引申出了一些消解死亡哀傷的智慧；另一方面，泰伯先生又是一位醇儒，在人之死的問題上仍深受儒家傳統死亡觀的影響。基本上他渴望的是由聲名傳之後世的方式來達到對死亡的超越：「古今聖與賢，歷歷垂星斗。景行苟有成，進退無一繆。不能功天下，尚可名身後。」[34]泰伯先生一生功業未成，故而求取立德立言以傳之後世的超越死亡之路。

第一，對生死無常的感慨與消解死亡悲哀的方法。僅就《李覯集》中所見，泰伯先生所撰寫的墓銘有二十七篇之多，這些墓銘一般皆是為家人、親戚、朋友或受人所托而作，內容充滿著催人淚下的哀傷，以及面對死亡的深深感慨。任何正常的人面對死亡的降

臨，無不會遽然而嘆：死何之速？總覺得亡者不應該這麼早就離開人世。泰伯先生也不例外，他在〈進士陳君墓銘〉中感嘆：如此有德且有業之人，為何卒於四十六呢？銘曰：「勤不獲祿，善不克年。謂天有知，何死之亟？謂天無知，何後之賢？百世之下，無敢壞其藏焉。」陳君一生勤奮，卻官祿不厚；一生行善，卻中道而逝，泰伯先生悲痛之餘，感慨「老天」何其不公。人生之事，錯可悔之、糾之、改之，不行的話，還可忘之；但死亡的降臨卻讓人無法悔之、糾之和改之，也無可忘懷。無奈之餘，人們只好怨天怨地，以獲得情感的宣洩。所以，死亡帶給人的常常是無盡的遺憾、悔恨和悲傷。泰伯先生云：「人之教子，教成而親死，天下多如此」[35]「夫人教子，謂不見其仕，及其登科，而母死矣」[36]深深嘆息子功名成而親不在，子欲養而親不存。這種情感在泰伯先生為其母所撰的〈先夫人墓誌〉中表現得尤其淒慘：

> 嗚呼！覯何人哉！有心不明，有力不強，父已不待養，天幸有母，而方施施，進不能為祿仕，退不能求財利以足其欲，使之憔悴，晚乃悔之，未及行而禍作矣。嗚呼！覯何人哉？天鬼不誅，王法不治，猶有面目以視息世間。復何人哉？誠懼乏祀，不自引決，敢因襄事刻石以記其罪，抑為事親者戒。嗚呼哀哉！[37]

泰伯先生一生精進不怠，求學為師精研學問，破各家陋說成一家之言，剛毅果敢，為信念死而後已。但卻「晚乃悔之」。泰伯何悔之有？又悔之奈何？原來泰伯之母一則德行好，雖家用窮乏而各種禮節儀式之費用不能少；二則樂善好施，凡有所求於她，無不有應，故而「由此困乏，百計不效」。泰伯先生實在不忍心老母長期受此貧困，以《易》之「窮則變，變則通」為精神的解脫之方，準備攜

母去平時所識的公卿大夫家「乞食焉」。此豈泰伯先生之所好之所願哉？不得已而已矣！泰伯之母想到孫兒可因此增長一些見識，同意了李覯的想法，可天不假年，正在籌畫離鄉事宜時，老母突然一病而逝，此泰伯所謂「晚乃悔之」。

　　總之，死者已矣，而生者卻必須承受無盡的痛苦和悲傷。死亡給人們帶來的痛苦不是肉體之痛，而是心靈之痛，是一種徹底喪失之後的虛脫感，那種無復與逝者再見面再親近的深入骨髓的巨大悲傷。而這種心靈痛苦，往往又會轉化爲身體上的病變，讓生者的身心皆苦不堪言。爲此，李覯先生在其生死觀中總結並提出了幾種讓人們從死亡悲痛中超拔出來的方法。一是人們面對死亡的降臨，一定要意識到，萬物皆有死，人死又何悲哉？人之壽夭是「有命焉」。從這種對死之必至性的體認中，人們可以也必須接受親人死亡的事實，從極端痛苦內擺脫出來。泰伯先生云：「生者能幾時，死者無窮期。萬物皆如斯，又何足悲邪！」[38] 又說：「命有夭壽，時有窮達。含笑入泉，糞土黃髮。」[39] 這些說法對人們消解死亡悲傷似有相當的作用。二是人們意識到生前可做之事皆做了，生前所應有的也皆有了，生無所憾，死又何足悲呢？泰伯先生寫道：「壽考人之願，而夫婦偕老，有嗣家之幸，而其子知道，四者得之，固已足矣。」[40] 又說：「生無失宜，死何足悲？有子而奇，其後焉可知邪？」[41] 還說：「善不獨善，既施於民，福在子孫，不止其身。少進老退，始卒無悔。死而有知，何慶之大。」[42] 生前之足，可消死之悲，所以，人們要注意生前之所作所爲。三是用莊周的自然生死觀來消解死亡的傷痛。中國民間百姓一般皆相信：積善有慶，爲惡有殃，「老天爺」福善禍淫。但天道茫茫，人事難測，在現實生活中，往往善者得禍，惡者反得福。故而人們有時便會走向道家「天地不仁，以萬物爲芻狗」之論。李覯雖爲儒者，但面對死亡這

樣難以理喻之事，有時亦未免也運用一些道家之理來解惑。如說：

> 莊周論天曰自然，吾以為妄言，至於仁者夭，鄙者壽，禍福之來荒忽而不可宪，然後知周之言為不謬。[43]

人間禍福難定，故而只好認定天地自然而然，並不特別地使人如何如何。這樣，在宇宙中一無依傍的人，面對死亡又如何能心平氣和呢？又怎能不哀傷痛苦呢？莊子一方面從齊萬物出發到齊同人之生死，使高壽之「彭祖」與短命之「殤子」為一。而且，認定人之生為「勞」死為「息」，「死」也許比「生」之狀態更幸福，所以，人們應該既安於所生，亦要安於所死。泰伯先生云：「莊周之云兮，息以死而勞以生。斯言之信兮，子無恨情。」[44]由對生死的自然體認，可以進而齊同生死；逝者如果安心了，生者也能獲得莫大的安慰。

第二，李覯對儒家傳統生死智慧的發揮和運用。儒家死亡觀的基本點有三：一是對人之死抱理性主義的態度，認人之生為天地之生；人之死亦回歸天地，這就叫「死而不亡」。《周易》云：「原始反終，故知死生之說。精氣為物，遊魂為變，是故知鬼神之情狀。」[45]宋大儒張載發揮此一觀念，說：「聚亦吾體，散亦吾體，知死之不亡者，可與言性矣。」[46]從現象界而言，每個人生之，亦必死之；但從本體本源而言，則人之生源於天地自然，而人之死當然也是回歸天地自然，此即「死而不亡」之意。二則為孔子所說的「未知生，焉知死」[47]的觀念。這是說，君子們只應關注生前之道德修養和道德的踐履，至於死後之事可以不問，也無可問，人間之事遠比死及死後之事重要得多，所以，孔子提倡：「篤信好學，守死善道」[48]；「朝聞道，夕死可矣」[49]；「君子疾沒世而名不稱焉」[50]；曾子也說：「士不可以不弘毅，任重而道遠。仁以為己任，不

亦重乎？死而後已，不亦遠乎？」[51]這些說法皆認爲生前的道德修養、建功立業比之對死的苦思冥想及死亡問題的解決重要得多，所以，人們應該多關注現世人事。三是死亡價值論。孔子說：「志士仁人，無求生以害仁，有殺身以成仁。」[52]孟子直承孔子，提出：「生亦我所欲也，義亦我所欲也；二者不可得兼，舍生而取義者也。」[53]這種生死價值論實爲超越死亡論，也就是說，爲了道德仁義的價值實現，人們可以也必須勇於赴死。人們正因爲「聞道」、「得道」並「弘道」了，便透過「立德」之途徑而超越了死亡，獲得了不朽。儒家還發展出另外二種方式——立功、立言來實現對死亡的超越，是爲「三不朽」。

李覯字泰伯，爲何字泰伯？查諸各種史料皆無記載說明，但其一生的所作所爲可以說都是在實踐《論語・泰伯》中的一句名言「篤信好學，守死善道」，這中間似乎透露出些許訊息，今人難道不能悟出點什麼嗎？[54]李覯出身卑微，居處偏遠，家境貧寒，科考不利，幾近布衣而終，但卻終生不敢懈怠，孜孜不倦觀百家書，求諸六經，探儒學之精粹，教授弟子，著書立說，成一家之言。祖無擇贊其曰：

> 盱江李泰伯，其有孟軻氏六君子之深心焉。年少志大，常慎疾斯文衰敝，曰：「墜地已甚，誰其拯之？」於是夙夜討論文、武、周公、孔子之遺文舊制，兼明乎當世之務，悉著於篇。且又嘆曰：「生處僻遐，不自進孰進哉？」因徒步二千里入京師，以文求通於天子。[55]

李覯在此所體現的正是儒者求學精進之精神，是一種修身齊家進而治國平天下的精神，尤其表現出了一種「位卑不敢忘國憂」的精神。從根本上而言，這種積極進取的人生態度，卻是由其死亡意識

凝聚出來的。

李覯曾有言曰：

大哉孔子，吾何能稱焉？顏淵曰：「仰之彌高，鑽之彌堅，瞻
之在前，忽焉在後。」「仰之彌高」也，則吾以為極星，考之
正之，舍是則無四方矣。「鑽之彌堅」也，則吾以為磐石，據
之依之，舍是則無安居矣。「瞻之在前，忽焉在後」也，則吾
以為鬼神，生之斂之，舍是則無庶物矣。他人之道，借曰善
焉，有之可也，亡之可也。夫子之道，不可須臾去也。不聞
之，是無耳也；不見之，是無目也；不言之，是無口也；不學
之、不思之，是無心、無精爽也，尚可以為人乎哉？吾於斯
道，夜而諷之矣，晝而讀之矣，發斑而不知其疲矣，終沒吾世
而已矣。[56]

李覯所言所行，他對孔子人格的崇拜，對儒學精義的孜孜以求，為
「康國濟民」而著書立說，終其一生都無悔的決心，恰恰就是曾子
所謂「仁以為己任，不亦重乎？死而後已，不亦遠乎」之說的最好
顯現；亦是儒者重生、以生前的進德修業來解決生死問題之方式的
實際例子。李覯又有詩云：

鳥獸死有用，羽角筋革齒。輦挽入工師，飾作軍國器。玉食白
如瓠，瞑目已腐穢。生者不敢留，埋藏與螻蟻。百年富貴身，
孰若鳥獸類。唯有令名人，終古如不死。[57]

這是說，鳥獸類死而可用，人死腐而朽之，似乎鳥獸不如。但人們
卻可以透過聲名傳之後世來達到死而不亡，這是儒者們終身企盼的
人生結局，當然也是李覯所刻意追求的。泰伯先生是否實現了其願
望呢？

在距先生逝後四百十三年的明成化年間，建昌府郡守謝西元夜做一夢，「夢先生對浮大白飲」，醒後詫異不已。翌日，有人來告，李覯墓被人盜發。太守具棺衾準備重新易葬，啟壙一瞧：「二大白宛然夢中見者，夢方解。」太守請吏部主事左公贊請於朝廷，核准立墓建祠，稱「景賢」。太守將夢中之事告訴翰林國史修撰羅倫，並歎道：「先生之歿，距今四百十三年矣，而精神感通有如此者。蘇子曰：『不依形而立，不恃力而行，不待生而存，不隨死而亡者』，其此之謂乎？」太守又遠望山中亂墳重重疊疊，歎道：這些人為何不能死而不亡呢？羅倫慨然答道：「何獨此也。桓山之石，驪山之固，庸非人乎哉？其圖身後者非不至也。曾幾何時，狐兔穴其傍，樵兒牧豎躑躅其中！草中壘壘者，曾不若也。方其生也，柄一國之雄，擅四海之富，何求而不遂哉？身死而遂不保焉。何也？」「桓山之石」當指春秋時想加害孔夫子的宋國司馬桓魋，身前造一大石槨，三年不成，死後葬在桓山下（今江蘇）。東坡先生有〈游桓山記〉，云：

> 桓山之上，維石嵯峨兮。司馬之惡，與石不磨兮。桓山之下，維水瀰瀰兮。司馬之藏，與水皆逝兮。[58]

生前不可一世的司馬桓魋逝後卻速朽了。「驪山之固」當指秦始皇，生前聲名顯赫，極盡奢侈，死後葬則極盡巧思，無所不用其極，為的就是渴求長生不老，但卻惡名千載，身後寂寞，與兔穴樵兒牧豎為伴。羅倫進而說：泰伯先生一介寒夫，身無一官之榮耀，下無尺土之富有，可身後之名卻與天地共久：

> 生而必死，聖賢無異於眾人也。死而不亡，與天地並久，日月並明，其惟聖賢乎？泰伯先生其聖賢之徒乎？[59]

聖賢以其德其功其言而不朽，泰伯先生為聖賢之徒，也因其道德文章而永垂不朽了。

泰伯先生「平生尚倜儻，壯大苦摧折」[60]，其一生可以三事言之：一求聖賢之道，習儒術，修身與齊家；二則求仕進，渴望治國平天下，故而為科考求舉薦；三則潛心學問，著書立說，成一家之言。其一生仕途無足觀，家業無足道，真可謂生前無富貴榮華，死後黃土一丘，但其德其言傳之久遠，其書歷代有人誦讀，一介寒夫卻真正達到了永生不朽，這一切正好是其生死觀最好的註腳。

注　釋

1〈李覯外集卷第一·薦章四首〉，《李覯集》，北京：中華書局，1981，頁469。

2《宋元學案·高平學案》，北京：中國書店，1990，頁88。

3《李覯集·附錄三》，頁523。

4《胡適文存》二集，卷一，合肥：黃山書社，1996。

5〈上孫寺丞書〉，《李覯集》，頁296。

6〈寄周禮致太平論上諸公啟〉，《李覯集》，頁276。

7高亨，《周易大傳今注》，濟南：齊魯書社，1983，頁3。

8〈刪定易圖序論略〉，《李覯集》，頁52。

9〈易論第八〉，《李覯集》，頁41。

10〈易論第十〉，《李覯集》，頁45。

11〈易論第十〉，《李覯集》，頁46。

12〈易論第九〉，《李覯集》，頁43。

13〈易論第九〉，《李覯集》，頁44。

14〈易論第六〉，《李覯集》，頁37-39。

15〈易論第六〉，《李覯集》，頁37-39。

16楊伯峻，《論語譯注·陽貨篇》，北京：中華書局，1985。

17《論語·八佾》。

18 《論語‧八佾》。

19 《諸子集成‧荀子集解》卷十三，《禮論篇第十九》，上海：上海書店，
   1990，頁231。

20 〈禮論第一〉，《李覯集》，頁5。

21 〈禮論第一〉，《李覯集》，頁5。

22 《雜文‧原文》，頁326。

23 〈禮論第一〉，《李覯集》，頁6。

24 〈禮論第一〉，《李覯集》，頁6-7。

25 〈禮論後語〉引章氏語，《李覯集》頁24。

26 〈禮論後語〉引章氏語，《李覯集》頁24。

27 〈禮論後語〉，《李覯集》，頁24-25。

28 〈禮論第六〉，《李覯集》，頁18。

29 〈禮論後語〉引章氏語，《李覯集》，頁25。

30 〈禮論第六〉，《李覯集》，頁19-20。

31 〈與胡先生書〉引，《李覯集》，頁317。

32 〈與胡先生書〉引，《李覯集》，頁318。

33 〈與胡先生書〉引，《李覯集》，頁318。

34 〈寄章友直〉，《李覯集》，頁388。

35 〈徐夫人墓銘並序〉，《李覯集》，頁345。

36 〈聶夫人墓銘並序〉，《李覯集》，頁342。

37 〈先夫人墓誌〉，《李覯集》，頁360。

38 〈聶夫人墓銘並序〉，《李覯集》，頁342。

39 〈廣文陳生墓銘並序〉，《李覯集》，頁340。

40 〈宋故將仕郎守太子中舍致仕宋公及夫人壽昌縣君江氏墓碣銘並序〉，《李
   覯集》，頁351。

41 〈李子高墓表〉，《李覯集》，頁358。

42 〈宋故朝散大夫守尚書屯田郎中上輕車都尉賜緋魚袋江公墓碑並序〉，《李
   覯集》，頁348。

43 〈進士傅君墓表〉，《李覯集》，頁354。

44〈鄧公儀傷辭並序〉，《李覯集》，頁361。

45高亨，《周易大傳今注》卷五，濟南：齊魯書社，1983，頁511。

46〈正蒙‧太和篇第一〉，《張載集》，北京：中華書局，1978。

47《論語‧先進》。

48《論語‧泰伯》。

49《論語‧里仁》。

50《論語‧衛靈公》。

51《論語‧衛靈公》。

52《論語‧泰伯》。

53楊伯峻，《孟子譯注‧告子上》，北京：中華書局，1960。

54李覯先生為他人解名解字、取名取字喜其內含一定的意義，如在〈解湯延
祖字〉（《李覯集》卷三十五，頁402）中談到，他為湯延祖取字為「子
立」，並說：「其名延祖有意哉，吾以子立為之字。立身之道將何如？非曰
凡人富與貴。不賢而位何能為？」取字子立，是希望湯延祖能以賢德而立
身處世，蓋其意深焉。又在〈名男參魯以詩喻之〉（《李覯集》卷三十五，
頁387）中，李覯以孔門高弟參子為嚮往，參子史載以孝行著稱，故而為
其兒子取名參魯，其字則為孝孺，並寄希望於兒子云：「內以保家族，外
以揚名譽。高山在所仰，今人豈殊古？」以此推之，李覯取字泰伯，亦應
有深意在焉。。

55〈直講李先生文集序〉，《李覯集》，頁1。

56〈常語下〉，《李覯集》，頁377。

57〈寄懷三首〉，《李覯集》，頁381。

58鄧立郎編校，《蘇東坡全集》，合肥：黃山書社，1997，頁44。

59〈建昌府重修李泰伯先生墓記〉，《李覯集》，頁491。

60〈江亭醉後〉，《李覯集》，頁388。

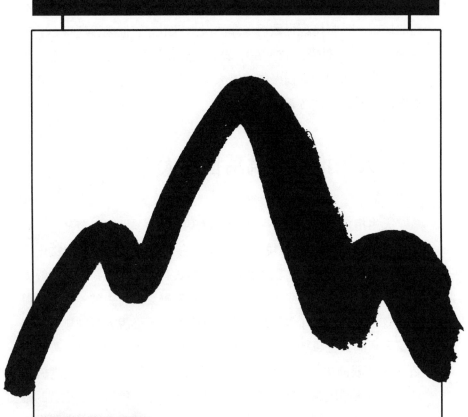

第四章
張載之生死智慧

陝西眉縣之橫渠先生（張載，1020-1077）是宋明理學的重要奠基人之一。其完整系統的「氣論」，為傳統儒學中獨具特色的本體論學說；其堅持經世致用，關注民生日用，使他成為理學史上四大學派之一的關學首領，在中國文化史和思想史上作出了重大貢獻。本章將集中闡述橫渠先生的人生抱負、人生態度和死亡觀念，並進而探討其現代意義所在。

一、人生抱負：為萬世開太平

　　人生抱負為人們在一生中所欲實現的志向。世間人海茫茫，每個人因其所處之歷史環境、社會背景的不同，以及個人的文化素養、精神境界的差異，表現出的人生抱負有相當大的區別。一般人當然皆以富與貴為人生的抱負，可達到者畢竟只有少數，即便獲得者又有多少人感到了真正的人生幸福呢？更不必說大多數無法實現其富與貴的人生目標了。由於把富貴樹立為人生的抱負，許多人皆沈溺於眼前之一己私利，一生往往無所作為，在步入人生終點時，便常常感慨萬分地嘆道：白白活了一輩子。所以人生抱負的確立實與人之一生的展開、人之一生行為的趨向及成功與否關聯得十分緊密。

　　橫渠先生刻意弘揚傳統儒者「修身齊家治國平天下」的精神，自述其人生抱負：「為天地立志，為生民立道，為去聖繼絕學，為萬世開太平。」[1]所謂「為天地立志」和「為去聖繼絕學」[2]，即窮究天地之理（它們正是先聖先賢所立以為學的內容），並闡發以教化萬民。橫渠先生從研《易》入手，經年累月鑽研不綴，為學講學著書立說，使儒學在隋唐佛道之學的挑激下，入宋而有勃然復興之

態。橫渠先生為學尤重《易》，實為透過《易》以窺天地之道之理。在他看來，天地之道當為「生生之道」；「生生之道」即是「仁愛」之理。人生於天地之間，自然應該遵天地之道而思而行。由此，橫渠先生尋到了天地之「志」，並試圖貫之於人倫日常之中，其全部的學術活動之核心莫不在此。范育先生嘆道：

> 自孔孟沒，學絕道喪千有餘年，處士橫議，異端間作，若浮屠老子之書，天下共傳，與六經並行。而其徒侈其説，以為大道精微之理，儒學之所不能談，必取吾書為正。世之儒者亦自許曰：「吾之六經未嘗語也，孔孟未嘗及也」，從而信其書，宗其道，天下靡然同風；無敢置疑於其間，況能奮一朝之辯，而與之較是非曲直乎哉！子張子獨以命世之宏才，曠古之絕識，參之以博聞強記之學，質之以稽天無窮地之思，與堯、舜、孔孟合德乎數千載之間。閔乎道之不明，斯人之迷且病，天下之理泯然其將滅也，故為此言與浮屠老子辯，夫豈好異乎哉？蓋不得已也。[3]

可見，橫渠先生以「為天地立志」、「為去聖繼絕學」為人生抱負，實源自於正統儒學受佛老之學的侵襲，認為這種狀況對學者而言害莫大焉，對天下人而言亦害莫大焉。故其提出「知虛空即氣，則有無、隱顯、神化、性命通一無二」的觀點來矯正佛學「以空為真」之蔽；以「不有兩則無一」之説矯老子「以無為道」之蔽；並以「太虛不能無氣，氣不能不聚而為萬物，萬物不能不散而為太虛」的氣本論矯佛學「生死輪迴」論和道家「久生不死」之論。[4] 橫渠先生這種「攻乎異端」的為學精神確與先秦孟子「正人心，息邪説，距詖行，放淫辭」[5] 相通相類相像，也充分顯露出儒者人生抱負所蘊藉的奮發有為的精神氣質。

所謂「爲生民立道」、「爲萬世開太平」（《宋元學案》引作「爲生民立命」），即是將天地之道貫之於民間社會，以成爲百姓日用之間所自覺遵循的準則，從而使天下大治。世間百姓最關心的是什麼呢？當然是如何滿足生存與生活的欲求。可是佛學以「欲」爲「惡」，故要「窒」；道家以「欲」爲「害」，故要「息」。橫渠先生將何處？應該看到，橫渠先生不是一位純書齋型的學者，他是一個腳踏實地、深知民間疾苦的「實學家」，所以他與正統的持「寡欲」說的儒者有些不同。他在「爲生民立道」、「爲萬世開太平」的過程中，並不是斷然否定人欲，認爲：「飲食男女皆性也，是烏可滅？」[6]但同時他也指出：

> 湛一氣之本，攻取氣之欲。口腹於飲食，鼻舌於臭味，皆攻取之性也。知德者厭厭而已，不以嗜欲累其心，不以小害大，未喪本焉爾。[7]

這就是說，人之物欲亦是人性之組成部分，是不能完全「窒」與「息」的，但其屬於人性中較低的「攻取之性」，所以應該將其置於德性的統領之下，不以「利」害「義」，不以「欲」害「德」，如此就做到了「未喪本焉爾」。此外，正因爲橫渠先生有「爲生民立道」、「爲萬世開太平」的人生抱負，所以，他少而喜談「兵」，長而論「封建」、論「均平」、論「宗族」，處處顯示出關學「學貴致用」的鮮明特色。雖然橫渠先生有關政治、軍事、經濟、社會的主張似乎有些迂闊，大都也沒能付之實施，但從「爲生民立道」、「爲萬世開太平」的人生抱負而言，他比之只能坐而論「道」，只會注經弄典者要高明得多。

爲何在「天下熙熙，皆爲利來；天下攘攘，皆爲利往」之社會環境內，在佛道之學流布天下之時，橫渠先生獨能以「爲天地立

志，爲生民立道，爲去聖繼絕學，爲萬世開太平」作爲自己的人生抱負並勉力踐履之呢？橫渠先生云：

> 性者萬物之一源，非有我之得私也。惟大人爲能盡其道，是故立必俱立，知必周知，愛必兼愛，成不獨成。彼自蔽塞而不知順吾理者，則亦未知如之何矣。[8]

「大人」就是體「道」之人。在橫渠先生處，天地之「道」即是萬物之「性」，其表現各不同，而其本質卻是「一」。一個人若不自知「性」，不覺「道」，便只能囿於個我的所見所思所求，就只會去追逐於個我之私之利之欲。而若能自「性」而體「道」，悟解到天地萬物人我皆「一」，就能做到立己亦立人，知物必去周知萬物，愛人則兼愛天下之人，成就自我也去成就他人。如此，人們才能做到慨然以天下之事爲己份內事，天下人之疾苦爲己之疾苦。橫渠先生說：「以有限之心，止可求有限之事；欲以致博大之事，則當以博大求之，知周乎萬物而道濟天下也。」[9]

人生皆爲有限之存在：人的肉身所占的空間爲有限，人之生命的歷程有限，人所吃所喝所用亦有限。因爲這樣一種人生實存的性質，而使眾多的人限囿了自我的人生：求有限之物，追有限之利，活有限之生命，故而無法臻於「極高明」之境界。實際上，人生各方面雖皆爲有限之存在，而人之精神心靈卻可脫出有限達於無限之境。這不僅僅指人之精神意識可馳騁於千萬年之前，想像於千萬年之後；更在於其能躍出個人肉身之限囿，與天地同流，與萬物並生，從而趨於無限。橫渠先生希望人們能夠明白這些道理，要「知周萬物」，以精神之「道」濟於「天下」，如此，能以「博大」求之，便能以「博大」致之，從而具備有「爲天地立志，爲生民立道，爲去聖繼絕學，爲萬世開太平」的宏大人生抱負，並因此在人

生中做出一番**轟轟**烈烈的偉業來。這即是橫渠先生所立之人生抱負給現代人的有益啓迪。

二、人生態度：存順歿寧

人生抱負主要是人們在生活過程中樹立的理想目標。按橫渠先生的看法，人們應該擁有遠大而崇高的人生抱負，一如他自己所樹立的一樣。但現實生活往往不會按人們主觀設想的那樣去發展，有崇高的人生抱負者常常在嚴酷的現實面前碰得頭破血流，如孔子懷「仁政禮制」之治國方案而惶惶「如喪家之犬」；孟子雄才大略卻常遭「王顧左右而言他」的冷遇。在宏大的人生抱負無法實現的情況下，許多人改變乃至放棄原有的目標，漸漸地世俗了、沈淪了，甚至與社會中的卑鄙無恥的東西同流合污了。橫渠先生畢生精研儒學，苦求治國之道，但其政見方略常不被社會所用，仕途亦十分坎坷，最後逝於貧病之中。他為何在嚴酷的現實中不放棄其「為天地立志，為生民立道，為去聖繼絕學，為萬世開太平」的崇高人生抱負呢？其原因就在於他堅執「存順歿寧」的人生態度。在其著名的〈西銘〉中，橫渠先生氣勢磅礴地寫道：

乾稱父，坤稱母；予茲藐焉，乃混然中處。故天地之塞，吾其體；天地之帥，吾其性。民吾同胞，物吾與也。大君者，吾父母宗子；其大臣，宗子之家相也。尊高年，所以長其長；慈孤弱，所以幼吾幼。聖其合德，賢其秀也。凡天下疲癃殘疾、惸獨鰥寡，皆吾兄弟之顛連而無告者也。於時保之，子之翼也；樂且不憂，純乎孝者也。違曰悖德，害仁曰賊；濟惡者不才，

其踐形，唯肖者也。知化則善述其事，窮神則善繼其志。不愧屋漏為無忝，存心養性為匪懈。惡旨酒，崇伯子之顧養；育英才，穎封人之錫類。不馳勞而底豫，舜其功也；無所逃而待烹，申生其恭也；體其受而全者，參乎！勇於從而順令者，伯奇也。富貴福澤，將厚吾之生也；貧賤憂戚，庸玉女於成也。存，吾順事；歿，吾寧也。**[10]**

在人世間，富貴福澤是人之所求；貧賤憂戚是人之所避。人們往往把人生中的這種趨避活動視做人生的全部內容，故而陷於求利求名求權勢的無窮爭奪之中不能自拔。在橫渠先生看來，富貴福澤也好，貧賤憂戚也好，僅僅是人生的狀態問題，遠不是人生的全部內容，更非人生中最重要的部分。那麼，人生中最重要最主要的部分是什麼呢？當是人們能否體天之「道」，並堅定地踐履之。天之「道」為何？橫渠先生從其氣本論出發，指出天地是萬物和人的父母，三者皆為氣之「聚」，所以，天地之性即物之性，亦即人之性，故而人人皆是我的同胞，萬物皆是我的朋友。由這樣一種人生的體悟去為人處事，就要恪守一種泛孝主義：對君主和百官臣僚要視為「長上」而忠之；對天下的老年人殘疾者孤獨鰥寡者皆視為自己的父母兄弟姐妹而孝悌之。所以，一個人一生中最重要的並不在取於富貴，而在完成自我各種盡孝的責任。引起一般人萬分欣喜和全部注意的富貴福澤在橫渠先生那裡不過只為「厚吾之生也」；引起一般人苦惱煩悶恐懼憂愁的貧賤憂戚，在橫渠先生處倒是一種值得欣慰的人生歷練。這種與常人完全不同的人生態度恰恰起因於橫渠先生把人之德性的體悟和發揚置於人生之首務，當做人生活中最重要和最主要的內容。所以，人生存著，就做自己該做的份內之事（體天之「道」並踐行之），以豁達的心胸、無所憂悶的心境去承受

世間的各種狀態：富亦好貴亦好，貧亦好賤亦好，它們都各有其出現的必然性，對人之生都實有其用，人們不必也不能違拗之。此之謂「素富貴行乎富貴，素貧賤行乎貧賤」[11]。富貴時堅行其「道」，貧賤裡恪守其「德」，面對死亡亦持之不怠，故而能夠心安體亦安，人生狀態的不同絕不動搖其崇高之理念和抱負，這就是橫渠先生「存順歿寧」的人生態度。

現代人在生活中一般很難認同「存順歿寧」的人生態度。人們往往抱一種擁有得愈多愈好的人生觀，成天追逐名利，永無滿足之時之處。可實物的占有總是有限的，人之貪欲卻無限，所以，現代人常常感到強烈的人生疲憊感。為此，我們應該從橫渠先生的人生態度中汲取有益的思想資源。應該看到「存順歿寧」的人生態度追求的是一種精神性的理得心安而非世俗生活的心滿意足。橫渠先生說：「至當之謂德，百順之謂福。德者福之基，福者德之至，無入而非百順，故君子樂得其道。」[12]一個人只有樂得其「道」，循「道」而行，才能奠定世俗生活的順暢，也才能獲得真正的人生幸福，而不至於落入無窮無盡的貪欲之中飽嚐人生的痛苦。

許多人在生活中因為自我的願望常常落空，又受到重大的人生挫折，便看破了紅塵，從而走向隨波逐流的無可無不可的生活，對人生抱著宿命論的看法。而橫渠先生的「存順歿寧」的人生態度絕非宿命論的而是積極有為的。橫渠先生常說要「樂天安土，所居而安」，要人們既安於人間的富貴利達，也順從於貧賤憂戚的狀態，有學者指其為消極而宿命，這是一種皮相之論。橫渠先生曾以儒者的人生態度比較於佛家的人生觀：

> 釋氏語實際，乃知道者所謂誠也，天德也。其語到實際，則以
> 人生為幻妄，以有為為疣贅，以世界為陰濁，遂厭而不有，遺

而弗存。就使得之，乃誠而惡明者也。儒者則因明致誠，因誠致明，故天人合一，致學而可以成聖，得天而未始遺人，《易》所謂不遺、不流、不過者也。彼語雖似是，觀其發本要歸，與吾儒二本殊歸矣。[13]

佛家之學指世間萬物爲空，人間萬事爲虛，所以認人生爲幻相，棄有爲而歸於寂滅。而儒者則或由自明本性而推之天下，或由悟解天地之道而顯現本性，既在境界上臻於「聖人」，又化而爲「外王」施恩於天下，此何爲消極？完全是積極而「有爲」。且儒者順命之「命」，並非民間百姓崇奉的那種必然如此的盲目性；而是內蘊道德之性的「命」。因爲人之本性爲仁義道德，所以人們行德由義亦是一種「命」，是故要「強恕而行」，勉力而爲，不因外在的艱難險阻所停止，亦不因外在壓力和困苦而改變。這樣，橫渠先生所奉行的「存順歿寧」、「樂天安土」的人生態度便不是宿命論的，而是一種具備高度主觀自覺之後的對「天道」的固執持有和堅定的人生踐履。橫渠釋孔子「三十而立」之語云：

三十器於禮，非強立之謂也。四十精義致用，時措而不疑。五十窮理盡性，至天之命；然不可自謂之至，故曰知。六十盡人物之性，聲入心通。七十與天同德，不思不勉，從容中道。[14]

人生三十歲要「器於禮」；四十歲又需「精義致用」；五十歲時則要達到「窮理盡性」；六十歲要「聲入心通」；七十歲則做到「從容中道」，如此高遠的人生志向，如此嚴格整肅的道德修養和踐履過程，能不積極有爲嗎？能聽任世俗所謂「命」的擺布嗎？可見，橫渠先生宣導並力行之的「存順歿寧」的人生態度，因爲將「命」與悟道踐德相合一，而避免了宿命論的消極性，值得今人發

揚而光大之。

三、死亡觀：「死之事只生是也」

　　橫渠先生在人生態度上宣導「存順歿寧」，也許確有許多人可做到「存順」，但放眼觀望人世間，又有幾人能做到「歿寧」呢？當人們面對死神不斷迫近的猙獰面孔時，往往驚慌失措，痛苦恐懼害怕一齊襲上心頭，如何做得到「寧」呢？如果仔細分析人們懼死不安的心理，可以發現其原因不外有三：一者人活著時擁有的一切，如財富、關係、美色等等死時全部喪失殆盡；二者人死後究竟是個什麼狀態，將會發生什麼，人們心中無數，茫茫然無所知曉；三者人生前還有許多事未做完，對家庭家族社會的某些責任未盡，故而體不安心不甘。這即是一個面臨死亡的人時常會產生的三種狀態：喪失的痛苦、未知的恐懼和責任未竟的揪心。表現於思想觀念，便出現了千百年來思想家們爭執不休的「死」對人究竟意味著「有」還是「無」的問題，其具體化為：如果死是「無」，那麼「無」的性質怎樣？如果死為「有」，此「有」的性質又是怎樣？

　　中國古代的老莊之道家認為：「死」即是回歸「無」，但此「無」不是與實存之「有」相對的空無一物之「無」，而是本體之「道」的「無」。莊子曾在回答朋友惠子對他「妻死鼓盆而歌」的不理解時說：

> 不然，是其始死也，我獨何能無慨！然察其始而本無生；非徒無生也，而本無形；非徒無形也，而本無氣。雜乎芒芴之間，變而有氣，氣變而有形，形變而有生，今又變而之死。是相與

春秋冬夏四時行也。人且偃然寢於巨室，而我噭噭然隨而哭
之，自以為不通乎命，故止也。[15]

這是說，從無形無狀之本源的「道」漸而產生元氣、形體、有生命
之「人」，經過一段時間之後，有生之人又終究要由「死」而復歸
於「道」，這就猶如春夏秋冬四季的自然變化一般，既然如此，人
們又為何還要為人之「死」而哀痛和不安呢？所以道家學者以本源
之「無」的性質來消解世人的死亡恐懼，試圖使人們生不喜死亦不
哀，順隨自然大道，把人從對死亡的恐懼中超拔出來。

　　《列子·楊朱篇》的作者亦認為人之「死」是歸於「無」，但與
老莊的觀念不同，此「無」不是本源之「無」，而是與存有相對的
空無一物之「無」，其云：

萬物所異者生也，所同者死也，生則有賢愚、貴賤，是所同
也；死則有臭腐、消滅，是所同也。雖然，賢愚、貴賤非所能
也，臭腐、消滅亦非所能也。故生非所生，死非所死，賢非所
賢，愚非所愚，貴非所貴，賤非所賤。然萬物齊生齊死，齊賢
齊愚，齊貴齊賤。十年亦死，百年亦死。仁聖亦死，凶愚亦
死。生則堯、舜，死則腐骨；生則桀、紂，死則腐骨。腐骨一
矣，孰知其異？且趣當生，奚遑死後？[16]

這是說，人生前之狀態可以有千差萬別，而人終究會「死」則完全
相同。無論你生前是貴是賤是賢還是愚，死後都「臭腐消滅」，化
為烏有。既然如此，人們為何還要在生前執著於什麼名譽道德呢？
應該取的人生態度是：只要關注追求此生此世的感官快樂就行了，
何必又何能去求得什麼死後的美名呢？這樣，《列子·楊朱篇》的
作者就由人死即歸於臭腐之「無」的體認中引申出縱欲快活而不顧

其他後果的人生觀。

佛教雖常言「空」與「無」，但此「空」、「無」皆非指與存有相對之「無」，而是既存有既是無之「無」。也就是說，世界上的萬有本身因為皆是因緣合和、毫無實相，故而其「有」不過是幻相，實質則是「空」和「無」，所以，人生為幻相。可是佛學言「死」則不是從「無」來說的，而視其為某種「有」。在一種情況下，人「死」即進入「六道輪迴」，或轉生「天道」，或轉生「鬼道」、「畜生道」、「地獄道」、「阿修羅道」，或再投胎「人道」。在另一種情況下，人們若生前苦修佛法，那麼便透過世俗之「死」，佛法之「涅槃」而往生「西方極樂世界」，完全脫出「六道輪迴」之苦，常、樂、我、靜，達到永恆之幸福的存在。可見，在佛教中，「生」是「無」而「死」卻為「有」，「死」成為人們從「無」到「有」的中介和橋樑。

中國民間百姓自古以來皆堅信人死不歸於「無」，而是成為「鬼」之「有」。「鬼」生活在與陽間不同且相對的「陰間」，其中亦有人間般的社會等級秩序，且「鬼」還具有或大或小活著的人不具備的種種神通等等。應該說，這也是一種視「死」為「有」的觀念。

以上四種對「死」的理解橫渠先生皆反對之。在他看來，人之死當然絕非歸於「無」，既非歸於如老莊認為的那種本源之「無」，亦非如《列子‧楊朱篇》認為的歸於與存有相對之「無」；他認為，人之死仍為「有」，此「有」為本源之「有」，而非如佛教認為的那種「六道輪迴」之「有」、「涅槃成佛」之「有」，當然也不是如民間百姓堅信的那種「鬼」之「有」。橫渠先生指出：

太虛無形，氣之本體，其聚其散，變化之客形爾；至靜無感，

性之淵源，有識有知，物交之客感爾。客感客形與無感無形，
炫盡性者一之。

聚亦吾體，散亦吾體，知死之不亡者，可與言性矣。[17]

　　作爲世界萬事萬物之本源的「太虛」無形無狀，但仍是「氣」
存在的「本體」，是「有」而非「無」。其「聚」則成物成人，其
「散」則回歸「太虛」。所以，人之生與死不過就是氣之聚與散而
已，是太虛變化的客觀過程，故而可以說人和物皆雖「死」而不
「亡」。可見，作爲萬物（包括人）來源於又回歸之的「太虛」，不
是道家所認爲的是道之「無」，而是一種存有的狀態。橫渠先生認
爲，由「太虛」到氣聚而成人之生命，又由人之生而死而歸於「太
虛」，是一種不能違拗的自然過程，所以：

氣之為物，散入無形，適得吾體，聚為有象，不失吾常。太虛
不能無氣，氣不能不散而為萬物，萬物不能不散而為太虛。循
是出入，是皆不得已而然也。然則聖人盡道其間，兼體而不累
者，存神其至矣。彼語寂滅者往而不反，徇生執有者物而不
化，二者雖有間矣，以言乎失道則均焉。[18]

所謂「語寂滅者」，當指佛教認人之「死」是歸於寂滅之中，而在
橫渠看來，「太虛」的狀態絕非是寂滅，而是處在永恆地運動變化
的狀態之中；所謂「執有者」，當指執著於「生」之「有」的道
教，或沈溺於此「生」的肉體感官的享樂之中，或追求長生不老之
術，在橫渠看來，這些人無疑是看不到存有之「有」都必然要回歸
於無形無相之「太虛」，所以，都是對生與死的錯誤看法。橫渠先
生說：「海水凝則冰，浮則漚，然冰之才，漚之性。其存其亡，海
不得而與焉。惟是足以究死生之說。」[19]這是以「海水」喻「太

虛」，水凝成冰，猶太虛變化而爲人；冰又復歸於水，猶人死而回歸於太虛。所以，從個體之人的生命言，有生有死；而從總體、本源上看則無「死」。這就是「天德」和「天理」：

> 窮理盡性，則性天德，命天理，氣之不可變者，獨死生修夭而已。故論死則曰：「有命」，以言其氣也；語富貴則曰：「在天」，以言其理也。此大德所以必受命，易簡理得而成位乎天地之中也。[20]

《論語‧顏淵》中記載有子夏聞諸夫子之言：「死生有命，富貴在天」。此「命」、此「天」若下滑成民間百姓所認爲的那種盲目的、不可損抑的必然性的話，必使人抱有隨波逐流、無所用心、放棄一切努力、被動地生與死的觀念，這種命定論與儒者積極有爲的觀念和行爲是不符的。那麼，從孔孟之儒到宋明諸儒爲何既能在生死觀上持「死生有命，富貴在天」的觀點，又能在現實人生中積極有爲、樂觀地對待死亡的必至呢？關鍵就在橫渠先生所揭示出的：儒者眼中的「命」與「天」，並非是一種盲目的必然性，而是內蘊有「天德」和「天理」，當其化爲人之性人之德時，便成爲人們在一生中都應該努力取得和踐履的仁義道德。因此，儒者在活著時，能奮發勉力於修仁行義，而對富貴與否毫不掛念在心，是謂「在天」；儒者又能在面對死亡時，因具備了充實的德性，完成了人間的道德使命而理得心安，對生死壽夭看得很淡很淡，是謂「有命」。

人死之後是否成「鬼」成「神」，此「鬼」與「神」的性質如何，也是中國傳統死亡觀討論的重要問題。中國民間百姓早就有人死爲鬼之說，當佛學「神不滅論」進入中土之後，人死爲鬼神的觀念更趨深入和廣泛。而且，人死之後成的鬼神往往具有極大的神

通，不僅能很方便地與人間相交通，而且可以賞善罰惡，爲福或爲禍人間。橫渠先生承繼「子不語怪、力、亂、神」的儒學傳統，指出：

> 浮屠明鬼，謂有識之死受生循環，遂厭苦求免，可謂知鬼乎？以人生爲妄見，可謂知人乎？天人一物，輒生取捨，可謂知天乎？孔孟所謂天，彼所謂道。或者指遊魂爲變爲輪迴，未之思也。大學當先知天德，知天德則知聖人，知鬼神。今浮屠極論要歸，必謂死生轉流，非得道不免，謂之悟道可乎？悟者有義有命，均死生，一天人，惟知晝夜，通陰陽，體之不二。[21]

在橫渠先生看來，佛教既不知「鬼」，也不知「人」，還不知「天」。因爲從氣本論的立場來看，「鬼神」不過是「二氣之良能也」[22]；是「物之初生，氣日至而滋息；物生既盈，氣日反而遊散。至之謂神，以其伸也。反之爲鬼，以其歸也」[23]，也就是說，「神」是萬物萌發時的氣之「伸」；「鬼」是萬物復返時的氣之「歸」。可見，鬼神根本不具備有神秘性和神通性，當然人死後也就不會成爲遊魂而進入「輪迴」了。橫渠所言之「均死生」、「一天人」，與道家所說之「齊生死」、「死而不亡」似乎有相當的一致性，如都認人之生死與萬物之存亡皆是氣之變化，生與死是一種自然而必然的過程。但實質上看則有很大的不同，老莊所指的「元氣」並非最本源的東西，「元氣」還源於無之「道」；而橫渠先生所言之「太虛」之氣就是最本源的東西，並且「太虛」不是「無」，它內蘊著先驗之道德的存有。這是儒道在死亡本體論上的根本分歧之處，當然與佛教、道教、《列子》及民間的死亡觀也皆有本質上的區別。所以，橫渠繼續批駁道：

范巽之嘗言神奸怪物，某以言難之，謂：「天地之雷霆草本至怪也，以其有定形故不怪。今言鬼者不可見其形，或云有見者且不定，一難信；又以無形而移變有形之物，此不可以理推，二難信。又嘗推天地之雷霆草木，人莫能為之，人之陶冶舟車，天地亦莫能為之。今之言鬼神，以其無形則如天地，言其動作則不異於人，豈謂人死之鬼反能兼天人之能乎？今更有世俗之言評之：如人死皆有知，則慈母有深愛其子者，一旦化去，獨不日日恁人言語托人夢寐存恤之耶？……」[24]

天地生萬物，因為有「定形」而人們不會驚怪之；人為之物因其有「定理」，所以人們亦不會奇怪之。而「神奸怪物」一般來說既無形又無定理，所以，人們深奇之深怪之，且恐懼之。在橫渠先生看來，既然其無形而見不定，所以不可信；既然其與理不合，所以也不可信，況「鬼神」之能如何能「兼天人」而有之？人死有知也無法驗證。這樣一些論證具有直觀性與經驗性，實難達到完全說服人的程度。但橫渠先生在死亡觀上維護儒學之基本觀點的立場卻是鮮明的。

總而言之，我們能在橫渠先生的死亡觀中獲得一些什麼教益呢？我們能從中尋覓到超越死亡的道德精神之進路。橫渠先生在死亡觀上辟佛老、辨鬼神，其目的在宣導儒式的「死之事只生是也」的觀念，要世人明白超越死亡的途徑不在佛家的輪迴與涅槃，也不在老莊與無為之道的合一，更不在民間神秘化的成鬼成仙，而在道德性命的永恆，其云：「道德性命是長在不死之物也，己身則死，此則常在。」[25]

作為個體之人的肉身，其生其長其最終必死；但得之於天地之本源「太虛」的道德性命則為不死之物，其不因個體之命的完結而

亡，它是常在不朽之物。所以人們在生活過程中不應該去執著於肉體之生，因為不管你如何執著，其終歸要灰飛煙滅，成為腐朽；人們需要做的是生前體「道」獲「德」，孜孜於道德的領悟和踐履，透過輝煌之「道德性命」的永恆而達到超越死亡，獲得不朽。是以，橫渠先生有「心死」之說：

> 學者有息時，一如木偶人，牽摭則動，舍之則息，一日而萬生萬死。學者有息時，亦與死無異，是心死也。身雖生，身亦物也。天下之物多矣，學者本以道為生，道息則死也，終是偽物，當以木偶人自戒。知息為大不善，因設惡譬如此，只欲不息。[26]

　　任一具體之人可分為肉體之身和精神心理的兩部分，一般而言，人身之死必使人「心」亦亡；身之存「心」之必存。可橫渠先生何言人身之存卻「心」會「死」呢？在橫渠先生看來，一個儒者的根基在以「道為生」，所以，人之道德性命重於和高於自我的生理生命。人們在生活中若不努力於此，不獲得「道德性命」，那麼便雖「生」而猶「死」，是謂身雖存而「心」已死。可見，橫渠先生宣導的是一種人之道德生命高於生理生命的生死觀，它直接繼承了孔子所言：「志士仁人，無求生以害仁，有殺身以成仁」[27]的思想，也是孟夫子「生亦我所欲也，義亦我所欲也，二者不可得兼，舍生而取義也」[28]觀念的發揚光大。應該說，它們都是現代人建構合理且健康的死亡觀所可汲取的優秀的傳統思想資源。

注釋

1 《張載集‧張子語錄‧語錄中》，北京：中華書局，1978。下引該書，均只註篇名。

2《宋元學案》引作「為天地立心」。

3《正蒙‧范育序》。

4均參見《正蒙‧范育序》。

5《孟子‧滕文公上》。

6《正蒙‧乾稱》。

7《正蒙‧誠明》。

8《正蒙‧誠明》。

9《理學經窟‧義理》。

10《正蒙‧乾稱》。

11《中庸》。

12《正蒙‧至當》。

13《正蒙‧乾稱》。

14《正蒙‧三十》。

15《莊子‧至樂》。

16《列子‧楊朱篇》。

17《正蒙‧太和》。

18《正蒙‧太和》。

19《正蒙‧動物》。

20《正蒙‧誠明》。

21《正蒙‧乾稱》。

22《正蒙‧太和》。

23《正蒙‧動物》。

24《拾遺‧性理拾遺》。

25《經學理窟‧義理》。

26《經學理窟‧氣質》。

27《論語‧衛靈公》。

28《孟子‧告子上》。

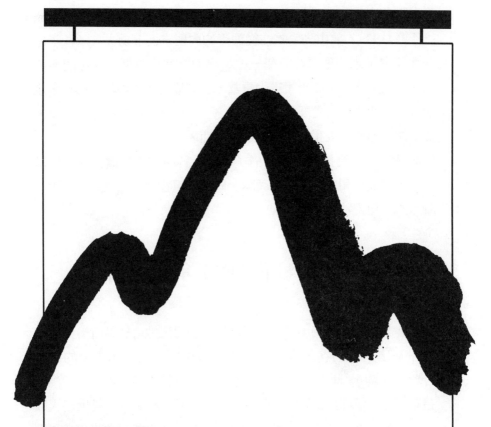

第五章
陸九淵之生死智慧

陸九淵，字子靜，江西撫州金溪人，因在貴溪象山開壇授徒，學者稱象山先生，生於南宋高宗紹興九年（1139），卒於光宗紹熙三年（1193）。象山先生重在從儒學的內聖方面下功夫，承孟子之學而開闢了宋明理學之心學一脈，從而在儒學發展史、中國學術史、中國文化史上做出了重大貢獻，占有極重要的地位，影響所及還成為東亞文化圈主要的思想源泉之一。儒學的根基在心性之學，並展開於道德、人生與政治三個主要面向。金溪象山先生承續儒學的真精神，並發揚光大，建構了其特色鮮明的人生價值、人生理想、人生境界和生死智慧的理論，同時顯現在他的人生踐履之中，凝聚成一種獨特的生死精神。

一、人生價值：「天爵」與「人爵」

　　儒家學者早就指出，人生天地間，是得天地之精華而為「最靈」者。那麼，人們在現實生活中如何體現出人生命本源上的這種「清」、「純」、「靈」呢？這是儒學人生理論的最大課題，當然也是現實生活中的具體個人所應該思考的大問題。在一般世俗人眼中，一個人在社會上的地位，能否以一個「人」的形象出現，以及在待人接物方面能否保有「人」的體面，主要取決於是否有錢、有權、有勢，要不就有過人的強壯體格和超人的武功。因此，世人多以金錢擁有的多寡、地位權勢的高低來判別人生價值的大小，從而使人們現實的人生活動皆圍繞著名、利而展開。但在儒者的眼中，這樣的看法和做法皆大謬。因為，一個人之所以為「人」，之所以是個「人」，就在於其心性先天具有的仁義道德，是謂性善；所以，追求人生的最高價值絕不在謀利求名，錢與權並不能表現個人

之人生存的根本意義，人們要擁有人生的價值只能透過心性的修養和道德的踐履來實現。

象山先生自小習儒術，熟讀經典，對儒學精義自然爛熟於胸，他對現實生活環境的狀況、科考之風的熾烈、銅臭氣息的濃厚深憂慮之；可他也是人，也要食人間煙火，在科考方面，即使象山先生這樣的醇儒亦難以免俗。原因很簡單，是人就要吃飯穿衣，就要立足社會，就要養家糊口，就要謀求發展。一方面是世俗人生價值的引誘，另一方面則是先聖先賢的教誨，象山先生將何以處之呢？

象山先生於二十四歲時（1163年）以《周禮》中舉，再於二十七歲時赴省試不中，其間修書給童伯虞以明其志：

> 仲尼顏子之所樂，宗廟之美，百官之富，金革百萬之眾在其中，此豈可以二用其心而期與富貴利達兼而得之哉？《記》曰：「富潤屋，德潤身。」孟子曰：「趙孟之所貴，趙孟能賤之。」又曰：「仁義忠信，樂善不倦，此天爵也；公卿大夫，此人爵也。」孟子之時，求人爵者，尚必修其天爵，後世之求人爵，蓋無所事於天爵矣。舍此而從事於彼，何啻養一指而失其肩背。[1]

應該說象山先生落選之後，當然也有些沮喪，究竟人生價值表現於何處？亦是其深思求解的問題。他首先想到，古代聖賢孔子與顏回能孜孜求道，推行仁愛之術，且安貧樂道，人生活動中又不畏艱難險阻，其求的是什麼呢？孔子云：「飯疏食飲水，曲肱而枕之，樂亦在其中矣。不義而富且貴，於我如浮雲。」[2]；又讚顏回曰：「一簞食，一瓢飲，在陋巷，人不堪其憂，回也不改其樂。賢哉回也。」[3]一般人在貧窮中便志短，在艱難時便憂愁；而孔子卻能樂在其中，顏回能不改其樂，這又如何理解呢？因為孔顏皆以求

仁得仁為人生最大的價值，而此仁又是「天」之命人所遵之德。可見，貧窮困苦之中能守志不渝、執道不怠，也能實現其人生的最大價值，亦可獲得人生的快樂。可是，光宗耀祖之「宗廟之美」、金山銀海之「百官之富」，還有權勢浩大之「金革百萬之眾」不也是人生價值的實現嗎？實際上這些東西千百年來吸引了更多人去追求之。在象山先生看來，這方面是難以兼而有之的。所以，他從先儒的教誨之中悟出了，富貴只能充實家業，而道德才能使人身心滋潤。人生於天地之間，就必須修「天爵」，即努力於行仁義忠信；同時人又生活在具體的社會環境內，因而也要隨順時勢去「修人爵」，即讀書科考入仕。從人生價值的輕重言，「修天爵」重於「修人爵」；從取於人生價值的先後言，「修天爵」亦應先於「修人爵」，否則便是「養一指」卻「失其肩背」。

象山先生在此以「一指」喻人間之富貴利達；以「肩背」喻「仁義忠信」之道德，充分說明了兩者在人生價值上的先後高低之分。認為，人們應先從事於修德，先進於德，然後進而求世俗的那些價值。可見，象山先生並沒有完全否定世俗的那些名利的追求，而是置其於次要的地位。這樣一種觀念表現在他的人生道路上，使其於三十三歲時以《易經》再中舉，並在第二年試南宮，中選，賜進士出身，由此而進入了仕途。

從史籍中的記載可知，雖說象山先生並不醉心於科考，但仍鍥而不捨；雖然象山先生官場不甚得意，可其仍然勉力而行。這樣一種人生行為，恰恰是其區分「天爵」、「人爵」之輕重先後之人生觀的具體顯現。這一思想於淳熙八年（1181年）象山先生受朱熹之邀，登白鹿洞講席，講《論語》「君子喻於義，小人喻於利」一章時更發揮得淋漓盡致：

此章以義利判君子小人，辭旨曉白，然讀之者苟不切己觀省，亦恐未能有益也。某平日讀此，不無所感：竊謂學者於此，當辨其志。人之所喻由其所習，所習由其所志。志乎義，則所習者必在於義，所習在義，斯喻於義矣。志乎利，則所習者必在於利，所習在利，斯喻於利矣。故學者之志不可不辨也。科舉取士久矣，名儒鉅公皆由此出。今為士者固不能免此，然場屋之得失，顧其技與有司好惡如何耳，非所以為君子小人之辨也。而今世以此相尚，使汩沒於此而不能自拔，則有與聖賢背而馳者矣。推而上之，則又惟官資崇卑、祿廩厚薄是計，恐不在於義耳。誠能深思是身，不可使之為小人之歸，其於利欲之習，怛焉為之痛心疾首，專志乎義而日勉焉，博學審問，慎思明辨而篤行之。由是而於場屋，其文必皆道其平日之學、胸中之蘊，而不詭於聖人。由是而仕，必皆共其職，勤其事，心乎國，心乎民，而不為身計，其得不謂之君子乎？[4]

「志」者，動機也。在象山先生看來，人在社會中生活，不可能不從俗。科舉取士作為國家定制已很久了，名儒鉅公皆由這一途徑而產生，士人們又怎能不汲汲於此人生之途呢？但是，象山先生指出，熱衷於科舉，渴望於入仕，雖然為士人所不免，可卻因為「志」之不同而判出了君子與小人之別。一種人參加科考，其志在「義」，故而由科考而入仕，為的是一展平生所學來安邦治國，拯斯民於水火，為天下蒼生盡心盡力；而有些人參加科考，其志在「利」，則其參加科舉謀求官位，皆為一己之私。前者是為「君子」，後者則是「小人」。可見，象山先生認為，是否由世俗所好去參加科舉考試，是否由科考而入仕為官並不能判別其是「君子」還是「小人」；關鍵是觀其「志」如何。也就是說，是人之動機的不

同而使相同的人生行為顯示出人生價值上截然不同的高低。據記載，象山先生的這次演講非常成功，因切中當時士人的痼疾，聽講者甚至感動得流下了眼淚。朱熹本人亦十分受用，特將象山先生的講辭刻石以為紀念，並作跋云：講義

> 至其所以發明敷暢，則又懇到明白，而皆有以切中學者隱微深痼之病，蓋聽者莫不悚然心動焉，熹猶懼其久而或忘之也，復請子靜筆之於簡，而受藏之，凡我同志，於此反身而深察之，則庶乎其可不迷於入德之方矣。[5]

朱學與陸學有許多差異，因此才引發了歷史上著名的「朱陸之辯」，但在人生價值的宣導方面兩人的觀點卻十分的吻合，故有這白鹿洞講學之動人的佳話。

二、人生理想：「堂堂做個人」

象山先生在人生價值上談「天爵」、「人爵」之分；講「君子」、「小人」之別，一方面承認了世俗所好的那些人生價值，如求名利的必然性；另一方面則凸顯了儒學以道德價值統領其他一切生活所求的基本觀念。在象山先生看來，世俗的價值雖然為人生所不可少，但人更重要的是應該樹立一種人生的理想，即獲得一個「人」的存在，他說：

> 儒者以人生天地之間，靈於萬物，貴於萬物，與天地並而為三極。天有天道，地有地道，人有人道。人而不盡人道，不足與天地並。[6]

以「人」與「天」、「地」並立爲「三極」，是古來儒者共同的看法；由這種生命本源的「一」，引申出自然、社會和人際間的秩序、規範的相同，即「天道」、「地道」與「人道」的合一。因此，人之爲人的本質、人生價值的最大者，不是在世俗的名利、地位的求取，而在一個人能否盡「人道」，能否成爲一個眞正的「人」，這也就是人生的最高理想。象山先生寫道：

> 三極皆同此理，而天爲尊。故曰：「惟天爲大，惟堯則之。」五典乃天敍，五禮乃天秩，五服所彰乃天命，五刑所用乃天討。今學者能盡心知性，則是知天，存心養性，則是事天。人乃天之所生，性乃天之所命。[7]

從政治上的典章制度到社會的規範，以及人所穿服裝的規制，皆爲法於「天」而產生的；人之心性當然亦爲天所「生」。人求學問道，關鍵就在「盡心知性」，關鍵就在「存心養性」，由此便可「知天」、「事天」。象山先生之意，實在是爲了溝通「天」、「人」，把現實社會的人倫之「理」（如忠、孝、悌、義等）和道之「德」（如仁、誠、敬等）上接之於「天命」，從而堅定人們在現實的人生活動中踐履之的意志和自覺性。在他看來，人們如果能領悟「天之命」的心性之本，且發顯爲現實中的具體人生行動，那就能夠實現人生的理想，成爲一個眞正的「人」；反之，象山先生指出：

> 穹壤間，竊取富貴者何限，惟庸人鄙夫羨之耳。識者視之，方深憐甚憫，傷其賦人之形，而不求盡人之道，至與蟻蟲同其飽適好惡，虛生浪死。其在高位者，適足以播惡遺臭貽君子監戒而已。[8]

人生在世，有多種實現和獲取人生理想的途徑，如庸人與鄙夫

萬分羨慕的「富」（錢財的多）與「貴」（權勢的大）。在象山先生的眼中，人若僅僅限於求富求貴，僅僅好富好貴，那便與「蟻蟲」無異，是賦有「人」之形而不求「人之道」者。這種人活一生，無異於「虛生」；這樣的人之死，無異於「浪死」，生死皆為倏忽而已，在世間留不下任何痕跡。至於那些身居高位，一心汲汲於名利者，生前淪為「播惡」，死後則是「遺臭」，成為君子們引為戒的先例。

所以，在象山先生看來，人生理想不是世俗人所好所求的名利、美色、權力等等；而是做一個真正的「人」：

> 大凡為學須要有所立，《語》云：「己欲立而立人。」卓然不為流俗所移，乃為有立。須思量天之所以與我者是甚底？為復是要做人否？理會得這個明白，然後方可謂之學問。
> 今人略有些氣焰者，多只是附物，元非自立也。若某則不識一個字，亦須還我堂堂地做個人。[9]

在現實生活中，人要堂堂正正地做個人，還真是不容易。人為饑寒所迫，會做出許多低賤之事，甚至鋌而走險，淪為罪犯；人被富貴所誘，會做出許多違心之事，以至卑躬屈膝、喪盡天良。那麼，人們要如何做才能避免淪為這些「禽獸之行」呢？在象山先生看來，關鍵在人們確立什麼樣的人生的理想。如果一個人「為流俗所移」，將人生的理想繫於金錢權勢，那就很難挺起胸，立起身，堂堂正正做個「人」；如果一個人能「有所立」，心有所主，即便在現實生活中無權無勢無錢，甚至扁擔大的字也不識一個，那也能立得起、站得直，「堂堂地做個人」。此處的關鍵在於，人若能將自我之心性與「天道」相互融會貫通，就必可使自我之精神有所「主」，行為上有所「依」，從而「富貴不能淫，貧賤不能移，威武

不能屈」，成爲孟子所言之「大丈夫」[10]；象山所言之「堂堂地做個人」。

象山先生的人生理想論從總體而言，並未越出儒學的大框架，其表現出的最大的特色乃在於把世俗所追求的那些人生理想納入到道德性人生理想的統領之下。爲人們提供了一條如何在世俗人生理想的求取過程中保持道德性人生理想終極追求的人生之路。

三、人生境界：「大人」

象山先生所說的「堂堂地做個人」之「人」，主要還是指處於世俗社會中，人們如何以「人道」自律，成爲一個眞正的「人」的存在。而要眞正做到這一點，就必須在人生的境界上提升自我，成爲所謂「大人」。

人生活在世俗社會裡，必不可免地會產生各種人生的追求，如讀書鑽研學問以成爲一名學者；入仕爲官成爲一位權勢浩大者；經商賺錢成爲巨富等等。此類做什麼並最終成爲什麼，當屬人生理想的範疇。在儒家學者的眼中，人在社會裡究竟以何爲人生理想，實現的方式如何都不是最重要的，關鍵在你的人生境界。「人生境界」指的是超越於世俗生存的一種精神性的存在，是人之本質在每個人之人生過程中的表現。比如，儒家學者就極力推崇聖人、大人、君子的人生境界，而貶抑小人或愚不肖者等人格的存在。

象山先生自小心胸開闊，志向極高，十七歲時作〈大人詩〉一首以明其志：

> 從來膽大胸膈寬，虎豹億萬虬龍千，從頭收拾一口吞。有時此

輩未妥帖，哮吼大嚼無毫全。朝飲渤澥水，暮宿昆侖巔，連山
以為琴，長河為之弦，萬古不傳音，吾當為君宣。[11]

從這首詩中已可想見象山先生現實中的人生追求：一者驅除人間為
害生民的「虎豹」；二者繼承先聖先哲之道統並發揚之，而要做到
這二條，非得要擁有極高的人生境界不可。從前者來看，象山先生
的仕途雖不甚得意，但其在任上嘔心瀝血、勤於政事卻是名載史冊
的。對於後者而言，象山先生闢槐堂書屋，登象山講學，與朱子切
磋於鵝湖，辨義利於白鹿，並最終創生了宋明理學中之心學學派，
在方法上獨闢蹊徑，使儒學在佛道之學的夾擊下，於宋明時期煥然
發揚光大，學術上亦可謂功不可沒。可見，從世俗的人生理想的層
面而言，象山先生做官沒當大官，有些田產卻非富翁，似乎並無特
異和令人羨慕之處；但從人生境界的層面來看，象山先生努力於明
心見性，孜孜於聖賢之書，發微闡幽，開創學術新路，確實達到了
相當高的生存境界。

那麼，如何才能在人生上臻於「大人」之人生境界呢？

首先，象山先生指出，人們必須自明本心，改過遷善：

古之學者，本非為人，遷善改過，莫不由己。善在所當遷，吾
自遷之，非為人而遷也。過在所當改，吾自改之，非為人而改
也。故其聞過則喜，知過不諱，改過不憚。顏氏有不善，未嘗
不知，知之未嘗復行，豈為人哉？[12]

人生在世，孰能無「過」？在謀生的過程中，人們可能私心發作，
損人利己；在立業的過程裡，人們可能欲望勃發，沈迷於聲色犬
馬；在求學的道路上，人們還可能賣弄小智小識，或迷惑於邪見邪
說等等。在象山先生看來，即便古之聖賢亦不免有過，況芸芸眾

生？關鍵在我們面對「過」及「錯」究竟取何種態度？象山先生指出，人們應該意識到「遷善改過」是己份內事，而不是爲了他人才這樣做，「改過」要有完全的自主性、自覺性。只有這樣，才能做到：聽到別人提醒自己的過錯則喜，知道自己的「過」而不隱瞞，改正自己的「過」也不害怕。象山先生云：

> 願勵「學不爲人」之志，勉致「爲仁由己」之實，思顏子之大勇，奮然自拔，蕩滌摧毀湮沒之意，不使有毫毛得以宿留於庭宇。光芒所射豈止在斗牛間！正大之氣當塞宇宙，則吾道有望！[13]

當人立志於「遷善改過」，能夠在名利欲海中奮然自拔，那自我的人格光輝便能發揚出來，一般正大之氣亦能在胸中孕育，並與外在之宇宙自然相接。在人生中，人的私心愈多愈重，各種掣肘也就愈多，此時，人心裡發虛，不免瞻前顧後，志短氣窮。相反，人們若能拋卻私心私欲，便可脫出許許多多的世俗之網羅，心中充盈著正氣，精神也必安詳。象山先生告人曰：

> 思之既明，幡然而改，奮然而興，如出陷井，如決網羅，如去荊棘，而舞蹈乎康莊，翺翔乎青冥，豈不快哉？豈不偉哉？尚誰得而御之哉？[14]

世俗之利欲私心是「陷阱」、是「網羅」、是「荊棘」，人若脫於此，求得心性之至善，行爲之自然，就能達到人生的大自由，從而也能獲得人生的大快樂。

其次，要做「大人」，需爲「大人之事」，象山先生寫道：

> 大人之事，至公至正，至廣大，至平直。剖管之見，蕩其私

曲，則天自大，地自廣，日月自昭明。人之生也本直，豈不快
哉！豈不樂哉！若諸公所可喜者，皆是專於向道，與溺私欲不
同耳。[15]

所謂「人之生也本直」之「直」，即是「天道」賦於人身之
「人道」，即人生而蘊有的仁義忠信之本體。人得天之「道」而爲人
之「道」，所以能「至公至正，至廣大，至平直」。相反，如果人們
私欲勃發，蔽其本心而不見「道」，不顯「道」，那麼，人就無法與
天地相溝通，無法體會人生境界極高之後的快樂與自豪。可見，要
成爲「大人」，不外即保有自我先天具有的本善之心，借助於此而
躍出個人之肉體感官的限囿，與天地之「道」相合一，站在此一層
面，達到這種境界，便可「與天地合其德，與日月合其明，與四時
合其序，與鬼神合其吉凶」[16]。

最後，值得特別指出的是，象山先生推崇的「大人」，雖然似
乎神通無限，但其絕不是「神」而是「人」，他就是生活於世俗社
會中的「人」，而且還是人人都可修爲而成的「人」。自古以來的儒
家學者，雖然都視達於「聖」、「賢」、「君子」等爲理想的人生境
界，但皆認爲，「聖」、「賢」是不易達到的，世俗人中的絕大多
數都只能努力成爲一個「君子」而不太可能當「聖賢」。象山先生
有不同的看法，他承孟子之學，認爲，人人得自於先天的「本心」
皆是一樣的，所以：「天降衷於人，人受中以生，是道固在人矣。」
[17]「萬物森然於方寸之間，滿心而發，充塞宇宙，無非此理。」[18]
這樣，從理論上便可直接推出：世上人皆可成「聖」成「賢」，關
鍵在你能否自明本心，自顯本心，自覺地遵循本心之善而言而行而
動而停。象山先生曾自述云：

我無事時，只似一個全無知無能的人，乃事至方出來，又卻似

個無所不知，無所不能之人。[19]

仰首攀南斗，翻身倚北辰，舉頭天外望，無我這般人。[20]

其學生馮元質更記之曰：

先生常居方丈。每旦精舍鳴鼓，則乘山籃至，會揖，升講坐，
容色粹然，精神炯然。學者又以一小牌書姓名年甲，以序揭
之，觀此以坐，少亦不下數十百，齋肅無嘩。首誨以收斂精
神，涵養德性，虛心聽講，諸生皆俯首拱聽，非徒講經，每啓
發人之本心也，間舉經語為證。音吐清響，聽者無不感動興起
……平居或觀書，或撫琴。佳天氣，則徐步觀瀑，至高誦經
訓，歌楚詞，乃古詩文，雍容自適。雖盛暑，衣冠必整肅，望
之如神。諸生登方丈請誨，和氣可掬，隨其人有所開發，或教
以涵養，或曉之以讀書之方，未嘗及閒話，亦未嘗令看先儒語
錄。每講說痛快，則顧傅季魯曰：「豈不快哉！」[21]

象山先生乃一介書生，一位小吏，卻自言是無所不知、無所不能之
人，天下也「無我這般人」；學生們觀先生也歡服為「神」，這是
如何實現的呢？關鍵在他已超出了世俗存在的那個「我」，而進入
一種極高的人生境界。象山先生的衣冠不必華麗，但一定「整
肅」；象山先生的體格不必強健，但「精神炯然」；象山先生的學
問也許並非最好，但其研習的卻是成「大人」之學，其精神追求與
天地宇宙相接。這就是象山雖為一清廉的先生，但卻被學生們「望
之如神」的原因所在。

　　一般而言，古代儒家學者皆宣導「為己之學」，即為了提升自
我之人生境界和道德修養而學習，要求人們「為學」與「做人」的
一致。象山先生推崇的人生境界為「大人」，他自己當然是以之為

努力的方向和目標的。當他把自我的心性歸爲「本善」，從而體認到個人的精神與天地之化完全合而爲一時，他的人格便躍出了「小我」的限圍，成就了一個「大我」的存在。立於這樣一種人生的境界，再去處理世俗之爲學爲官爲生的問題，便能顯露出無所不公無所不愛無所私欲的氣象來。

這樣，象山先生從內在的心性到外在的行爲皆趨而「大」之，終則成就了一個「大人」——非謂他的官大勢大錢多體力過人，而是指其人格上達到了「至大至公」的境界。而臻於這樣的狀態，並不能獲得什麼實際的物質利益，以及一切世俗人渴望的那些價值，所得的也許就只是所謂「快哉！快哉！」

觀象山先生之文，常可見「快哉！樂哉！」之語。其家境並非大富，仕途並非一帆風順，可爲何能如此呢？應該說，這種「快哉」並非是世俗人之欲望滿足後獲得的肉體「快活」，而是指人生臻於一個極高境界之後得到的靈魂之「快樂」。因此，常人都以己之欲望滿足爲樂，而象山先生則以人生境界的提升爲樂。這也許正是「大人」與一般人之最大的區別所在。

這就是象山先生的人生境界，同時也是其人生的精神，還是他全部現實人生踐履的活動和全部學問的精髓所在。

四、生死態度：「亦自然」

生死態度，主要是指人們面對生死時的看法與做法。人生在世，不過百年，無論是長壽還是夭折，是貴爲天子王侯還是賤爲販夫走卒，皆必在某時某刻面對他人、尤其是親人之死，最終還必得面對自我之死。人生的問題有無數之多，可每一個人所遭遇到的問

題不一樣；只有死亡，才是唯一的每一個人都要面對的人生問題。作為一個思想家，陸象山已獲得極大的成功，創發心學之思想體系，開顯儒學發展的新源泉，從學者達千人之多，可謂顯赫一時。但同時，他也是人類中之一份子，他也要面對生死問題，他的生死態度又是怎樣的呢？其對心學思想體系又有何影響呢？

　　一般來說，要知曉某人所執的生死態度，往往要視其人生觀而定。陸象山終生習儒術，為世之儒宗，在人生觀上自然堅執「修身齊家治國平天下」的儒家基本人生信條。他二十四歲中鄉舉，在〈舉送官啓〉內云：

> 某少而慕古，長欲窮源，不與世俗背馳而非，必將與聖賢同歸而止。忘己意之弗及，引重任以自強，謂先哲同是人，而往訓豈欺我？窮則與山林之士，約六經之旨，使孔孟之言復聞於學者；達則與廟堂群公，還五服之地，使堯舜之化純被於斯民。[22]

這裡已明確表達了他一生只在兩種人生模式間做選擇：若能入廟堂之上，則傾身心於政壇，嘔心瀝血澤被於斯民；如若不能由科舉入仕，則在山林潛心於孔孟之學，讓儒學之真意大顯於天下。這種積極入世的人生觀，直接來源於《論語‧季氏》中所言：「隱居以求其志，行義以達其道」[23]，也與孟子之言相繫：

> 故士窮不失義，達不離道。窮不失義，故士得己焉；達不離道，故民不失望焉。古之人，得志，澤加於民；不得志，修身見於世。窮則獨善其身，達則兼善天下。[24]

象山先生是如此說的，更是如此去做的。

　　象山先生於乾道八年（1172）三十四歲時中進士，授官迪功

郎，先後任爲江西路隆興府靖安縣主簿（因母喪而未能如期到任）、福建路建寧府崇安縣主簿。淳熙九年，因侍從官舉薦，象山先生至行都臨安供職，除國子正。次年多，象山從國子正升爲敕令所刪定官，歷時約三年。淳熙十三年（1186），因受排擠，象山得聖旨出行都回鄉，主管台州崇道觀，成爲閒散祠祿官，隨後講學於貴溪應天山（後改名爲象山）。直到淳熙十六年（1189），詔令象山出知荊門北路荊門軍，他得以在生命中最後二年創造了「荊門之政」的奇蹟。可見，象山先生五十四歲的生命期，除中進士前幾十年孜孜不倦地爲學，就是在官場數十年的辛勞，然後則是長期的講學活動。在政壇，象山先生儘管居官卑微，卻「堂堂正正」，爲國爲民鞠躬盡瘁；在學界，象山先生則精研學問，樂此不疲地教授眾子弟，誨人不倦，以「江西陸子靜」譽滿神州。

由這種積極入世的人生觀，延及其生死態度，象山先生又執何觀念、有何行爲呢？首先，象山先生與常人一般，對自己的親人過世表現出極度的悲傷和痛苦。其曾自述：「某氣質素弱，年十四五，手足未嘗溫暖」。[25] 他三歲喪生母，長期患有「血漏」（痔瘡），因一生精進於學，循規蹈矩，「後稍知所向，體力亦隨壯也。」人長期患病，對生死問題當有相當的敏感性。象山先生四十九歲那年，連續遭受四次親人逝世的重大打擊：先是他的二兄陸子儀「一疾不起」，撒手人間；次則不數月，他的幼子年僅三歲不幸夭折，象山先生原準備將此子過繼給他的四哥復齋先生爲後；不久，一位侄孫女、一位侄婿張輔之又過世。象山先生何痛如之。他在寫給朱熹的信中傾訴到：

> 痛哉！禍故重仍，未有甚於此者。觸緒悲摧，殆所不堪。某舊有血疾，二三年寖劇，近又轉而成痔，良以爲苦，數日方少瘳

矣。[26]

象山先生表現出對親人去世的深深悲痛之情一點也不奇怪，儒家的血脈正建基於血緣關係上的親愛之情，發顯之則為儒學的核心觀念「仁愛」。象山先生作為一代大儒，自然不可能如莊子「妻死鼓盆而歌」般的灑脫；亦不像佛教徒出世求自身之生死解脫，而置親人於不顧。可以說，面對生死的悲哀之情，正顯示出象山先生的儒者本色。

其次，儒者們在親人去世時的悲傷之情，並不意味著他們恐懼於死，害怕自我生命的終結。恰恰相反，一個真正的儒者，在面對自我必死的結局時，會有相當平靜的態度。這何以可能呢？其情景又是怎樣的呢？

紹熙二年（1191），朝廷再次下詔，令陸九淵疾速到荊門軍任知軍。其時，他正在貴溪象山講學。學子們環山廬而居，象山翁建精舍讀書教徒，可謂是「得天下英才而教之」，其樂也融融。象山先生甚至有「終焉之意」，但是，在朝廷的召喚下，象山先生還是將山上日常的教學事宜託付給弟子傅季魯，自己則為了不擾民和更快速地到任，準備單騎簡從上路。貴溪縣丞對他說：金人有南牧進犯的意圖。象山先生一聽此語，立即改變原先的安排：「如此則荊門乃次邊之地，某當挈家以行，未免少遲。若以單騎，卻似某有所畏避也。」[27] 於是，象山先生帶著家眷，跟隨其後的還有長子陸持之、次子陸循之和侄子陸浚之，冒著秋初的寒風，毅然決然地奔赴荊門這個「次邊之地」。這頗有些「風蕭蕭兮易水寒，壯士一去兮不復還」之慨。後象山先生果然逝於荊門軍任所，再也沒有活著返回故土。

約二月車馬舟船的勞頓，象山一行終於抵達目的地，他立即接

手荊門的一切政事。所謂「次邊之地」，即是緊靠前線的後方，隨時都有敵人進犯的危險。按一般的常理，官員被派往「次邊之地」，常常會暗中運作，讓朝廷改任他官；不行的話，則獨自一人赴任，以避危險。可象山先生不如此，他明知有生命危險之虞，卻毫不畏懼死亡的脅迫。不僅自己「疾速到任」，更毅然帶著大小家眷赴任。一方面明白地昭示百姓，他這個知軍，不避危險，決心與荊門的民眾同生死共命運；另一方面，象山先生以此來自我加壓，家庭親人與百姓的生活和生命皆成為他肩上的重任，成為他治荊所必須承擔的道德義務。後來，象山先生以飽滿的熱情投身於治荊的事業之中，「荊門之政」大有可觀，他在臨終前八天曾有一封寫給侄子陸麟之的信，內說：

> 此間風俗，旬月浸覺變易形見，大概是非善惡處明，人無貴賤皆向善，氣質不美者亦革面，政所謂脈不病，雖瘠不害。近來吏卒多貧，而有窮快活之說。[28]

可謂是，政通人和，官民皆樂。後人把象山先生的「荊門之政」歸結為八個方面：「嚴防務」、「建保伍」、「重法治」、「除弊風」、「罷三引」、「蠲銅錢」、「勤視農」和「堵北泄」。南宋名丞相周必大稱讚道：「荊門之政，可以驗躬行之效。」[29]

面對生死的考驗，象山先生毫不退縮，無所畏懼。為表明其決心，甚至偕家赴邊，充分顯示出其視死如歸的生死態度。在象山先生看來：

> 義理所在，人心同然，縱有蒙蔽移奪，豈能終泯，患人之不能反求深思耳。此心苟存，則修身、齊家、治國、平天下一也；處貧賤、富貴、死生、禍福亦一也。故君子素其位而行，不願

乎其外。³⁰

君子們只以「義理」是求，只以「義理」之事行動，仁義充盈己心，則無論貧賤或富貴、死生與禍福，皆可不為所動。象山先生視其赴荊門之任，正是去行「義理」，故而艱難險阻也好，生死考驗也罷，皆已置之度外。

　　親人去世，畢竟還不是自己；人生過程中生死之事的考驗，畢竟還只是一種可能性。當一個人面對自己即將亡故的關頭，才是顯現其生死態度最關鍵的時刻。南宋紹熙三年（1193），約在春末夏初，清明節前後，陸象山忽然憶起了一年前就已去世的三兄陸九皋，懷著沈痛的心情寫下了〈陸修職墓表〉，末云：

> 某效官重湖，疾不侍藥，殮不撫棺，葬不臨穴，嗚呼痛哉！敬次序公平生以表墓。某聞命之日，嘗請迎侍，公曰：「子行矣，吾往時當自訪子。」訃前數日，從公於夢，自是節朔必夢見公，嗚呼痛哉！東望隕涕，為之銘曰：「如珠潛光，可以照夜，公之明也。如玉儲潤，可以貢山，公之德也。表公之墳，與斯銘其長存。」³¹

一連二句「嗚呼痛哉」，其對逝去兄長的哀傷之情力透紙背；況又遠在千里之外，只能在夢中與逝者相聚，更是讓象山先生痛心疾首。到了十一月，象山先生又憶起了兒時一塊兒讀書、共研孔孟之學且已逝去十餘年的五兄復齋先生，對家人嘆息道：「先教授兄有志天下，竟不得施以歿。」眾皆感慨不已。象山忽又言：「吾將死矣。」眾皆大驚：「安得此不祥語？骨肉將奈何？」象山云：「亦自然。」又對眾僚屬說：「某將告終。」十二月，氣候異常，出現了倒冬暖，象山先生身體急劇衰竭，但卻強忍病痛，「乃命倪巨川

濟甫畫乾卦揭之黃堂，設香花」，向老天祈雪。次日，又「往迎蒙泉，取水歸安奉，而風雲遽興」。即便在生命的盡頭，象山先生仍然不忘為百姓謀福祉。〈年譜〉中載：

> 先生素有血疾，居旬日大作。越三日，疾良已，接見僚屬，與論政理如平時。宴息靜室，命灑掃焚香，家事亦不掛齒。雪降，命具浴。浴罷，盡易新衣，幅巾端坐。家人進藥，卻之。自是不復言。十四日癸丑日中，先生卒。郡屬棺殮，哭泣哀甚，吏民哭奠，充塞衢道。[32]

象山先生在臨終期，與一般人無二的是：常常憶及逝去的親人，籠罩在一股哀傷之情中。象山先生臨終期異於常人的是：臨終前仍然念念不忘百姓疾苦，還在堅持盡其身為地方官的職守；特別是他能預見自己的死期將近，而又能以驚人的平靜心態面對之。這後一點，恐怕是世上許多人都做不到的。

人生在世，會遇上許許多多可害怕之事，但要說最可恐懼的事情，莫過於人之死了。「死」對活著的人最大的威脅在於——它讓人們損失了一切：不僅僅是世間所擁有的物質與精神財富、人際關係，乃至自我的身體、生命；而且人們還要面對「將何之？將會遭遇什麼？」的最大困惑，這一切都必然引發世人最大最深刻的恐懼與痛苦。那麼，象山先生為何能以一句「亦自然」來面對死亡？為何在生死態度上毫無半點恐懼與害怕？關鍵在於，象山先生有得自於儒家學說的「命定」觀。

「命」者，一般都指非人力所可改變、控制的冥冥中的必然性。在生死之「命」的問題上，道家老莊實有比之儒家更為豐富的思想資源。《莊子》云：

死生、存亡、窮達、貧富、賢與不肖、毀譽、饑渴、寒暑，是
事之變、命之行也。日夜相代乎前，而知不能規乎其始者也。
[33]

又說：「死生，命也，其有夜旦之常，天也。人之有所不得與，皆
物之情也。」[34] 此處之「命」指一種「自然的必然性」，「自然」
在道家，正是「道」最根本的存在與屬性，是絕不能也絕不可滲進
任何人為之為的。所以，任何人對待「命」，只能順應不可違逆：
「知其不可奈何而安之若命，德之至也。」[35] 這樣，由這種「自然
的必然性」，人們可獲得對生死的達觀坦然，猶如莊子「妻死鼓盆
而歌」。但是，這種「無以人滅天，無以故滅命」的觀念，使人們
在生死問題上皆無所作為，消極順應，顯然與儒家積極入世、修齊
治平的觀念不符。

儒家建構一種坦然之生死態度的關鍵在於：如何從生死之「所
必然的自然性」過渡到「所當然的應然性」的價值肯認。象山先生
在生死態度上，正是從「死」這種自然的必然性，獲得了應然性的
主觀之「認命」，因而，展現出儒者式的生死坦然。

「死」是人這種自然之子生命的必然性結局，從理論上說，人
們應該坦然地接受。但大自然創造的人，有異於自然之物的精神與
智慧，人們往往不會心甘情願地接受「死」的實存。儒者應對之方
是：將這種必然性之實存，轉變為內蘊應然性人倫道德準則的必然
性；於是，此生死之「命」雖非人力所可改變，卻可讓人們在活著
時，孜孜於人倫道德的體悟與踐履；死時則為自己完成了人間之
「命」──道德使命──而心地坦蕩，從而無所遺憾，無所牽掛，
亦無所恐懼。也就是說，自然之必然性轉變為應然之必然性，使儒
者們獲得了生死的坦然。象山先生臨終前，不正是只想著人間之倫

理及政治責任，思念著逝去的親人和考慮如何爲百姓造福，對即將來臨的「死」只有一句「亦自然」嗎？

象山先生曾有言曰：

> 孟子之時，求人爵者，尚必修其天爵，後世之求人爵，蓋無所事於天爵矣。舍此而從事於彼，何啻養一指而失其肩背？況又求之有道，得之有命，非人力所必可致者⋯⋯。[36]

在象山先生看來，人們在一生當中，是否體認本心之善，是否行仁義道德之事，這是人們主觀上努力就可以辦到的事；而人生中的際遇，如「人爵」、如「富貴貧賤」、如「死生壽夭」等等，則是受控於「命」的。對這些人生狀況，人們只可在求之或避之時遵循一定的規則，至於結果如何卻是非人力所能爲的事情。孔夫子就對子夏說：「死生有命，富貴在天。」[37]孟夫子則曰：

> 盡其心者，知其性也。知其性，則知天矣。存其心，養其性，所以事天也。夭壽不貳，修身以俟之，所以立命也。[38]

「修身」意謂生前埋首於道德之修養、道德之踐履，至於是長壽還是短命、存還是亡，則是君子們可以不放在心上的事情，此爲「立命」。象山先生正因爲「立命」了，所以也就「認命」了：在終生追求人倫道德完善的基礎上，對自我人生終點站——死亡的認可與接受。所以，象山先生做到了在面對生死之「鬼門關」時完全的坦然、無懼和心安。

某日，象山訪江西帥王謙仲，時正有帥幕邵叔誼在坐，有人談起了「命」的問題。象山先生聽後頗不以爲然：

> 吾之談命異於是。伯夷叔齊餓死於首陽之下，民到於今稱之，

此命極好。齊景公有馬千駟，死之日，民無德而稱焉，此命極不好。[39]

按世俗之見，伯夷叔齊最後死於絕食，「命」眞苦；齊景公富可敵國，「命」眞好。可在象山先生眼中，伯夷叔齊雖死於饑餓，其道德人格卻光照千秋，其「命」是好的；而齊景公雖有馬千駟，可生前無德可言，死後人民很快將其忘卻，此正爲「命」不好。「命」是一種定數，是人生中定然的軌跡，無法以人力改變之。但在象山先生看來，「命」雖不可損益，人們卻可以在價値評判上確立某種道德的準則，對其進行是非好壞之判定，以規範自己未來的行爲，並可用於對他人的教化。

一般而言，在現實生活中，喜生厭死是人之常情；但是，許多人更由此走向了畏死與忌死。於是，「生」時無所規則、無所目標、無所方向，流於任意而爲，或無所不爲，此正源於生死態度上的不明智。一般來說，人們不思「死」不等於就可以逃避死亡；人們忌諱「死」也不等於可以將必至之死推遲。由此，我們可以體會到象山先生的生死態度具有的現實意義與價値。人們可以透過生前孜孜於道德的修養與實踐，來獲得人生的方向與目標；又由這種人生中最大追求的實現來免於臨終前的恐懼與遺憾，獲得死時之心安坦然。

五、生死價值論：「刀鋸鼎鑊底學問」

價値一詞，從根本上說，即是主體對客體的一種好壞是非美醜優劣高下等的評價；生死價値論，亦即人們對生死做出的評判，是

主體對生死實存的看法與觀點，且這些觀點會導致相應的生死態度和行爲。儒家的生死哲學，有一個重大的特點：就是將人之生死的實存狀況，統御在人生中道德價值的追求之下。人們在觀念上需先確立一個最高的道德價值準則，人生中任何時候、任何情況下都應以之爲終極追求，至於人是「生」或「死」、是「富」或「貧」、是「貴」或「賤」等等，皆成爲可不在意之事了。象山先生云：

> 吾人所安者義理，義理所在，雖刀鋸鼎鑊，有所不避，豈與患得患失之人同其欣戚於一升黜之間哉？顧所深念者，道之消長，治亂攸分，群徒比周，至理鬱塞，遏絕齊語，楚咻盈庭，聚蚊成雷，明主孤矣。[40]

所謂「安於義理」，實即以「義理」爲最高之價值追求，其一生憂慮的是大道之消長、國家政治是否清明等等大事；這樣，即便有「刀鋸鼎鑊」的死亡脅迫，亦毫無所動，絕不迴避。

曾子曰：「士不可以不弘毅，任重而道遠。仁以爲己任，不亦重乎，死而後已，不亦遠乎。」[41]儒者們以實現仁義爲一生的追求目標，直到生命的盡頭方才停止。追求仁義、實現仁義，對生命有限之人來說，不啻是一種人生的悲劇，因爲仁義之事業無窮，而人之生命有限；但正是儒者們這種悲劇性的人生所求，體現了其堅韌不拔的毅力、大無畏的精神，以及崇高之人生境界。象山先生治荊，正所謂「鞠躬盡瘁，死而後已」，他生命的最後一刻仍然在爲荊門的百姓操勞，他可以說就是逝於實現「仁義」的無限事業的過程中，除了感慨一聲「不亦遠乎」外，人們實難以用言詞來表達這種生死價值論的崇高了。

象山先生還指出：

凡爾庶民，知愛其親，知敬其兄者，即惟上帝所降之衷，今聖天子所錫之福也。若能保有是心，即為保極，宜得其壽，宜得其福，宜得康寧，是謂攸好德，是謂考終命。凡爾庶民，知有君臣，知有上下，知有中國夷狄，知有善惡，知有是非，父知慈，子知孝，兄知友，弟知恭，夫義婦順，朋友有信，即惟皇上帝所降之衷，今聖天子所錫之福也。身或不壽，此心實壽，家或不富，此心實富，縱有患難，心實康寧。或為國死事，殺身成仁，亦為考終命。[42]

「考終命」是民間百姓所求「五福」之一，是人們祈求獲得自然賦予的長壽願望的表現。「殺身」則是凶死，是「考終命」之反面。但在象山先生看來，人們若是「為國事死」、「殺身成仁」，就是完成「上帝所降之衷」，亦是「聖天子所錫之福」，如此，「身或不壽」，卻就是「考終命」，因為他已經在精神上實現了永恆不朽。這一點，正是儒家生死價值論之特色所在。

象山先生曾評論過兩位歷史人物之死，見識果然不同凡響。一日弟子問：「子路死之非，只合責當時不合事輒。」象山則答：「此是去冊子上看得來底。亂道之書成屋，今都滯在其間。」後來又云：「子路死是甚次第。」[43] 所謂「死之非」是指子路之亡非善死而是身首異處之凶死，學生認為，原因是他當時不謹慎去輔助了衛出公輒。象山認為，這種看法大錯特錯，是「亂道之書」造成的思想上的混亂。他由衷地讚歎子路之死是死得其所，死得轟轟烈烈，是儒者壯烈犧牲之典範。子路生於西元前542年，卒於西元前480年，春秋時期魯國卞邑（今山東省泗水縣東）人。他幼時曾負米行百里以養親，成為中國歷史上著名的「二十四孝子」之一。後為孔子高徒，在孔門眾多的弟子中，以性豪爽、勇敢、聞過則喜著

稱，且有政治方面的卓越才能。子路曾隨孔子周遊列國，約在西元前485年，被衛國聘爲蒲邑（今長垣縣）之宰。子路治蒲三年，勤政愛民，孔子路過時，曾三稱其善。西元前493年，衛靈公病逝，由逃往晉國的衛太子蒯聵之子輒繼位，是爲衛出公。衛出公雖然已當上國君，實權卻由表哥孔悝掌握。西元前480年，孔悝被孔姬、舅舅蒯聵奪權劫持，子路聞之，爭先入城營救。及至台下，高呼孔悝，悝不敢應。子路遂入以火焚台，蒯聵十分害怕，命力士石乞、盂厭持戈下台戰子路。子路寡不敵衆，身被刺傷數處，仍不退，奮勇拚搏。忽被對手砍斷冠纓，大呼：「君子死，冠不免。」乃從容整結其纓，其間又被刺數處，終至戰死（另有一說，謂：子路是在伏身拾起被風剐地的冠子時被對手刺穿了心臟）。在象山先生看來，子路的人生結局雖然是一種凶死，但卻保持了一位儒者的節操和氣概。「正衣冠」，爲儒者的基本禮節，即便是在戰鬥之時，亦不可亂之；即便是在死亡陰影之下，亦需保持。這樣一種生死的行爲，正是將人倫道德、禮儀規則等視之比生死更重要的價值。正如孔子所言：「志士仁人，無求生以害仁，有殺身以成仁」[44]，亦如孟子所云：「生亦我所欲也，義亦我所欲也；二者不可得兼，捨生而取義者也。」[45]象山先生在生死價值論上是與孔孟完全一致的。

又有一日，有學生問：「顏魯公又不曾學，如何死節如此好？」象山先生答：「便是今人將學，將道，看得太過了，人皆有秉彝。」[46]學生對顏眞卿死節之高並無疑問，但卻對其爲何能做到這一點有些迷惑。顏魯公，即唐代大書法家顏眞卿，生於西元709年，卒於西元785年，京兆萬年人（今陝西西安），進士出身，曾任殿中侍御史，後受排擠，出爲平原（今山東陵縣）太守。時值安祿山叛亂，他受命起兵抵抗，被附近十七郡推爲盟主，合兵二十萬，使安祿山的軍隊不敢進攻潼關。後官至吏部尙書，太子太師，封魯郡

公。唐德宗時，又有李希烈叛亂，他受朝廷之命，前去勸諭，卻爲李希烈縊死。臨終時，大節凜然，錚錚鐵骨，世人無不欽佩。德宗皇帝稱讚其：「氣質天資，公忠傑出，出入四朝，堅貞一志。」象山的學生認爲，人們要「殺身成仁」、「捨生取義」，非要經過長期的學習、深入地研究不可，而顏魯公似乎在「學」上並沒有達到這一層面。象山先生則認爲：這種觀點無疑是人們將外在的學習看得太重了；其實，人心至靈，理義充盈，關鍵在自我覺悟不覺悟，善反之，能體認本心，必可發而爲正確的行爲。在象山先生看來，人固有一死，能於生死之際，「居廣居，立正位，行大道」，才算是無愧於天地的「大丈夫」。這正是「刀鋸鼎鑊底學問」，容不得半點空頭議論，顏魯公又何必要「學」然後能哉！

宣教郎大常博士孔煒撰〈諡議〉，內稱象山之學云：

> 蓋謂此心之良人所均有，天所予我，非由外鑠，先立乎其大者，則其小者莫能奪。信能知此，則宇宙非至理，聖賢與我同類。大端既立，趨向既定，明善充類以求之，強力勇敢以行之，如木有根，如水有源。逮其久也，此心之靈，此理之明，將渙然釋，怡然順，真有見夫居廣居，立正位，行大道，皆吾分內事。所謂操存求得，盛行不加，窮居不損者，端不我誣也。[47]

象山之學，源於孟子心性之論，先立其大，自省自反，溝通天人內外；因「至理」之充塞，使人們填充了無窮無盡的力量，任何人間之艱難險阻皆無可阻擋。而面對生死大事，人們亦可以充實之德性，獲得無畏與坦然。因爲，「生」之最大價值是對「道義」之求的執有，人們既然已具備之，則生死又何能撼其心志？

可見，現實中的人，若想消解對死亡的恐懼與害怕，應該從象

山先生的生死價值論中去吸取一些智慧，在人生過程中建構出某種價值，其超越生死之上；當人們能夠在「生」時堅執這種價值，則在面對死神時可以獲得「心安」，此「心安」之基礎就在於「理得」。誠如象山先生言：「所欲有甚於生，所惡有甚於死，死生大矣，而不足以易此，況富貴乎？」[48]

六、生死超越論：「煌煌在宇宙間」

人生在世，有物質與精神的各種欲望，但最深層最大的欲望也許是希望能永遠活下去，亦即渴盼著超越死亡。中國道教試圖通過「內丹」之修煉和「外丹」之服用，來實現長生不老、肉身成仙，可是，千百年來都無法獲得實證，相反，在史籍中卻有許多因服食金丹而喪命者的記載。佛教則不認為人之此「生」此「身」可以永生，但又指出，人們只要一心向佛，一心唸佛，將透過「涅槃」獲得來世來生的永生，這種說法既無法實證亦無法證偽。儒家在生死超越論上，堅決反對佛教與道教的觀點，開闢出一條經由精神生命、道德生命達到不朽的超越死亡之路。

象山先生指出：

某嘗以義利二字判儒釋，又曰公私，其實即義利也。儒者以人生天地之間，靈於萬物，貴於萬物，與天地並而為三極。天有天道，地有地道，人有人道。人而不盡人道，不足與天地並。人有五官，官有其事，於是有是非得失，於是有教有學。其教之所從立者如此，故曰義、曰公。釋氏以人生天地間，有生死，有輪迴，有煩惱，以為甚苦，而求所以免之。其有得道明

悟者，則知本無生死，本無輪迴，本無煩惱。故其言曰：「生
死事大。」⁴⁹

人在世間盡人道，亦即體悟和踐履仁義禮智，這都是爲他人與社
會，故而象山先生認爲是「義」與「公」，此是人之爲人的根本。
而釋氏則認人生在世有無窮的煩惱，有無法逃脫的生死輪迴，所以
棄人倫道德出家爲僧。以「生死事大」，故而求個我之解脫，象山
以爲是「私」是「利」。儒者在人倫日用間孜孜不倦地努力，釋氏
則在個人生死解脫上下功夫，二者之別涇渭分明。象山先生又說：

若吾儒則曰：「人之所以異於禽獸者幾希，庶民去之，君子存
之。」釋氏之所憐憫者，爲未出輪迴，生死相續，謂之生死海
裡浮沈。若吾儒中聖賢，豈皆只在他生死海裡浮沈也？彼之所
憐憫者，吾之聖賢無有也。⁵⁰

儒者憂慮的是人們在人生中，是否能保持和光大人之爲人的那個
「幾希」；釋者卻只慈悲於天下人在生死海中沈浮。爲何說「吾儒」
不會有「生死海裡沈浮」的問題呢？在象山先生看來，人之道德生
命的高揚，正可以解決生死超越的問題，所以，儒者不是沒有生死
問題，而是根本就不在意陷世俗人於苦海中之生死問題。

象山先生亦反對道教追求長生不老的舉動：

……及一旦知飲博之非，又求長生不死之藥，悦妄人之方，從
事於丹砂、青芝、煅爐、山屐之間，冀蓬萊瑤池可至，則亦終
苦身亡家，伶仃而後已……至於蒙而未發，則是馳騖昏擾之
久，大體未能頓清明耳。若不寧耐，復放而他馳，入妄人之
說，以求長生不死之術，則恐蓬萊瑤池終不可至，而蕞爾之身
將斃於煅爐山屐之間矣。⁵¹

求長生之術，在象山先生看來，不僅將使自己「苦身亡家」，甚至斃於求不死之過程中而不自知。

佛法道教超越死亡的方式與途徑皆不可取，儒家又有何方法呢？儒家學說認定，人有生理生命，又有精神生命，後者又可分出道德的生命，亦即人們在世間以認識、顯發、踐履人倫道德為生存的核心。生理的生命隨著人們壽限的到來，必有完結的那一天；而人之道德生命的發揚光大，則會因其造福社會與民眾事業的永恆性，也因其楷模榜樣矗立於人世間，更因其精神人格的偉大，而能夠超越時空之限囿，達到永垂不朽，這即實現了人之生命的永恆。象山先生云：「壽夭貧富貴賤，皆不足為學者道。古之聖賢，如關龍逢之誅，王子比干之剖心，顏閔之夭疾，孔孟之厄窮，至今煌煌在宇宙間，庸何傷哉？」這些聖賢或被「誅」，或被「剖心」，或夭折，或病疾，或厄窮，人生之際遇可謂困頓，可謂艱險無比，甚至於凶死夭折，但其事蹟、精神、學問、道德卻傳之久遠，代代相續，無有完結之時，此不正是聖賢們超越了生死而達致永恆嗎？是謂「煌煌在宇宙間」。

但是，人間聖賢畢竟只是少數，對芸芸眾生而言，「立德、立功、立言」以獲「不朽」的機會不能說沒有，但真正實現者也只能是很少的一部分人。佛教有「一闡提人皆得成佛」之說，認為人人都有佛性，個個都能成佛。孟子之學則指人先驗地具備「善端」，自省之發揚之，則為「仁義禮智」之性，故而人人都有良知良能，個個都有成聖成賢的可能，所謂「滿街都是聖人」是也。象山先生直承孟子，指出：

> 人皆有是心，心皆具是理，心即理也，故曰：「理義之悅我心，猶芻豢之悅我口。」所貴乎學者，為其欲窮此理，盡此心

也。有所蒙蔽，有所移奪，有所陷溺，則此心為之不靈，此理
為之不明，是謂不得其正，其見乃邪見，其說乃邪說。[52]

眾生之心，皆為內盈「理義」之心，這是無所區別的。關鍵在於，
有一些人可以明白這一點，從而體悟之、實踐之，是為「聖」是為
「賢」；而另一部分人，則無所知覺本心之明，更難以去遵之而
行，是為眾生是為群氓。在象山先生看來，人心之「理義」與天地
之「心」同，當個人將自己的「本心」真正與天地之「心」相溝
通，相合一，亦即使己之「德」與天之「理」同，則人們便借助於
後者，超越了時空的限圍；小我之「我」透過大我之「宇宙」而超
越了生死，獲得了永恆。所以，人們只有也必須從內在心性上體認
到「萬物森然於方寸之間，滿心而發，充塞宇宙，無非此理」，才
能達到生命之不朽。

　　所以，儒家超越死亡之途徑，可以分為三個步驟：一是將個我
之生命與親人之生命相溝通，將自我與家庭家族融會貫通而為一，
這樣，個人生命雖然必在某時某地歸於結束，但血脈卻在家庭家族
中綿延不絕，此為「雖死猶生」。做到這一點的關鍵，正在踐履
「孝」道。二是將個我之生命融入社會國家之大生命中，治國平天
下，從而載之史冊，傳之久遠，是為不朽，此為「雖死猶榮」。做
到這一點的關鍵，正在盡其「忠」。三則是溝通天人，將「小我」
之生命匯入自然宇宙之「大生命」中，借助於後者之無窮無限性，
獲得自我生命的永恆，此為「雖死而永存」。做到這一點之關鍵，
在發顯「仁」德。

　　在儒家，超越死亡的方法是「大其心」的學問和功夫。象山先
生云：

　　宇宙無際，天地開闢，本只一家。往聖之生，地之相去千有餘

里，世之相後千有餘歲，得志行乎中國，若合符節，蓋一家也。[53]

又說：「宇宙即是吾心，吾心即是宇宙。」為何相距千里之遙、相隔千百年之後的「聖賢」都「本只一家」呢？為何「宇宙」與「己心」同呢？在象山先生看來，宇宙之本質是「生生之道」，人是宇宙所創生的精華，其心性之本亦是「生生」（仁）；從這一點而言，人之「心」與「宇宙」同。「大其心」者，亦即自反及擴充自身的精神世界，真正體會「生生」之「仁」充塞自我亦溢滿天地，從而在具體的人生活動中顯現「生生」之「仁」。於是，己之精神也就上達至宇宙，這豈非「與天地同」？既然與天地同，人又何有「死」？既然人們立志「要與天地同」，則在生活中又何不去做仁義禮智之事？

可見，人們可以經由「大其心」而體會到生命的普遍性，顯現生命的普遍性，由此來實現生命的永恆性，從而超越死亡。這就需要人們由內在心性的修養，透過「由生觀死」，再到「由死觀生」來獲致生命的意義和生活的價值。中國古代民間社會廣泛進行的對天、地、君、親、師的祭祀，從根本上說，就是透過一整套的禮儀，使「小我」之精神與祖先、聖賢、天地相溝通，獲得「大我」式的存在。孤零零的生命，是「小我」的生命；只有上達之祖先，並進而與天、地、君、親、師相繫，才獲得了「大我」的存在，才能最終超越死亡的限圍而實現永恆。這即是象山先生所講的：「人須是閒時大綱思量：宇宙之間，如此廣闊，吾身立於其中，須大做一個人。」[54]「大做一個人」實則就是以己之「心」去上達宇宙之「心」。人之形體有限，人之壽命有時，可人之精神卻可達於天地，與「天理」相合一，如此，必超越有限而實現無限。此時，人們行

其所當行，為其所應為，無私無畏，直道而行，成為一個「大人」，並快樂無比：

> 大人之事，至公至正，至廣大，至平直。剖蠹管之見，蕩其私曲，則天自大，地自廣，日月自昭明，人之生也本直，豈不快哉！豈不樂哉！[55]

象山先生認為，要真正使自我與天同而超越死亡，一者必去「吾心之害」，其云：

> 夫所以害吾心者何也？欲也。欲之多，則心之存者必寡，欲之寡，則心之存者必多。故君子不患夫心之不存，而患夫欲之不寡，欲去則心自存矣。然則所以保吾心之良者，豈不在於去吾心之害乎？[56]

人們若溺於感性生活之所獲之享樂，必不能去溝通人我、物我、宇宙與我，必無法領會生命存在的普遍性，如此，將無法獲得生命的永恆，更不能超越死亡。二者必須從「俗見俗習」中超拔出來。「俗見」，是世間錯誤的看法；「俗習」是世間沿襲下來的不良做法。在象山先生看來，人們若沈溺在「俗見俗習」之中，是難以體會「宇宙無非至理，聖賢與我同類」的道理，也難以使自我之「本心」上而與「天理」合一，下而在人倫日用間發顯，如此，必不能躍出「小我」之局限性，獲得「大我」之存在，亦即「舞蹈乎康莊，翱翔乎青冥」，豈不樂哉！豈不快哉！豈不偉哉！

七、對陸象山生死智慧之現代沈思

首先，我們對象山先生的人生觀進行一番現代深思。

象山之學直承儒學中孟子一系，以直指本心、明心見性、心即理的「易簡工夫」獨樹一幟，創建了與程朱理學相鼎立的心學。其有關人生的學說，要在讓人把世俗的人生追求置於求「天爵」的人生價值和「做人」的人生理想統帥之下，並把人生境界極高的「大人」樹爲人生終極的理想，整個學說的核心在發明本心之善，提升生存的境界。在現代工商社會名利之求氾濫成災的今日，象山先生的人生精神及人生的踐履還有可資借鑑的地方嗎？答案當然是肯定的。

第一，現代經濟的發展，以創造和獲取利潤爲核心與基礎，整個社會的生產、銷售、消費領域無不瀰漫著金錢至上的氣息。當然，市場經濟的存在及發展，的確離不開這些經濟的槓桿，社會物質財富的極大豐富也需要它們爲動力機制；但是我們也應該從象山先生的人生學說中悟解到，日常的經濟活動與人生的領域既有密切的關係，又有許多不同的面向。如果說，人生命的延續主要靠生活資料的供給和消費，人生活的豐富主要取決於物質財富占有的多少；那麼，人生價值與意義的獲取卻主要取決於精神境界的高低。

如上所述，象山先生的人生學說，並非不承認世俗的生存欲望，但認爲這些絕不能成爲人生價值實現的主要途徑。在他看來，人生在世，最重要的價值不在求名求利求貴，而在「堂堂做個人」；人生最高的理想，也不是成爲大富大貴之人，而是在人生境界上成爲「大人」。他說：「上是天，下是地，人居其間。須是做

個人，方不枉。」⁵⁷「做人」看似非常容易，天下眾生不皆是「人」麼？可實質上卻不那麼簡單。在象山先生的人生學說中，天地生人，是先驗地貫之以性善的，人之本質就在其道德的心性。所以，要「做人」，還要堂堂正正做個「人」，就必須充分地自明本心之善，並自覺地使這種善性顯現於日常之視聽言動中，如此當然不容易。象山先生云：「人要有大志。常人汨沒於聲色富貴間，良心善性都蒙蔽了，今人如何便解有志，須先有智識始得。」⁵⁸所謂「人要有大志」，就是要人們把生活的欲求與人生的價值區分開來，當今社會，許許多多的人，正是把生活欲求與人生價值混而同之，於是便「汨沒於聲色富貴間」，求錢不厭其多，求權唯恐不大，把金錢權勢的獲取移易為人生最大價值最高理想的實現。孰不知當一個人汨沒於聲色與富貴時，其善性良知便愈來愈受到蒙蔽和傷害。現代社會許多的經濟犯罪刑事犯罪不就是「汨沒」於錢權而造成的嗎？所以，象山先生的人生學說對今日之較普遍的「金錢至上」的人生觀不啻是一種理性的矯正，是給許多沈迷在肉欲漩渦中不可自拔者的一劑良藥。我們應該清醒地意識到，人生天地間，成為萬物之靈長，就必須負起「人」的責任，要有「人」之思、「人」之行。故而人生最大的價值絕不在金錢的獲取和肉欲的滿足，而在為「人」、做「人」，在現實生活中則表現為責任、關愛、誠信等。一個現代人，當然要為生存和生活而去謀取金錢、物質，但同時，我們絕不可把人生的價值和理想置於這種低層次的需求上，而應該以「堂堂地做個人」為最大的人生理想，從而在自我的生存與生活的過程中具備正確的目標、規範，應該說這是現代人獲致真正的人生幸福的基礎。

第二，既然人生最高的理想在「堂堂地做個人」，那麼，此「人」究竟是怎樣的「人」呢？在象山先生的人生學說中，「人」

可分為多種：一類是所謂「愚不肖者」，即「惟聲色、臭味、富貴、利達之求而不知為學者。」[59] 此「學」不是現今所指的知識的學習和掌握，而是指學以為人的道理。「愚不肖者」只顧眼前之利益的獲取，只求肉欲之最大的滿足，他們「……居茅茨則慕棟宇，衣敝衣而慕華好，食粗糲而慕甘肥。」[60] 這種人為什麼有無窮無盡的欲望而淪為「愚不肖者」呢？關鍵在於他們「狃於習俗，蔽於聞見，以陷於惡而失於本心。」[61] 是世俗的風氣使然，是遍於社會各個方面的誤導使然，他們失去了人之本然的善性，並且惘然不知：「志銷氣腐，無豪傑特立之操，波流之所蕩激，終淪胥而不能自振，尚何望其能軒輊於人哉？」[62] 象山先生此語的確一針見血，越八百餘年我們仍然感覺到其有著不可磨滅的穿透力和震撼力。

第二類人可稱為「賢者」：

> 乖爭、陵犯、污穢、陂邪之行，常情之所羞所惡者，乃或縱情甘心而為之，此所謂行之不肖者也。於此有所不敢為，有所不忍為，有所不肯為，而每求其是者、正者、善者而為之，雖未能必是、必正、必善，而其志則然，日履之間，蓋與向所謂不肖者背而馳也，是亦可謂行之賢者也。[63]

「賢者」與「不肖者」最大的不同在於，賢者有向善之心和向善的行為。一個人不可能立即就達到完完全全的良心良知的顯現，只要做到壞事「不敢為」、惡事「不忍為」、邪事「不肯為」，就是一個高於「不肖者」的「賢者」了。雖然「賢者」在人格境界上已大大高於「愚不肖者」，但在象山先生的人生學說中，其仍有許多不足的地方：

> 有所蒙蔽，有所移奪，有所陷溺，則此心為之不靈，此理為之

不明，是謂不得其正，其見乃邪見，其說乃邪說……溺於聲色
貨利，狃於譎詐奸宄，牿於末節細行，流於高論浮說，其智愚
賢不肖，固有間矣，若是心之未得其正，蔽於其私，而使此道
之不明，則其為病一也。[64]

「愚不肖者」主要沈溺於聲色貨利而不知本心之善，「賢者」雖不
至於被肉欲所桎梏，但卻惑於錯誤的觀點與學說，此「心」仍爲不
明。所以，「賢者」亦非理想的人生境界，在象山先生的人生學說
中，唯有「大人」，才是其推崇的最高人生境界的存在。

有學者用「超人」來闡釋象山先生宣導的「大人」，這極易引
出誤解[65]。因爲，象山先生繼承儒學之傳統，提倡的「大人」，既
不指錢多權高勢大者，亦不指身懷絕技、健壯如牛者，更不指有特
殊神通、超越凡俗者。「大人」仍是個平常人，他要吃要睡要遊
樂，他有父老鄉親朋友師長，甚至也要求取功名利祿。但是，「大
人」之爲「大人」，不在於他能超凡脫俗，而在於其境界大大地高
於凡俗之人。他不僅自明本心之善，還在日常生活中完完全全地體
現出這種善。平常人吃喝拉撒，想的是如何取得更好的吃更好的穿
更好的玩；而「大人」也要吃喝，但其孜孜以求的卻是道德心性的
修養，其與親朋好友相處相交，處處遵循本心之善體現出的道德準
則；而求取功名利祿則皆爲增進天下蒼生之福祉。可見，象山先生
所謂之「大人」，完全是一種人生的境界，而非是什麼「超人」。

現實中的人皆必不可免的要謀生，爲此就必須要去取利。象山
先生認爲，取「利」有二途：一爲孜孜求利，唯利是圖，是爲「小
人」；另一則爲以「義」制「利」，「利」字當頭先思「義」，是爲
「君子」。「大人」也是「人」，故亦不免於考慮「利」，但其取「利」
非爲滿足個人之私欲，而是爲社會、爲天下蒼生謀取其「利」。要

在現實生活中做這種事，就必須在人生境界上達到極高的層次，其關鍵就在於，將自我之本心與天地宇宙之精神相溝通相融會相合一，意識到人心所具之「理」（道德）實乃天所賦予，故此「我」在社會行仁義道德之事乃是天地所「命」，乃是天理之表現。如此便沒有了「小我」，便沒有了「私心」，便不會有孜孜取私利的思念及行為。象山先生說：

> 義理之在人心，實天之所與，而不可泯滅焉者也。[66]

> 義理所在，人心固然，縱有蒙蔽移奪，豈能終泯，患人之不能反求深思耳。此心苟存，則修身、齊家、治國、平天下一也；處貧賤、富貴、死生、禍福一也。[67]

象山先生的人生論首先能給現代人一種督促，那就是：人生在世，就要活得像個「人」，就要努力做一個「人」。不要自沈淪於「愚不肖者」，亦不要自甘於當一個「賢者」，而應該努力去做一個「堂堂的人」，一個立於宇宙間與天地萬物同流的「大人」。

象山先生的人生論又可給現代人一種自信，那就是：人皆可以做一個「人」，還能做一個「大人」。因為人是天地精華之凝聚，天理人心同而為一，所以，是「人」就要皆為「善」，表現於人生活動中亦必循善。人人自善又善他，這個社會必成人間天堂。

象山先生的人生論還給人以希望，給人以奮發向上的動力，它能促使那些私欲薰天、金錢至上、無所不為者猛醒，也能讓忙碌於日常生活的現代人注意到正確的人生價值、人生理想和人生境界的確定，並因此在生活中達到一個嶄新的層面。唯如此，現代人才能獲得人生真正的順暢和幸福。

其次，我們進一步對象山先生的死亡智慧做一些現代的思考。

儒家生死哲學最大特色之一，亦是象山先生生死哲學的核心觀念之一，即是所謂「大其心」。當人們於人生奮鬥過程時，當人們面對生死攸關時，時時反省其內在之道德心，擴充己之精神以與宇宙精神相繫相通，從而使己之小我生命與宇宙大生命合而為一，這樣就獲得了生命的不朽。

象山先生超越死亡之方法，亦構成儒家生死哲學重要組成部分之一，分言之，有三大步驟：一要求人們除去私利，從而消解「人己之別」；二摒棄物欲，從而消解「物我之分」；三則「大其心」，從而消解「人天之隔」。個我之身體會朽，個我之生命易逝；但是，由人心之靈覺感通，使己與「天道」合一，這就從感性的、個我的生活進入到理性的、大我的生命，從而獲得了人生的普遍性，如此，便實現了精神生命之不朽與永恆。

象山先生之能達到臨終前的心地坦蕩，在死神面前道出「亦自然」這樣平靜的話；歷史上的先賢先哲之能慷慨赴死、殺身成仁、捨生取義，其實踐的正是其生死價值論及超越死亡之方法與途徑。現代人在解決生死問題時，尤其是面對生死攸關時，可以從中獲得許多有益的生死智慧。

注釋

1 〈與童伯虞〉，《陸九淵集》卷三，中華書局，1980。
2 《論語·述而》。
3 《論語·雍也》。
4 〈白鹿洞書院論語講義〉，《陸九淵集》卷二十三。
5 〈白鹿洞書院論語講義〉，《陸九淵集》卷二十三。
6 〈與王順伯〉，《陸九淵集》卷二。
7 〈與趙泳道四〉，《陸九淵集》卷十二。
8 〈與黃循中〉，《陸九淵集》卷十二。

9 〈語錄下〉，《陸九淵集》卷三十五。

10 《孟子·滕文公下》。

11 〈少時作〉，《陸九淵集》卷二十五。

12 〈與傅全美二〉，《陸九淵集》卷六。

13 〈與傅全美二〉，《陸九淵集》卷六。

14 〈與倪九成〉，《陸九淵集》卷十二。

15 〈與包敏道〉，《陸九淵集》卷十四。

16 〈語錄下〉，《陸九淵集》卷三十五。

17 〈與馮傳之〉，《陸九淵集》卷十三。

18 〈語錄上〉，《陸九淵集》卷三十四。

19 〈語錄下〉，《陸九淵集》卷三十五。

20 〈語錄下〉，《陸九淵集》卷三十五。

21 〈年譜〉，《陸九淵集》卷三十六。

22 〈年譜〉，《陸九淵集》卷三十六，頁485。

23 （宋）朱熹，《四書章句集注·論語集注·季氏》，中華書局，1983，頁173。

24 （宋）朱熹，《四書章句集注·孟子集注·盡心章句上》，頁351。

25 〈年譜〉，《陸九淵集》卷三十六，頁483。

26 〈與朱元晦〉，《陸九淵集》卷十三，頁181。

27 〈語錄上〉，《陸九淵集》卷三十四，頁422。

28 〈年譜〉，《陸九淵集》卷三十六，頁512。

29 〈年譜〉，《陸九淵集》卷三十六，頁512。

30 〈鄧文苑求言往中都〉，《陸九淵集》卷二十，頁255-256。

31 〈墓誌銘〉，《陸九淵集》卷二十八，頁334。

32 〈年譜〉，《陸九淵集》卷三十六，頁512。

33 曹礎基，《莊子淺注·德充符第五》，中華書局，1982，頁82。

34 曹礎基，《莊子淺注·大宗師第六》，頁93。

35 曹礎基，《莊子淺注·人間世第四》，頁58-59。

36 〈與童伯虞〉，《陸九淵集》卷三，頁33。

37〔宋〕朱熹，《四書章句集注·論語集注·顏淵第十二》，頁134。

38〔宋〕朱熹，《四書章句集注·孟子集注·盡心章句上》，頁349。

39〈年譜〉，《陸九淵集》卷三十六，頁504-505。

40〈與勾熙載〉，《陸九淵集》卷七，頁90。

41〔宋〕朱熹，《四書章句集注·論語集注·泰伯第八》，頁104。

42〈荊門軍上元設廳皇極講義〉，《陸九淵集》，頁284。

43〈語錄下〉，《陸九淵集》卷三十五，頁453。

44〔宋〕朱熹，《四書章句集注·論語集注·衛靈公第十五》，頁163。

45〔宋〕朱熹，《四書章句集注·孟子集注·告子章句上》，頁332。

46〈語錄下〉，《陸九淵集》卷三十五，頁453。

47〈諡議〉，《陸九淵集》卷三十三，頁385-386。

48〈與趙然道〉，《陸九淵集》卷十二，頁158。

49〈與王順伯〉，《陸九淵集》卷二，頁17。

50〈與王順伯〉，《陸九淵集》卷二，頁17。

51〈與胡達材〉，《陸九淵集》卷四，頁57。

52〈與李宰〉，《陸九淵集》卷十一，頁149。

53〈與羅春伯〉，《陸九淵集》卷十三，頁177。

54〈語錄下〉，《陸九淵集》卷三十五，頁439。

55〈與包敏道〉，《陸九淵集》卷十四，頁183。

56〈養心莫善於寡欲〉，《陸九淵集》卷三十二，頁380。

57〈語錄下〉，《陸九淵集》卷三十五。

58〈語錄下〉，《陸九淵集》卷三十五。

59〈與胡達材（二）〉，《陸九淵集》卷四。

60〈語錄上〉，《陸九淵集》卷三十四。

61〈與黃日新〉，《陸九淵集》卷三。

62〈續書何始於漢〉，《陸九淵集》卷三十二。

63〈與包詳道〉，《陸九淵集》卷六。

64〈與李宰（二）〉，《陸九淵集》卷十一。

65參見郭名家、顧春，《陸九淵教育思想研究》，江西教育出版社，1996，

頁163。

66〈思則得之〉,《陸九淵集》卷三十二。

67〈鄧文苑求言往中都〉,《陸九淵集》卷二十。

第六章

文天祥之生死智慧

文天祥，字宋瑞，一字履善，號文山，南宋狀元、宰相、文學家和思想家。生於宋理宗端平三年（1236），就義於元至元十九年（1282），吉州廬陵縣人（今江西吉安市青原區富田鄉文家村）。宋寶祐四年（1256）天祥舉進士，在集英殿的廷對中，他以「法天不息」為核心觀念寫成的〈御試策〉被理宗「親拔為第一」，成了該科狀元。考官王應麟云：「是卷古誼若龜鑑，忠肝如鐵石」。[1]文天祥剛介正潔，「天性澹如」，「自拔於流俗」。其立於朝，以正直敢言著稱，故常被免職而返鄉；其官於地方，則關心民生疾苦，深得百姓擁戴；當元軍鐵騎踏遍江南大地時，一介書生狀元宰相文天祥起兵勤王，九死一生，其意堅不可摧。在兵敗被俘百般勸降皆不奏效的情況下，元世祖親自許以中書宰相之職，仍為天祥所拒：

> 召入諭之曰：「汝何願？」天祥對曰：「……願賜一死足矣。」……天祥臨死刑殊從容，謂吏卒曰：「吾事畢矣。」南向拜而死。[2]

文天祥以一腔熱血實現了其「慷慨為烈士，從容為聖賢」的人生理想。近八個世紀以來，文天祥的人格氣節，他的詩文、他的精神一直鼓舞著中華民族的仁人志士面對外侮內患，英勇不屈，逆境奮起，從而使中華民族能夠一次又一次地從外來侵略、天災人禍的打擊下恢復過來，始終屹立於世界的東方。因此，分析文山精神，能幫助我們進一步去理解愛國主義，從而真正把握中華民族的精神特質，以服務於今日弘揚民族精神的偉業。

一、人生態度：「知其不可而爲之」

從文天祥一生事蹟來看，其人生態度可一言以蔽之：知其不可而爲之。一般來說，人們在做任何一件事時，常常要考慮：這件事能不能做？做得了否？以及後果是什麼？通俗一點說，即做這件事值不值？若做這件事毫無成功的希望，人們便不會去做；若做這件事的後果是得不償失，人們也不會去做，這就叫「知其不可而不爲」，人之常情也。觀文天祥的一生，他恰恰相反，是「知其不可而爲之」，明知做這些事必定做不成，明知做這些事的結果是災難性的，他卻偏偏要去做，這樣一種人生態度就是天祥異於常人之處，亦是其感人至深的地方。

在文天祥中狀元的寶祐四年（1256），其父文儀病逝在京城。送父葬並守孝原要三年，但在實際的制度上規定二十五個月即可，這樣，到了寶祐六年（1258），天祥服孝期滿，可以赴朝廷爲官了。以文天祥狀元的身分，以理宗皇帝對其試卷的高度評價，躋身朝廷既爲必然亦是當然。其時在朝丞相是丁大全，有人勸天祥去信求一職，他卻說：「仕如是其汲汲耶！」意爲自己絕不願鑽營官場。廬陵郡侯自然以天祥中狀元事爲地方驕傲，知縣劉汝勵就曾在縣學建「進士第一堂」，他們也在爲文天祥還不能官於朝而焦急，準備代他申報以「除初官」，天祥「力辭謝，得止」[3]。古代士子皓首窮經，奔競於科考，不就是盼早入朝廷爲官宦嗎？人人知其「可」而極力做之；天祥雖知「可」而獨不爲。其不阿權貴，敝屣尊榮的人格精神於此可略見一斑。

直到宋開慶元年（1259），文天祥陪弟文璧赴臨安參加進士考

試，由朝廷補授承事郎、簽書寧海軍節度判官廳公事，未及上任，蒙古兵已分三路，直指川、湘、鄂，京師為之震動，被寵倖的宦官董宋臣極力主張朝廷遷往四明（今寧波），以避元軍鋒芒。滿朝文武多覺不可，但懾於董的權勢而少有非議。文天祥以微末之地位，毅然寫下了〈己未上皇帝書〉，認為：大敵當前，朝廷必須從四個方面痛下決心：「一曰簡文法以立事」；「二曰仿方鎮以建守」；「三曰就團結以抽兵」；「四曰破格以用人」。文天祥尤為尖銳地指出：宋理宗貪圖享樂，縱容奸佞，以致釀成社稷生死存亡之禍。他還說：

> 臣愚以為今日之事急矣，不斬董宋臣以謝宗廟靈，以解中外怨，以明陛下悔悟之實，則中書之政必有所撓而不得行，賢者之車必有所忌而不敢至。都人之異議，何從而消？敵人之心膽，何從而破？將士忠義之氣，何自激昂？軍民感泣之淚，何自奮發？[4]

真乃慷慨激昂，擲地有聲。但是，天祥根本沒有想到，或者根本不在意，以他一個二十四歲的「後生」，列散官二十八階的品級，又怎能撼動董宋臣這棵「大樹」？上書自然如泥牛入海，渺無聲息。次年，文天祥被改派去簽書鎮南軍（今江西南昌）節度判官廳公事，這帶有貶黜意味的任職，使他憤然自請任閒散祠祿官（建昌軍仙都觀主管）。天祥還未正式入仕途，便打道回府隱於老家文山了。這些超出常人的行為舉止，實匪夷所思，充分顯示出文天祥「知其不可而為之」的人生態度。

宋景定三年（1262），文天祥被召為秘書省正字，後遷景獻太子府教授，升為著作佐郎。就在天祥「官運」稍有起色時，被貶官外地的董宋臣被理宗召回，任為內侍省押班，兼主管太廟，並主管

景獻太子府事,成了文天祥的上司。在天祥眼中,「君子」與「小人」形如水火,勢不兩立,於是,他又寫了〈癸亥上皇帝書〉,全書提及他曾「以宋臣屍諸市曹」事,並乞宋理宗摒退董宋臣:

> 宋臣之為人,臣實疏遠,亦安能以盡知之。惟是天下之惡名,萃諸其身,京國閭巷,無小無大,輒以董閻羅呼之……伏望陛下稍抑聖情,俯從公議,縱未忍論其平生之惡,以置其罪;亦宜收回成命,別選純謹者而改畀之。[5]

書上後,仍毫無消息。實際上,董這次被召回後就從未失寵於理宗,死時還被追封為節度使。於是,文天祥只好再辭官退歸田園,後經斡旋,才被改知瑞州。一已甚,何能再?文天祥真的是犯了主之「嬰鱗」(逆鱗)。董宋臣者,何許人也?他在宋理宗的生活圈子裡,絕對是個不可或缺的角色,因為他不但能為理宗皇帝斂財,而且能起樓台亭閣,進「倡優傀儡,以奉帝為游燕」。這就是天祥在上書中「稍抑聖情」一句的由來。文天祥可謂是明知其不「可」卻一定要「為之」,其錚錚鐵骨令人讚歎。天祥曾在給友人書中自明其志云:

> 某不量其愚,輒上書論其事,區區以為宗社有故,死亡亦在旦夕。不若犯危一言,有及於今日之難。其得禍與否,不計也。[6]

會不會導致「災禍」'?正是人們「為」還是「不為」的前提和基礎,天祥獨能「不計也」,實為高於和異於眾人之處,此不也是「知其不可而為之」嗎?

後來,天祥一受御史黃萬石以「不職」彈劾,二被人指為違反禮制不守孝道,被迫再辭官職,復返故里,悠遊山水之間。越二

年，才再授尚書左郎官。咸淳四年（1268），天祥兼學士院權直，還兼國史院檢討官，但旋即又被台臣黃鏞奏免官職。咸淳六年（1270），權臣賈似道以退為進，玩弄辭官致仕以求更大權力的把戲。恰此時，當文天祥起草挽留賈似道的詔書，他「裁之以正義」，按慣例，當先呈稿於宰相，而天祥獨不遵循，賈似道極為不滿，指別官改作，而度宗也採用了改作之辭，於是，天祥只得第四次辭官退職。賈似道不等其退，指使台臣張志立奏免其職。十年宦海生涯，讓文天祥嚐盡了世態炎涼、官場齷齪的苦頭。他在回到文山故里之後，寫給友人太博朱埴的信中說：

> 僕十年受用順境過當，天道反覆，咻者旁午。七八月以來，此血肉軀，如立於砧几之上，虀粉毒手，直立而俟之耳。僕何所得罪於人？乃知剛介正潔，固取危之道；而僕不能變者，天也。[7]

面對權臣奸相，邪惡小人，無端禍水，天祥都決計不退縮，不徬徨，「直立而俟之耳」，他曾自嘲說：「某碌碌不如人，獨有愚憨，不能改其素。」[8]「愚憨」之性正是「知其不可而為之」精神的表現，真是可歎可感，可圈可點。

德祐元年（1275），元帝忽必烈命伯顏擔任最高統帥，率大軍二十萬，水陸並進，打響了滅宋的最後一戰。文天祥時任江西提刑，接到由謝太后下的〈哀痛詔〉及另一道聖旨，命文天祥起兵勤王。天祥奉詔泣涕皆下，僅三天，他傳檄各地，招兵買馬，甚至毀家以充軍資，很快聚軍一二萬人，共赴國難。他的朋友對其行為表示疑惑，說：「今大兵三道鼓行，破郊畿，薄內地，君以烏合萬餘赴之，是何異驅群羊而搏猛虎。」文天祥回答說：

吾亦知其然也。第國家養育臣庶三百餘年，一旦有急，征天下兵，無一人一騎入關者，吾深恨於此。故不自量力，而以身殉之，庶幾天下忠臣義士將有聞風而起者。義勝者謀立，人眾者功濟，如此則社稷可保也。[9]

天下官宦多矣，而官品高於天祥者亦比比皆是，為何在南宋朝廷面臨滅頂之災時無人起兵呢？當然都是考慮到如此做的結果必為「驅群羊而搏猛虎」，所以，他們都是「知其不可而不為」者。天祥則不然，明知此「為」必敗無疑，卻義無反顧，以一介書生率軍勤王，這仍然是「知其不可而為之」的精神所至。

從宋德祐元年到元至元十九年，是文天祥幾乎每時每刻面臨死亡脅迫的七年。天祥曾在〈指南錄・後序〉中記之甚詳：

嗚呼！予之及於死者，不知其幾矣！詆大酋當死；罵逆賊當死；與貴酋處二十日，爭曲直，屢當死；去京口，挾匕首，發備不測，幾自剄死；經北艦十餘里，為巡船所物色，幾從魚腹死；真州逐之城門外，幾徬徨死；如揚州，過瓜洲揚子橋，竟使遇哨，無不死；揚州城下，進退不由，殆例送死；坐桂公塘土圍中，騎數千過其門，幾落賊手死；賈家莊，幾為巡徼所陵迫死；夜趨高郵，迷失道，幾陷死；質明，避哨竹林中，邏者數十騎，幾無所逃死；至高郵，制府檄下，幾以捕繫死；行城子河，出入亂屍中，舟與哨相後先，幾邂逅死；至海陵，如高沙，常恐無辜死；道海安、如皋，凡三百里，北涉鯨波，出無可奈何，而死固付之度外矣。嗚呼！死生，晝夜事也。死而死矣，而境界危惡，層見錯出，非人世所堪，痛定思痛，痛何如哉！[10]

三次「當死」不死，又繼之以自剄死、徬徨死、「無不死」、「送死」、「落賊手死」、「迫死」、「陷死」、「無所逃死」、「捕繫死」、「邂逅死」、「無辜死」等等，身臨死境其自稱達十八次之多，真是「痛何如哉」。可天祥卻得以不死，這是其生命旅程中的奇蹟；但是，應該看到，若天祥在派往蒙軍大營議和時便接受勸降，早已享榮華富貴了，怎會經此九死一生？也許在生活中，人們可以為某種動機放棄一些可能帶來利益的行為，但是，「生」還是「死」則是人生中最為根本、最為嚴峻的問題。文天祥人生態度最為感動人心的恐怕並不是其中狀元，名耀神州；亦非其在朝與地方為官吏時的驕人政績；甚至也不在其奮起抗元，轉戰萬里；而是他視死如歸、知「死」之可避而不避，知「生」之可求而不求的精神。

　　觀文天祥的一生，除在科考上的輝煌之外，就陷入了政壇上與奸佞小人、權臣宦官的苦苦抗爭，在三十七歲前，先後罷官貶職達六次之多；其後天祥奮起抗元，除在江西戰場上小有勝利外，可以說是屢戰屢敗，最後被執，曾被迫親見南宋小朝廷的覆滅，這對忠臣義士的天祥來說，何啻萬箭鑽心，痛不欲生？真可謂是求生不能，求死又不得。最後他身首異處，慘遭殺害。人生坎坷艱難困頓兇險，莫如天祥一生之為甚。那麼，為何他在如此局促窮途短暫的人生過程中，還能以「知其不可而為之」的精神為底氣，昂揚向上，奮發有為，鞠躬盡瘁，死而後已呢？明大儒亦是狀元的羅洪先在仔細研讀文天祥事蹟之後感嘆道：

> 人之遭蹉跌者，往往回顧而改步，三已不慍，古人難之。今罷而仕，仕而復罷，經歷摧創，至於六七，志愈堅氣愈烈，曾一不以自悔，此其中必有為之所者矣。[11]

天祥與常人完全不同的是，他遭百般蹉跌卻從不改悔易轍，此究竟源於何？而支撐文天祥如此行爲的「爲之所者」又是什麼？簡言之，是儒家先聖先賢「知其不可而爲之」的精神資源，是文天祥關於「命」、關於「道」（「理」）的思想和學說。

二、生死追求：「命」與「理」（「道」）的合一

　　「知其不可而爲之」本就是儒家創始者孔夫子的主要精神。《論語》中記載：「子路宿於石門。晨門曰：『奚自？』子路曰：『自孔氏。』曰：『是知其不可而爲之者與？』」[12]蓋春秋末期，各諸侯逐鹿中原，攻伐無度，斯文掃地，誠所謂「禮崩樂壞」，而孔子卻汲汲於復周禮倡仁義道德的事業。朱熹在注釋中認爲，「晨門」是「賢人隱於抱關者也」[13]，他以「天下」無可救藥，是「不可爲」的；但他並不理解，孔夫子正是「知其不可爲」而偏要爲之者。其何以能如此？其何以一定要這樣？這與孔子的道德天命觀有緊密的關係。

　　孔子一生皆繫於恢復周禮、提倡仁義。「周禮」主要爲政治和社會的準則；「仁義」主要爲人倫道德的準則。既然是「準則」，必對政治、社會和個人行爲形成某種約束。這在縱橫捭闔於天下者和沈溺於聲色犬馬者看來，皆爲無形的桎梏，必欲破之而後快；但在孔子及儒生們看來，這些皆是「天」之「命」人所遵之「道」，必欲樹之而後快。可是，孔夫子所處的時代，正是天下大亂之際，其所推行的東西顯得迂遠而疏闊，不近事理也不近人情，因此，「賢者」會嘆爲「不可爲」。但是，雖然孔子棲棲遑遑，「席不暇暖」，「干七十二君無所遇」，其意其行卻反而更加堅定，個中關鍵

就在孔子溝通了外在的「命」與內在的「道」。

「命」者，一般皆理解爲「命運」，一種冥冥中不可抗拒的必然性。所以，孟子云：「莫之爲而爲者，天也；莫之致而至者，命也。」[14]孔子是一個「命定論」者應該是無疑的。其曾云：「死生有命，富貴在天。」[15]人生命之死或生、人生活之富貴與貧賤，在孔子看來皆是被一種無可抗拒的「命」確定的。這種觀念不唯孔子有，芸芸眾生何不如此？但孔子之爲孔子，就在於他在「命」或「天命」中加入了「道」的內容，既使「天命」有了可知可感的主體性，又使人間之「道」具備了「天命」之必然性的堅殼。他說：「道之將行也與，命也；道之將廢也與，命也。公伯寮其如命何！」[16]類似的話孔子還講過：「子曰：天生德於予，恆魋其如予何？」[17]「道」的內容爲禮樂仁義，這是人間社會的當然之則；但在孔子眼中，此當然之則又完全是必然之則——「天命」——題中應有之義，故曰「天生德於予」；所以，倡「道」、行「道」、衛「道」皆是「天命」在我，則何爲不「爲」？則何能不「爲」？特別重要的是，由此必然性的體認，派生出一種行爲中的神聖感，使孔夫子覺得任何人皆不能害己，因爲「天命」是不可違拗的；這又進一步強化了其行爲的堅定性，直至於「知其不可而爲之」。

可見，在孔子處，必然如此的「天命觀」成爲培育德性、推進人倫道德、重整社會秩序的最好基礎和動力。所以，孟子說：「孔子進之以禮，退之以義，得之不得，命也。」[18]道德之天命「在我」的信念，使孔子只專注於仁義禮樂的推展，而毫不在意具體之效果和結局究竟怎樣，因爲「行」不行在乎個人的信念，而「行」之果卻是「命」之定。由這樣一條道路，儒家學者終於獲得了「知其不可而爲之」的精神源泉。正因爲此必然之「天命」與當然之理則的「道」相通，所以，孔子說：「不知命，無以爲君子也……」[19]孟

子亦云：

> 盡其心者，知其性也。知其性，則知天矣。存其心，養其性，
> 所以事天也。夭壽不貳，修身以俟之，所以立命也。
> 莫非命也，順受其正，是故知命者，不立乎巖牆之下。盡道而
> 死者，正命也；桎梏死者，非正命也。[20]

「命」本為莫之為莫之致的自然之必然性，但儒學大師將其摻入了
人倫道德的當然準則，所以，人們可以從盡己之「心」知己之
「性」，又從知己之「性」而知「天」。心、性、天在本質上的為
一，消除了「命」的外在性和冷酷的必然性。以如此信念貫之以人
生的踐履當中，人們的生命是「夭」（短）還是「壽」（長），是富
貴還是貧賤，都不是自我所要和所能關心的，因為這些都是由自然
之必然性而定，非人力所能損益；由此，人們就應該轉而專注於人
倫道德的修養與實踐，靜待「命」所決定之「生死」的降臨。冥冥
中的「天命」於是成為可為人所知者。在孟子看來，人們固然要
「順命」，但更應該「知命」而免於危險，或不畏艱險，是謂「正
命」，亦曰「致命」。因此，孔子云：「朝聞道，夕死可矣。」[21]，
總之，「命」與「道」的合一，是孔孟構建「知其不可而為之」的
儒者精神的關鍵性基礎。

　　文天祥一生習儒術，並以做一名「真儒」、「醇儒」為人生理
想，且其一生坎坷、生死不定，所以，他對孔孟關於「命」的學說
是相當熟悉且運用自如的。他認為，「命」可析為二：一是自然之
命：「命者，令也。天下之事，至於不得不然，若天實使我為之，
此之謂令，而自然之命也。」比如，自古以來的忠臣義士，他們建
功立業於當世，往往並非是其有意為之；而不幸生於國家的大災大
患之時，則義無反顧，挺身而出，這亦非「人之所欲為也」，二種

情況皆是「天實驅之」。但是，另一方面，自然的「命」並非完全是盲目的必然性，而是實有其「理」在內，這是「命」的第二義——「天理」。所以，「聖賢所謂知命、俟命、致命，皆指天理之當然者而言。」[22] 可見，文天祥已把自然之必然性的「命」與當然之必然性的「理」合爲一體，言爲「天理」，又可云「天命」。在其一生當中，無數的艱難險阻、數不清的生死關頭，文天祥一方面以自然之必然性的「命」來獲得遭遇厄運時的安心；另一方面，又用「天命」的當然之則來激勵自己奮發努力的人生作爲，由此，他釀就了「知其不可而爲之」的人生態度。

所以，文天祥雖然常與相士們交往，也會去算命，還記錄下許多靈異之夢，但對民間的相命術基本還是持反對態度的。他寫道：

> 彭叔英以秀才精躔度，推予命，謂剛星居多，意若他日可為國家當一面者……抑叔英所以許予，謂主命得火，行限得金字羅計，故至於有殺伐等語。雖然，此一論項籍、關羽、敖曹、擒虎之流則可，而世固有不必如此而為名將帥矣，非叔英之所知也。予獨以為陰陽大化，絪緼磅礴，人得之以生。其為性不出乎剛柔，而變化氣質，則在學力。如叔英之說，某星主剛，某星和柔；得剛者必不能柔，得柔者必不能剛。則是學力全無所施，而一切聽於天命，聖賢論性等書，俱可廢已。予性或謂稍剛，殆柳子所謂奇偏者。凜焉朝夕，惟克治矯揉，懼陷於惡，敢以命為一定不易之歸乎？[23]

儒者在「命」的問題上與一般人的重大區別不在承不承認「命」的存在，而在是否給這種自然之必然性的「命」滲進人間之「理」。所以，世上人常因「算命」而流於宿命——放棄一切人爲之爲，在命運面前逆來順受；而在溝通了「命」與「理」（「道」）的文天祥

和儒者們那裡，則必盡「人事」才「俟天命」。「人事」即是人倫道德的修養與踐履，是儒者們孜孜不倦爲之的忠孝仁義之事。這樣，既信「命」又能夠在人世間積極有爲，甚至還「知其不可而爲之」。文天祥寫道：「……人生如空花，隨風任飄浮。哲人貴知命，樂天復何求。」[24] 人之一生似乎在冥冥中命運的支配下，沈浮不定，一般的人只好無所作爲，唯「命」是從；而哲人卻能夠從「知命」而達到「樂天」的積極有爲的人生存在境界。

可見，儒家的基本觀念是：在人「生」當中，是富貴顯達還是貧賤困窮等等狀況皆由冥冥中的「命」所定，是人不可求不可避之事；但是，人倫道德的修養與踐履則源諸「理」，是我之可爲之事，也是必爲之事。

從根本上而言，自從儒家創始人孔孟溝通了「命」與「天理」（人倫道德）之後，自然的必然性便移易爲當然的必然性，人間當爲之事也就成爲了必爲之事。人們將生死壽夭委之於不可損益之「命」，而把道德的修養與踐履歸之於可爲可做之「理」。「理」與「命」合一成「天理」，此成爲儒者們超出常人之「殺身成仁」、「捨生取義」行爲的觀念基礎。文天祥常說爲國盡忠而死是所謂「義死」，他追求的是「以身殉道」，「於義當死，乃是命也」，「身爲大臣義當死」，其意正是：「死」雖爲「命」所定，卻當貫之以「義」，使必然之死成爲當然之亡。既然如此，面對「死」，人又何懼之有？既然如此，人又何不勇於棄生就死？這就是儒者們高於常人的「知其不可而爲之」的根本所在，而文天祥也成爲了儒家這種人格精神的最好實踐者之一。

不過，爲何常人只能體認到「命」而淪爲宿命？而儒者們，尤其是文天祥卻能由「命」而「理」並走向「知其不可而爲之」呢？其中的關鍵在是否能從對「天命」的理解進一步深入到對「理」

（「道」）的探究和認識，這是文天祥人生精神中最最重要的組成部分。

三、人格意志：「法天不息」

文天祥的老師是歐陽守道，《宋元學案》列其爲朱熹再傳，所以，天祥應爲朱子的三傳。[25] 宋理宗又是一個相當推崇程朱理學的皇帝，所以，在文天祥一舉獲狀元的〈御試策〉中，貫徹始終的正是程朱理學的基本思想。

在文天祥看來，空間無限之「宇」，時間無窮之「宙」，其間萬事萬物無時不變無處不化，但歸根到底「何莫非道」？而

> 所謂道者，一不息而已矣。道之隱於渾淪，藏於未雕未琢之天，當是時，無極太極之體也。自太極而分陰陽，則陰陽不息，道亦不息；陰陽散而五行，則五行不息，道亦不息；自五行又散而為人心之仁、義、禮、智、剛、柔、善、惡，則乾道成男，坤道成女，穹壤間生生化化之不息，而亦與之相為不息。然則道一不息，天地亦一不息，天地之不息，固道之不息者為之。[26]

「不息」者，運行不止也。在文天祥看來，「道」之根本性質是運行不息，所謂太極無極，其「體」即是運行不息之「道」，所以才能分陰分陽；其後散爲五行、男女，以及社會人倫道德等等，其中皆受「不息之道」所主宰。因此，當「聖人出」，想要「爲天地立心，爲生民立命，爲往聖繼絕學，爲萬世開太平」時，關鍵是要以「不息之道」充己之心，並貫之以天下。文天祥說：

充之而修身治人，此一不息也；充之而致知，以至齊家、治國、平天下，此一不息也；充之而自精神心術，以至於禮樂刑政，亦此一不息也。[27]

實際上，文天祥所論的「道」，就是朱熹講的「理」：

未有天地之先，畢竟也只是理。有此理便有此天地，若無此理，便亦無天地，無人無物，都無該載了！[28]

又說：

宇宙之間，一理而已。天得之而為天，地得之而為地。而凡生天地之間者，又各得之以為性。其張之為三綱，其紀之為五常，蓋皆此理之流行，無所適而不在。[29]

可見，文天祥的「道」和朱子的「理」是同一個概念，其在萬物之先就存在著，而又貫之於萬物之中。從動的方面來看，是「一不息」；從凝固於人心而言，則是「三綱」、「五常」，即忠孝仁義禮智等。文山所論與朱熹理學應該是一脈相承的。

天地自然、社會政治，在文天祥看來，皆以「不息之道」為本根，故皆應貫之以「不息」之精神去治理。那麼，人之本根又為何呢？文天祥寫道：

人者，天地之德，陰陽之交，鬼神之會，五行之秀也。人以其血肉之軀，而合乎太虛之生氣，夫然後絪縕化育，人之質已成，而健順五常之理，附而行焉。其聚也翕然，其散也霍然。天地之化，盈虛消息，往過來續，流行古今，如此而已。輪迴之說，佛者有之，苟自孔氏，不當以為信然。[30]

以「人」爲天地精華所生，是儒家一貫的觀念，這說明了人源於自然，亦必回歸自然；又說明了，人雖出於天地間，是自然之「子」，但人卻是稟受了天地的精華，可以成爲天地之「心」，以贊天地之化育，直至「與天地參」。在文天祥看來，釋氏以人生命輪迴於「六道」，生死死生，永無止息，這種觀念是不對的。儒家堅持人之肉體將永遠回歸大地，追求的是一種精神生命的永恆不朽。

文天祥又說：

> 且夫人有此身，即有此理。《詩》曰：「有物有則。」《孟子》曰：「形色，天性也。」聖賢之學，主乎踐形，而不願乎其外。[31]

人生之本根，是人一出生就具備的「理」，亦即忠孝仁義禮智等人倫道德。修此，即是人之「天性」；踐履此，即是發顯此「天性」。所以，人生在世，不是去追逐富貴榮華聲色貨利，而應該也必須去「踐形」，孜孜不倦地從事道德的修養與實踐，如此，方爲人性之充實，人道之完成。

但是，天道茫茫，以何而顯？人道無形，以何爲著？文天祥進而指出：

> 臣聞聖人之作經也，本以該天下無窮之理，而常足以擬天下無窮之變。天地無倪，陰陽無始，人情無極，世故無涯。千萬世在後，聖人亦安能預窺逆觀，事事而計之，物物而察之。然後世興衰治亂之故，往往皆六經之所已有。[32]

也就是說，在儒家的六經當中，「道」已具載，人們學儒家經典，即可知「道」，再貫之以實踐活動之中，這樣，天道人道皆畢矣。在文天祥眼中，儒家經典中最重要的莫過於《易》和《中庸》：

大《易》之道，至於「乾道變化，各正性命，保合太合」。而
聖人之論法天，乃歸之自強不息；《中庸》之道，至於「溥博
淵泉」、「上天之載，無聲無臭」。而聖人之論配天地，乃歸之
「不息則久」。豈非乾之所以剛健中正、純粹精也者，一不息之
道耳；是以法天者，亦以一不息。《中庸》之所以高明博厚、
悠久無疆者，一不息之道耳；是以配天地者，亦以一不息。以
不息之心，行不息之道，聖人即不息之天地也。[33]

如此則讀聖賢之書，當明瞭「道」之所在。文天祥在他臨刑前，曾
寫下了「讀聖賢書，所學何事？」他用其生命作了一種解答：為的
是成仁取義。所以，在文天祥那裡，一個人為忠為孝，正是人道中
本有之義，每個人皆應不勉而行不思而為：

為臣忠，為子孝，出於夫人之內心，有不待學而知，勉而行
者。古之人，都俞籲拂，定省溫清，行乎忠孝之實，而不必以
名知於人，此人道之自然也。[34]

一個人，不是為外在的聲名去「忠」去「孝」，而體認到忠孝是天
道所必然，乃是本己份內事，那麼，在文天祥看來，才是真正之
「忠孝」。他自己是這樣想的，亦是如此去做的。

所以，在文天祥的思想中，孟子的「人皆可以為堯舜」的觀念
影響很大，他認為：「聖賢豈別一等，夫人為之。苟有六尺之軀，
皆道之體，不可以其不可能，而遂自暴自棄也。」[35]「道」貫宇宙
萬物，自然亦在人體之內；既如此，人們豈不能為聖賢？許多人自
托於不能，故而無所作為，甚至胡作非為。天祥認為人六尺之軀皆
「道」之體，當然覺得人們這樣做是「非不能也，是不為也」。人們
要做聖賢，關鍵就在自強不息：

> 《乾》稱進德者三，而《象》曰：「天行健，君子以自強不
> 息。」聖人復申之曰：終日乾乾，行事也。君子之所以進者，
> 無他，法天行而已矣。進者，行之驗；行者，進之事……《書》
> 曰，「行之惟艱」；《語》曰，「行有餘力」；《中庸》曰，
> 「利行」，曰，「勉行」，曰，「力行」。皆行也，皆所以為進
> 也。

「君子」自強不息的表現即在每日每時之「行」。在文天祥看來，道
之「不息」化為人生準則，就在於人生中踐履不息，完成自己作為
人在世上的責任和義務。為此，人們必須時時處處進行人倫道德的
修養。在此，文天祥特別指出了「敬」與「誠」的重要性：

> 夫川之水，道之體也；山之泉，性之象也。是故善盡道者，以
> 敬而操存之，則猶之川而不息焉；善盡性者，以敬而涵育之，
> 則猶之泉而不雜焉。[36]

「敬」是謹慎，「誠」是不妄。人們在生活中，無時無刻不以道德
的準則謹慎地處事，無時無刻都能夠真心誠意地待人，「不欺詐，
無矯偽」，那麼，道德上的修養便達到了一種較高的境界。文天祥
的意思是說，一個人明白「天道」與「人道」合一，也知曉其內容
是忠孝仁義，顯然還是遠遠不夠的。人們必須以這種認識為基礎，
孜孜不倦地進行道德的修養，直至把一己之身的「理」（「道」）發
顯出來，成為生活中的自覺行為，方為「人道」的完成。從這種意
義上而言，天祥之死，亦即其一生追求的「人道」之畢。

　　為了完成「人道」，在文天祥艱難的人生旅途中，在他「求死」
之路上，還發生過一些耐人尋味的插曲，試舉三例明之。

　　宋德祐二年（1276）正月二十日，除右丞相兼樞密使而不拜卻

去凶險無比的元軍大營談判的文天祥被無理扣押，次日，南宋太皇太后派賈餘慶等赴北營奉表獻土，南宋國亡。忠臣爲國而盡忠，「職當死」，文天祥所以不死者，如他所說：

> 我前早除宰相不拜，奉使伯顏軍前，尋被拘執。已而有賊獻國，國亡，我本當死，所以不死者，以度宗皇帝二子在浙東，老母在廣，故為去之之圖耳。[37]

文天祥在國亡之際，爲圖東山再起和盡母孝而知「命」不「亡」。宋景炎三年（1278），文天祥兵敗五坡嶺，將軍死於戰場是「理」之所定，所以，他「服腦子」以求一死，卻奇蹟般的沒有死去，此爲「命」該如此。後他被元軍執往崖山，親眼目睹南宋最後的覆滅，於「義」當死，但元軍守衛甚嚴，無法蹈海盡忠。

元至元十六年（1279），元軍押送文天祥一行七人北上，由廣東過梅嶺至江西的南安軍時，文天祥決定絕食，希望在七八天後到廬陵故鄉時能正好死去，他追求的不僅是一種爲國「盡節」，而且想得到「善終」，即歸葬故土。其做詩云：

> 梅花南北路，風雨濕征衣。出嶺誰同出，歸鄉如不歸。山河千古在，城郭一時非。餓死真吾志，夢中行采薇。[38]

文天祥還精心地作了安排，作告祖禰文和別諸友詩，派隨從孫禮先去廬陵等候，約定六月二日在吉城覆命，「公將以心事白諸幽明，即瞑目長往」[39]。文天祥曾長期爲官江西，且在當地組織抗元，甚得民心。元軍因此提高了警惕，過了梅關，就改乘船由水路進發。文天祥原以爲六月二日到吉州，卻提前了一天到達，而先前派出的孫禮也不見蹤影。絕食中的文天祥並沒有死去，悲憤中揮筆寫道：

英雄扼腕怒鬚赤，貫日血忠死窮北。首陽風流落南國，正氣未
亡人未息。青原萬丈光赫赫，大江東去日夜白。[40]

到了此時，文天祥不僅是不懼於死，相反他是求死不得，此怒此恨
是何等之強烈！一直到六月四日至豐城，天祥「不食已八日，若無
事然」，而他卻發現元軍根本沒有讓孫禮上岸。他盡節家鄉的願望
至此完全破滅，元軍又準備動粗強迫他進食，無奈之下，他放棄了
絕食，並寫道：

> 余雖不食，未見其殆。眾以飲食交相逼迫，予念既過鄉州，已
> 失初望。委命荒濱，立節不白，且聞暫止金陵郡，出坎之會，
> 或者有隙自天，未可知也，遂復飲食，勉徇眾情。初，眾議以
> 予漸殆，欲行無禮，掩鼻以灌粥酪，至是遂止。乃知夷、齊之
> 心事，由其獨處荒山，故行其志耳。[41]

在文天祥看來，死在荒野，雖「立節」但「不白」，且他還盼望能
有脫逃的可能，又不能忍受元軍的動粗灌食，終於放棄了絕食而不
死。至此，他還明白了一個道理：伯夷、叔齊之能「義不食周
粟」，餓死首陽山，是因為他們在荒無人煙的野外。而一個被執的
忠臣要盡節而死，還真是不容易。

第三是令古人也使許多現代人困惑的事情，就是文天祥對其弟
投降元軍表示理解。文璧與天祥前後中進士，和哥哥官場局促坎坷
不同，他在仕途上一帆風順，在元軍大舉進攻時，他正知惠州，也
曾積極備戰。但在銳不可當的元軍鋒芒前，尤其是在南宋小朝廷已
無回天之力的形勢下，文璧終於獻城以降。元帝忽必烈聽說天祥之
弟歸降，異常高興地說：他是「孝順我底」，並任其為少中大夫，
惠州路總管兼府尹，後還屢有升遷。以一般道理推之，天祥必定會

對文璧的降元怒髮衝冠，要割袍以斷手足之情。可是，天祥對此卻表現出完全的理解。個中原因何在呢？因為，天祥最重的與「天道」相通的「人道」有二個方面：一為忠，二為孝。古來忠孝難以兩全，不過，天祥卻找到了一個兩全的選擇。他覺得，自己一死以為國盡「忠」；其弟文璧卻應該留下來為家以全「孝」。當時，天祥之母客死崖山，「權殯於河源縣義合鄉古氏之里」，等待歸故鄉安葬；而自己全家死的死，散的散，面臨斷香火的危險，這是不孝之大者。所以，天祥撰〈哭母大祥〉一詩云：

> ……古來全忠不全孝，世事至此淚滂沱。夫人開國分齊魏，生榮死哀送天地。悠悠國破與家亡，平生無憾惟此事。二郎已作門戶謀，江南葬母麥滿舟。不知何日歸兄骨，狐死猶應正首丘。[42]

「作門戶謀」是指文璧降元以承文家的宗祀，而他自己則即便死後也要「正首丘」，保持南宋大臣的節操。「國破」固然使天祥痛心疾首，而「家亡」亦是其最為揪心之事。文璧降元，全家得以保全，因此而可以讓其子過繼給天祥，以承香火。天祥自然會對文璧降元表示出理解：

> 吾以備位將相，義不得不殉國；汝生父與汝叔姑，全身以全宗祀。惟忠惟孝，各行其志矣……吾得汝為嗣，不為無後矣。[43]

這是文天祥在獄中寫給文璧過繼給他的兒子的信，表達出自己為「忠」而殉國，文璧等全身以致「孝」，各行其義，無可厚非。天祥之意，是要他這個過繼的兒子理解生父的苦心孤詣。因此，如果不是教條地單向地去看待文天祥的忠義，並且聯繫到儒家孝道的觀念，我們就應該理解天祥對文璧降元的態度，因為，這二者皆是

「天道」與「人道」中本有之義，而天祥是努力地去完成之的。當然，天祥自己是死得轟轟烈烈、大義凜然的。

四、對文天祥生死智慧之沈思

文天祥「知其不可而爲之」的人生態度、「命」與「理」合一的生死追求，以及「法天不息」的人格意志熔鑄成其人生精神，主要表現爲以下三個方面，他們恰好構成了中華民族精神特質的重要組成方面：

(一)「天下爲己任」的精神

文天祥可以說是儒家文化模塑出的一個典型人物。他自小讀的是聖賢書，早就孕育出「天下爲己任」的人生精神，並因此走上了儒家「學而優則仕」的道路，透過科舉而中狀元，而位及宰相。他既是儒家的忠實信徒，也是儒家理想人格的具體化和現實化。後來，他以一介書生舉義旗，試圖挽救南宋王朝崩潰的命運，他一生均實踐的正是《大學》中的古訓，從「修身」到「齊家」、到「治國」，再到「平天下」。儘管其治國平天下的宏大抱負終歸失敗，但文天祥卻以其人格的高尚、道德的純潔，和對理想的執著而獲得衆口皆碑，其事蹟世代流傳，成爲一代民族英雄的代表。

從文天祥個人的人生履歷來看，其「天下爲己任」精神的培育，得益於青年時代的鄉邦人物的楷模和儒家經典的教育。《宋史·文天祥傳》記載，有一次，文天祥去盧陵學宮參觀，「見學宮所祠鄉先生歐陽修、楊邦乂、胡銓像，皆謚『忠』，即欣然慕之。曰：『沒不俎豆其間，非夫也。』」[44]歐陽修，有宋一代文宗，長

期擔任要職，高風亮節，剛介正直，故逝後諡「文忠」。楊邦乂，建炎三年（1129）在戰鬥中被金人俘虜，多次勸降皆被其堅拒，他在衣服上寫道：「寧作趙氏鬼，不爲他邦臣」。金人答應他若能降，定官復原職，他用頭觸柱，鮮血迸流，高呼：「世豈有不畏死而可以利者？速殺我。」終被害，諡「忠襄」。胡銓在紹興八年（1138）時，上書請斬一味求和的權勢浩大的秦檜、孫近、王倫，以示抗金之意。其書擲地有聲，震驚全國，一時人們爭相傳抄，洛陽紙貴。但胡銓卻被秦檜之流削職押解出京，逝後被諡「忠簡」。三人所仕時間不同，所做之事各異，其氣節忠義卻爲一，且都是古之廬陵的鄉賢，這大大激發出文天祥愛國忠君、「天下爲己任」的豪氣，並一直影響其終身。所以，鄉土文化、鄉賢榜樣在培育個人的人格氣節上具有不可替代的巨大作用。

若從思想淵源來看，儒家「天下爲己任」的觀念源遠流長，是其理論的核心之一。從孔子「知其不可而爲之」、「干七十二君而無所遇」的堅韌不拔，到孟子的「憂以天下，樂以天下」之名言；從范仲淹「先天下之憂而憂，後天下之樂而樂」的詩句，到顧炎武「天下興亡，匹夫有責」的豪言壯語；特別是東林志士所撰對聯「風聲雨聲讀書聲，聲聲入耳；家事國事天下事，事事關心」等等，無不貫穿著「修身齊家治國平天下」的思想意識，無不散發著強烈的「天下爲己任」的人生精神。文天祥的一生正是這種精神的真實寫照，他最終兵敗被俘，在長期囚禁之後英勇就義，以其人生實踐成爲「天下爲己任」精神的終極體現。

「天下爲己任」的人生精神之實質在於個人必須躍出個人所獲所失、所生所死的限圍，站在民族興衰和國家興亡的高度來看問題，來規範自己的一言一行一思一念；其次，「天下爲己任」的人生精神還要求人們具備一種對家庭、家族和全體民眾深切的終極關

懷，對生靈塗炭、百姓禍殃有一種切膚之痛，並由此生發出巨大的人生動力，為民眾的幸福、社會的發展而奮鬥，即便肝腦塗地亦在所不惜。這些恰恰又是儒家思想的核心觀念「仁愛」的根本要求。

細觀文天祥的一生，無不感受到強烈的「天下為己任」的人生精神，正是它促使文天祥拋開一切私利，摒棄所有個人的考慮，為他人、為民族、為國家貢獻自己全部的力量，直至最可寶貴的生命。

但是，在古代中國，所謂「天下」常常是與政權最高統治者合一的，以「天下為己任」的儒生，是「忠」於特定的君王呢？還是真正以社稷蒼生為重？這在戰亂時期經常成為擺在儒生們面前的兩難選擇。在文天祥被押解到大都並受到元丞相博羅訊問時，就出現了這一問題。博羅早已知道，文天祥是一個忠貞義士，要想勸其降，非先屈其志不可；為此，則必擊破其忠義之心，所以，他問道：宋德祐皇帝難道不是你的君主嗎？文天祥答：自然是。博羅馬上逼問：那你拋棄德祐皇帝別立新君，難道是忠嗎？文天祥坦然地說：

> 德祐吾君也，不幸而失國，當此之時，社稷為重君為輕。吾別立君，為宗廟社稷計，所以為忠臣也。從懷、湣而北者非忠，從元帝為忠；從徽、欽而北者非忠，從高宗為忠。[45]

在此，文天祥把忠於社稷列為頭等大事，如果一個君主投降敵國，臣子們還繼續跟隨，那不是忠；此時，臣子們應該擁立別君，以圖東山再起。顯然，文天祥是以孟子的「民為貴，社稷次之，君為輕」的觀念為自己的行為作說明的。在中國古代，作為統治者當然刻意於將「天下」、「國家」與「朕」合為一體；但在儒家學說中，比之具體的朝代君主而言，更為重要的是以國土承載的民眾、文化、

禮儀制度等等。文天祥認爲，這後者才是「忠」的更重要的對象，因爲君主是可以「變置」的，民族、國家、文化才是最爲根本不可移易的。也就是說，中國，不是特定君主的中國，而是文化中國。嚴格來說，傳統儒家學說，並沒有現代意義上地緣政治國家的概念，也沒有血緣種族的觀念，儒者們最重視的是華夏文化，即禮儀制度等，認爲這才是區分不同國家不同民族的關鍵。文天祥從這樣一種儒家的觀念中，獲得了對自己行爲的合理解釋，並因此而能夠突破「忠君」的狹隘樊籬達到爲天下國家蒼生之安定和幸福奮鬥不已的境界。

「天下爲己任」的精神應該是中華民族精神中的重要組成部分，亦是中華民族精神中具有鮮明特色的部分，值得我們今日大力地弘揚。但是，駐足於今日的發展態勢來看中國傳統的「天下爲己任」的精神，我們可能會不無感嘆：市場經濟的核心是個人至上，又如何能讓人們從埋首於自我的經濟利益之外和之上，來抬頭看世界、心中有祖國呢？而且，現代經濟的發展將會逐步地沖絕一切地域的國家的種族的壁壘，所謂全球化過程不正是如此嗎？許多人會因此而具備宇宙視野和全球意識，這似乎是一種歷史發展的潮流；但我們卻不能不看到，現代人這樣一種由存在方式而形成的全球化意識與傳統意義上的國家、祖國、民族性等等一定會發生緊張，從而對弘揚獨特的民族精神形成障礙。這些都是我們今日在研究與弘揚民族精神的過程中特別要加以認眞對待的問題。

(二)「大丈夫」精神

此處所謂「大丈夫」絕非指俗世欺壓婦女的大男子主義，更非言魯莽的匹夫之勇，而是指一種偉岸的人格，一種英勇不屈、無所畏懼的氣節。現今人們一般都以「富貴不能淫，貧賤不能移，威武

不能屈」來指稱文天祥，但恰恰忘記了孟子這段話的下一句「此之謂大丈夫」[46]。文天祥之能在朝廷痛斥權勢薰天的奸佞而毫不畏懼；之能面對虎狼般的元軍變賣家產、聚眾萬餘，毅然奔赴抗元戰場；之能不畏艱險和生命安危，入元軍大營，面對死亡的脅迫，高聲喊出：「吾南朝狀元宰相，但欠一死報國，刀鋸鼎鑊，非所懼也」，就是因為他具有「大丈夫」的精神。即便元軍將領，亦對大義凜然的文天祥「相顧失色，稱為丈夫。」[47]文天祥的確不愧是一個真丈夫，一個偉丈夫，一個大丈夫。因此，了解文天祥，把握文山精神，並進而探討中華民族精神的特質，就必須首先弄清何為「大丈夫」？什麼是「大丈夫」精神？

「大丈夫」一詞最早出自《道德經》，老子云：

> 夫禮者，忠信之薄而亂之首。前識者，道之華而愚之始。是以，大丈夫處其厚，不居其薄；處其實，不居其華。故去彼取此。[48]

此處的「大丈夫」指具有大智慧者，他不妄加區分萬事萬物，也不主觀地去評判萬事萬物，保持主體與客體的完全融會貫通，故而不需要社會的禮儀道德、個人的小智小慧。可見，這種意義的「大丈夫」並不是文天祥所刻意仿效和獲取的人格與氣節。文天祥真正服膺的「大丈夫」精神是孟子書中闡述的「居天下之廣居，立天下之正位，行天下之大道。得志與民由之，不得志獨行其道。富貴不能淫，貧賤不能移，威武不能屈，此之謂大丈夫。」《文子·精誠篇》亦云：「夫所謂大丈夫者，內強而外明。內強如天地，外明如日月。天地無不載霜，日月無不照明。」這種意義的「大丈夫」，指人們因內有充實之德性，外自覺地遵循道德規範和社會準則，故而能夠在得志時，充分煥發個人的心智體能，為天下民眾謀得幸福；

在不得志時，也能堅持原則不動搖，做到富貴不能亂己之心，貧賤不能變己之志，威武不能屈己之節。這不正是文天祥一生的真實寫照嗎？

文天祥自小憂國憂民，入仕之後，無論是在朝廷還是就任地方官，都對百姓的疾苦、國家的安危有一種深切的關懷；而在抗元失敗被俘之後，對高官厚祿的引誘毫不動心，在惡劣的生存環境中泰然處之，更對死亡的威脅無所畏懼，真正表現出一個大丈夫的人格和氣節的偉大。

現在的問題是，文天祥透過什麼樣的方法成為「大丈夫」的？「大丈夫」作為一種崇高的人格和精神究竟是什麼？這不僅是理解文天祥精神的關鍵，更是理解中華民族愛國主義特質的關鍵所在。

元至元十六年（1279）十月一日，文天祥一行被押至大都，後被囚禁在兵馬司的土牢中，受到所謂「水氣、土氣、日氣、火氣、人氣、穢氣」的侵擾，肉體上的折磨使他在生死邊緣上掙扎，但他毫不氣餒，自稱以一種「正氣」而戰勝了各種惡氣：「彼氣有七，吾氣有一，以一亂七，吾何患焉。」此「氣」是何，有如此功效？文天祥云：

> 天地有正氣，雜然賦流形；下則為河嶽，上則為日星；於人曰浩然，沛乎塞蒼冥。皇路當清夷，含和吐明庭。時窮節乃見，一一垂丹青……。是氣所磅礴，凜然萬古存；當其貫日月，生死安足論！地維賴以立，天柱賴以尊。三綱實繫命，道義為之根。……[49]

元至元十九年（1282）十二月初八，元帝忽必烈親自召見天祥，許以高官，希望文天祥仕元。天祥說：「一死之外，無可為者」，他早已下了必死之念。次日，天祥從容走向刑場，慷慨就義。死後人

們在其衣帶間發現絕筆自贊，其云：

> 孔曰成仁，孟云取義，惟其義盡，所以仁至。讀聖賢書，所學何事？而今而後，庶幾無愧！宋丞相文天祥絕筆。[50]

「生死安足論」的文天祥，在完成「天道」與「人道」的過程中，做了人生終極性的「知其不可而爲之」的事。

可見，這種支撐著文天祥戰勝任何艱難險阻的「正氣」就是孟子所云的「浩然之氣」，而孟子也是把浩然之氣視爲「大丈夫」根本屬性的。所以，要具備大丈夫精神，成爲一個眞正的「大丈夫」，就必須培育出「浩然之氣」。

那麼，什麼是浩然之氣？孟子本人就說「難言也」，認爲

> 其爲氣也，至大至剛，以直養而無害，則塞於天地之間。其爲氣也，配義與道，無是，餒也。是集義所生者，非義襲而取之也。行有不慊於心，則餒矣。[51]

這說明，「浩然之氣」雖「難言也」，但其基本性質是「至大至剛」；培養它的關鍵在「配義與道」，並且要持之以恆地進行道德修養，不可揠苗助長，也不能做一件有愧之事等等。這種說法與文天祥在《正氣歌》中指出的「天地有正氣」是一致的。

由此可知，「浩然之氣」首先是一種道德的精神，但又不專屬個人的一般的精神意識，它實質上是一種精神的物質，物質的精神。簡言之，是道德觀念的物化，否則就不可能「至大」──「塞於天地之間」──充滿整個宇宙；亦不能「至剛」──無堅不摧──以至於富貴不淫、威武不屈、貧賤不移。

因此，由「配義與道」合成的「浩然之氣」既是精神性的觀念，又是物質性的實體。理解這一點的關鍵在跳出西方心物「二元

論」的思維框架。自近代「西風東漸」之後，西方由分析的思維方式孕育而出的心物二元論亦逐漸為現代中國人所接受。在這種思維方式的支配下，人們把精神與物質區分得很清楚，物質就是物質，精神就是精神，二者不可混淆。當然，也有精神變物質，物質變精神之說，但這也只不過是指人們擁有了某種精神的觀念，便可爆發出巨大的力量，轉變成現實的行為，獲得客觀的物質的效果，這仍然是精神物質二分法。

中國古代賢哲不這樣看問題，他們擁有的是有機的、天人合一的思維方式，認為有精神物質相互結合在一起不可分割的（姑且謂之）第三種的東西，「浩然之氣」即是其中之一。正因為它不是純粹的物質實體，而是精神的物質，所以，它可以超越個人肉體的束縛、限囿，而與天地精神相往來、相溝通，相互融為一體。所以，「大丈夫」之有無窮盡的人格力量，不僅是因為它來自個人的道德修養，還根植於天地間的「正氣」，故而「大丈夫」們可以從宇宙大化流行中汲取力量。又因為「浩然之氣」不是純粹的精神，而是物質的精神，所以，它才有無堅不摧的剛性，能夠抵禦住任何肉體的痛苦、外在的折磨，乃至死亡降臨帶來的悲哀和失落。

文天祥正是具備了浩然之氣的「大丈夫」，元朝以宰相之位相勸降，被其嚴詞拒絕；元軍以肉體折磨相壓制，文天祥堅強地挺住了；元軍又多次以死相脅迫，文天祥毫無懼怕。他真正做到了富貴不能淫，威武不能屈。而文天祥在受到奸臣的排擠，貶官外放時，也從未動搖過其愛國愛民之心；在艱苦的囚徒生活裡，也從沒有改變自己的志向，充分展示出其貧賤不能移的高尚品質。這一切都襯托出大丈夫精神的崇高和可貴，也使文天祥成為光照千秋的民族英雄。

應該說，「大丈夫」精神是中國古代儒家學說非常獨特、非常

有價值的思想，其在文天祥的一生中得到了最好的體現。這種精神構成了中華民族精神最爲獨特的內容，是今天我們大力弘揚民族精神的關鍵之處。但是，也不能不看到，在一個私欲橫流的時期，要做一個至大至剛、與天地同流的「大丈夫」實在是不易。人，唯有「無欲」則剛，唯有「無畏」則強，如何教育大眾，不汲汲於個人之私利，而以國家民族大眾利益爲重爲先，從而無私無畏，成爲一個「大丈夫」，這就是今日弘揚民族精神過程中的重要任務之一。

(三)「三不朽」精神

人不僅有生，更有死。對死亡的深刻認識可以促使人們建構科學健康的人生觀，並形成一種積極向上的人生精神。中國傳統儒家學說認爲，人們是壽是夭是善終還是凶亡，爲「命」所定，不可違拗之；但是，人爲何而死、怎樣去死則是「理」所定，是人們可以有所作爲的。因此，儒者們求的是死得其時、死得其所，而不在意於生命的長短壽夭，以及生活性質上的窮與達、貧與富、賤與貴。這樣一種生死觀念，在文天祥那裡表現得尤爲突出。

文天祥對生死問題早有思考，且相當深刻。他曾經對「外王父」義陽隱士曾珏之死描繪得甚詳。一日，曾珏躺在病榻上悠悠然說：「吾豈不省事哉？形神合則爲人，吾形憊久矣。今腰足如斷，心火益燥，神思游散，居常謂不識死，死則如是。」又說：「死生如晝夜，不足多憾。」再飲酒三口，連說三聲：「吾眞去矣」，「聲脫口而逝」。天祥感嘆道：

嗚呼！陰陽魂魄，升降飛揚，氣之適至，雖夢寐莫適爲主。公幽明隔呼吸，而從容若此。世能言死者不少，此非嘗試事，臆度料想，靡所依據。公去來一息，實天祥所親見。道之粲然，

莫此深切。嗚呼異哉！嗚呼異哉！[52]

曾氏在死亡降臨時的灑脫給文天祥相當深刻的印象。但是，作為一名儒者，天祥意識到，一個人僅僅坦然於「死」還是遠遠不夠的，應該由「死」的必至性進而為人「生」時的積極有為。

文天祥寫道：

> 人生天地間，一死非細事；識破此條貫，八九分地位。趙歧圖壽藏，杜牧擬墓誌；祭文潛自撰，荷鍤伶常醉。此等蛻浮生，見解已不易。[53]

天祥認為，歷史上有許多人看破生死，活得極逍遙，如牡牧自己擬定墓誌銘，陶淵明生前寫下祭奠自己的祭文，而劉伶則常常在大醉中忘卻生死等等。不過，他們的生死觀主要是受《莊子》一書中的《齊物論》、《逍遙游》篇的影響，以「生死齊一」的觀念為基礎，如義陽隱士曾玨的死亡態度基本上亦屬此類。但這種只關注自我生死解脫的觀念與作法並不完美，儒家自有「聖門大法」，學者們應該習此才對：

> 知生未了了，未到知死地。原始反終，終始本一致。後來得〈西銘〉，精蘊發洙泗。吾體天地塞，吾氣天地帥。一節非踐形，終身莫繼志。舜功禹顧養，參全穎錫類。伯奇令無違，申生恭不貳。聖賢當其生，無日不惴惴，彼豈不大觀，何苦勤事寐？吾順苟不虧，吾寧始無愧。[54]

「原始反終」的觀念源於《周易·繫辭上》，是說萬事萬物皆一氣所化生，都處於一種從「始」至「終」，又由「終」至「始」的永恆變化之中，顯現於人之生命行程，則為「生」與「死」。所以，站

在人生命的立場上看，生與死對人而言是完全不同的二種狀態；但從宇宙大化的角度看，則其「本一致」。既然如此，人們就可以也應該「樂天知命，故不憂」。此「樂天」，即安於生死，其前提是「知命」，亦即對宇宙之理、自然之變的理性洞悉。

文天祥認為，在生死的問題上，僅僅達到「樂天知命」還不夠，必須進而獲得張載〈西銘〉中的精義方為盡善盡美。張載曾說：

> 乾稱父，坤稱母；予茲藐焉，乃混然中處。故天地之塞，吾其體；天地之帥，吾其性。民吾同胞，物吾與也……存，吾順事；歿，吾寧也。[55]

張子思想精髓是：在生死觀上，人們應該也必須從「死」時的「樂天知命」進至「生」存中的積極有為。在人生的行程中，孜孜不倦地推行道德仁義之事，完成自我在人世間的責任，「修身、齊家」進而「治國、平天下」。活著時積極有為，死時則可以無所愧怍。

儒家與道家在生死觀上的區別不在於人們是否能從對「死」的恐懼中超脫出來（莊子言「坐忘」，張載云「吾寧」）；而在於消解了死亡恐懼之後，人們究竟是只「逍遙」（道家）抑或應該積極有為地「順事」（儒家）？文天祥當然是一名「真儒」，他認為，只有張載對生死的看法才能使人們在擺脫死亡的痛苦之後，採取一種積極入世的態度，「無日不惴惴」，努力為民為國，建功立業，死而後已。其有詩云：「三生遭際處，一死笑談中。贏得千年在，丹心射碧空。」[56]

天祥有如此生死觀，才有後來那些可歌可泣的生死實踐，而他生死觀的核心則是儒家的「三不朽」觀念。

西元前547年，叔孫豹指出：「太上有立德，其次有立功，其

次有立言，雖久不廢，此之謂不朽。」[57] 所謂「立德、立功、立言」，都是人們擺脫個人肉體的限囿，實現精神上永恆的途徑與方法。中國古人早就從萬物的生死中悟解到人長生不老是不可能的，人人都將或遲或早地面對死亡的降臨。既然人們從肉體上無法達到永生，那麼在精神領域能否實現不朽呢？叔孫豹認為是可以的，並提出了三條途徑：崇高的品德可以使人世世代代傳頌，建功立業可以讓民眾長久的受益，精闢的言論具有永恆的價值，故而三者都能使人超越短暫的生理生命的局限性，恆久地活在人世間，當然，這只是一種精神性的存在。

儒家大師對這種「不朽」的觀念非常讚賞，並大加發揮，孔子指出：「君子疾沒世而名不稱焉。」[58] 此「名」之「稱」，實指人的聲名傳之後世。「君子」們不擔心別的，只是擔心死後默默無聞，追求的是逝世後仍有重大影響，事蹟受到世代人傳頌。在孔子看來，要「名稱」，就必須有極高的道德品質，一個人生前富可敵國，人人知其聲名，但死後卻可能很快讓人徹底遺忘，是謂朽之；一個人也許生前貧困潦倒、窮苦不堪，但只要他道德高尚，全心全意為百姓謀幸福，那麼就可能在死後聲名顯赫，受到人們的尊敬，是謂不朽。孔子說：

> 齊景公有馬千駟，死之日，民無德而稱焉。伯夷叔齊餓死於首陽山之下，民到於今稱之。其斯之謂與？[59]

齊景公因無德死而「朽」了，伯夷叔齊因「仁」德死而不朽。《孟子·盡心上》中亦有言云：「天下有道，以道殉身；天下無道，以身殉道。」因此，「三不朽」觀念可以說是儒家核心思想之一，其實質是一種由死的觀念引發出的人生觀。文天祥的一生中，尤其是被俘後，對死亡的問題考慮得很多，也談得很多，其中心旨趣正是

儒家的「三不朽」精神，最著名的當然是其〈過零丁洋〉的詩了：

> 辛苦遭逢起一經，干戈寥落四周星。
>
> 山河破碎風拋絮，身世飄搖雨打萍。
>
> 惶恐灘頭說惶恐，零丁洋裡嘆零丁。
>
> 人生自古誰無死，留取丹心照汗青。

此詩表達了文天祥面對受元軍鐵騎踐踏的大好河山心如刀割的悲憤之情，更闡發了他對死亡這個人世間最大的恐懼和痛苦之源的鮮明態度：任何人都難逃一死，但人們完全可以透過生前的努力奮鬥而「留取丹心照汗青」──實現不朽。

文天祥所作的絕筆自贊云：

> 孔曰成仁，孟曰取義，惟其義盡，所以仁至。讀聖賢書，所學何事？而今而後，庶幾無愧！宋丞相文天祥絕筆。[60]

「義盡仁至」，即是道德品質上的極致，此正可通往「不朽」；文天祥位及狀元宰相，是爲事功的「不朽」；而文天祥詩文皆佳，膾炙人口，讀之令人血脈賁張，豪情勃發，此爲言論的「不朽」。可見，文天祥以自己的心智能力、所作所爲，特別是一腔熱血實現了儒者「不朽」的理想，成爲「三不朽」精神最眞實的寫照。

從理論上來分析，「三不朽」精神的實質，仍然是要求人們躍出「生」的限圍，在生前就立於「死」後來觀照人生，用死後的精神性、觀念性的所得來促使自己放棄生前物質性的所獲。這種精神與「天下爲己任」的人生精神的博大胸襟不同，亦與「大丈夫」精神的雄闊豪邁相異，它散發著某種悲壯的死亡氣息。

一般人都喜生厭死，而具有「三不朽」精神者則爲了道義可從容就死；一般人都貪圖生前的物質享樂，而具有「三不朽」精神者

則可棄榮華富貴如蔽屣，甘受清貧、痛苦和折磨。這是一種超越性的、精神性的崇高追求，它可使人靈魂淨化、行為端正、思想言論純潔，使人不斷昇華到一個更高的人生境界。文天祥正是這樣一位具備了「三不朽」精神的民族英雄，所以他才能夠超出常人的所愛所求、所趨所避，以堅忍不拔的精神戰勝各種困難，以無所畏懼的態度對待死亡，從而給後人樹立起一塊豐碑。活著的人得到的是一種精神性的鼓勵，而逝去的文天祥則獲得了「不朽」。

從另一角度來看，「三不朽」觀念實質上就是一種儒式的死亡觀，也是中華民族精神重要特色之一。儒家認「天地」有「好生之德」，萬物的生長、發育，人類的生生不息，都體現著天地的本質——「仁愛」，所以，每個人都應珍惜生命，注重生前的道德修養，好好地生活，用「盡人事」來配「天德」。因此，儒者堅決反對無謂之死，反對人為地結束個人的生命，痛惜戰爭給芸芸眾生帶來的生命與財產的重大損失。在儒家聖賢看來，這不僅違背了人倫道德，也是對天地秩序、宇宙根本大法的褻瀆。但同時孔子又有「殺身成仁」之說，孟子有「捨生取義」之論，鼓勵人們為道義的實現而從容就死。這是否與儒家的生命哲學相扞格呢？非也，這種「死」法實質上與「生」是相通的。在儒者眼中，一個人若能為道義而捐軀，就可獲得永生。此「死」正好是通往「生」的環節，以己之一「死」而成就萬古之「生」。當文天祥吟哦出「人生自古誰無死，留取丹心照汗青」的千古絕句時，他完全參透了儒家生命哲學的精髓，並決心成為這種哲學觀念的踐履者。事實上，文天祥透過自己的肉體之死，的確換來了精神性的永生，其人其事已經成為中華民族精神不可分割的部分，世世代代受到人們的尊敬和頌揚。

概而言之，理解文天祥所作所為的關鍵，在深刻地把握他表現出的人生態度、生死追求和人格意志，這些正好構成了中華民族愛

國主義的特質，從而成爲中華民族精神的組成要素。從這裡，我們不僅可以充分地體會到文天祥的人格、氣節與精神的偉大，更可深切地認識到研究文山之人生精神的迫切性和重大意義，因爲，這正好能爲我們今日弘揚中華民族精神奠定堅實的基礎。

注釋

1《宋史・文天祥傳》卷四一八，北京：中華書局，2000，頁9818。

2《宋史・文天祥傳》卷四一八，頁9823。

3〈紀年録〉，《文天祥全集》卷十七，江西人民出版社，1987，頁686。

4〈己未上皇帝書〉，《文天祥全集》，頁95。

5〈癸亥上皇帝書〉，《文天祥全集》，頁99。

6〈賀吳提舉西林〉，《文天祥全集》，頁152。

7〈與朱太博埴〉，《文天祥全集》，頁163。

8〈賀翁丹山兼憲〉，《文天祥全集》，頁179。

9《宋史・文天祥傳》卷四一八，頁9819-9820。

10〈指南録・後序〉，《文天祥全集》，頁479。

11〈重刻文山先生文集序〉，《文天祥全集》，頁807。

12（宋）朱熹集注，《四書集注・論語・憲問第十四》，長沙：嶽麓書社，1985，頁192。

13（宋）朱熹集注，《四書集注・論語・憲問第十四》，頁192。

14（宋）朱熹集注，《四書集注・孟子・萬章上》，頁388。

15（宋）朱熹集注，《四書集注・論語・顏淵第十二》，頁165。

16（宋）朱熹集注，《四書集注・論語・憲問第十四》，頁192。

17（宋）朱熹集注，《四書集注・論語・述而第七》，頁125。

18（宋）朱熹集注，《四書集注・孟子・萬章上》，頁392。

19（宋）朱熹集注，《四書集注・論語・堯曰第二十》，頁234。

20（宋）朱熹集注，《四書集注・孟子・盡心章句上》，頁442。

21（宋）朱熹集注，《四書集注・論語・里仁第四》，頁96。

22〈跋彭叔英談命錄〉，《文天祥全集》，頁391。

23〈送彭叔英序〉，《文天祥全集》，頁357。

24〈指南後錄‧還獄〉，《文天祥全集》，頁590。

25《宋元學案》卷八十八，《巽齋學案》，北京：中華書局，1986，頁
　2942。

26〈御試策〉，《文天祥全集》，頁70。

27〈御試策〉，《文天祥全集》，頁70。

28《朱子語類》卷第一《理氣上‧太極天地上》，北京：中華書局，1999，
　頁1。

29郭齊、尹波點校，《朱熹集》卷七十，《雜著‧讀大記》，成都：四川教
　育出版社，1997，頁3656。

30〈王通孫名說〉，《文天祥全集》，頁402。

31〈王通孫名說〉，《文天祥全集》，頁402。

32〈輪對札子〉，《文天祥全集》，頁100。

33〈御試策一道〉，《文天祥全集》，頁73。

34〈忠孝提綱序〉，《文天祥全集》，頁353。

35〈何稀程名說〉，《文天祥全集》，頁401。

36〈吳郎中山泉說〉，《文天祥全集》，頁399。

37〈紀年錄〉，《文天祥全集》，頁706。

38〈指南後錄‧面安軍〉，《文天祥全集》，頁542。

39〈紀年錄‧鄧傳〉，《文天祥全集》，頁708。

40〈指南後錄‧發吉州〉，《文天祥全集》，頁543。

41〈集杜詩‧過臨江第八十三〉，《文天祥全集》，頁646。

42〈哭母大祥〉，《文天祥全集》，頁580。

43〈信國公批付男升子〉，《文天祥全集》，頁718。

44《宋史‧文天祥傳》卷四一八。

45劉岳申，《文丞相傳》，頁768。

46（宋）朱熹集注，《四書集注‧孟子‧滕文公下》。

47《指南錄‧紀事》序，《文天祥全集》。

48 《道德經》三十八章。

49 〈正氣歌〉，《文天祥全集》，頁601。

50 〈紀年錄〉，《文天祥全集》，頁710。

51 （宋）朱熹集注，《四書集注·孟子·公孫丑上》。

52 〈義陽逸叟曾公墓誌銘〉，《文天祥全集》，頁425。

53 〈贈莆陽卓大著順寧精舍三十韻〉，《文天祥全集》，頁3。

54 〈贈莆陽卓大著順寧精舍三十韻〉，《文天祥全集》，頁3。

55 《張載集·正蒙·乾稱篇第十七》，北京：中華書局，1978，頁62。

56 〈自嘆〉，《文天祥全集》，頁605。

57 《左傳·襄公二十四年》。

58 （宋）朱熹集注，《四書集注·論語·衛靈公》。

59 （宋）朱熹集注，《四書集注·論語·季氏》。

60 〈衣帶贊〉，《文天祥全集》。

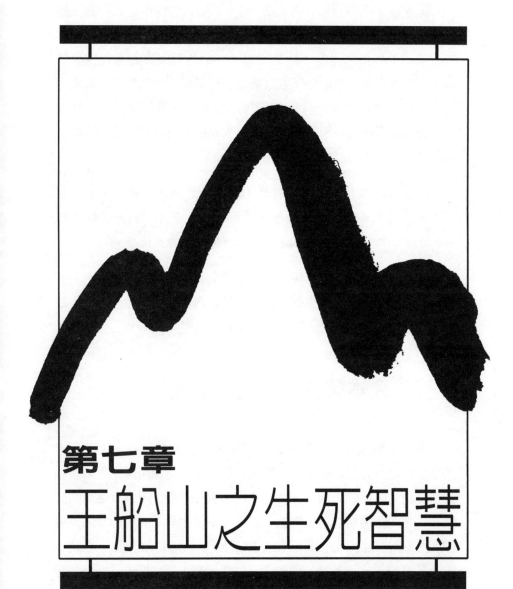

第七章
王船山之生死智慧

被譽爲「明末清初三大家之一」、「南國儒林第一人」的王船山，不僅在哲學、史學、文學、經學，乃至音韻學、地理學等等方面都做出了卓越的貢獻，而且提出了一個比較完整的生死哲學理論，在中國哲學和中國儒學發展史上占有重要的地位。熊十力先生說：明清之際的哲學，「仍繼續程朱以來之反佛教精神，而依據《大易》，重新建立中國人之宇宙觀與人生觀。奏此膚功者，厥惟王船山。」又說：

> 船山《易內外傳》宗主橫渠，而和會於濂溪、伊川、朱子之間。獨不滿於邵氏。其學，尊生，以箴寂滅；明有，以反空無；主動，以起頹廢；率性，以一情欲。論益恢宏。[1]

可見，王船山在重構中華民族之人生觀上有著重大的貢獻，更難能可貴的是，王船山的人生觀包括死亡觀在內，且身體力行之，本章擬對此做些初步的探討，以期引起學界的重視。

一、生死本體論：「貞生貞死」

生死本體論要解決和回答的問題是：生死何所來？生死何處去？生死之本質是什麼？在一般人的觀念中，這種所謂生死本體論實在是虛玄之極的東西，無此，我們不也在生活，不也有生命的展開和人生的所獲嗎？可實際上，這種「不知生死」的狀態常陷人於「醉生夢死」之人生，且「生」無定則，「死」必恐懼，終其一生，品質都不高。於是，佛教以「生從何來，死到何去」爲佛法建構的核心，佛祖釋迦牟尼就是見世間「生老病死」之慘狀而出家悟道的。在佛教看來，人之「生」爲人之「死」輪迴而來，人之「死」

是人之「生」的必然歸宿。生生死死，死死生生，無限輪迴，是爲世人的悲慘命運。雖然，人們可靠行善積德等行爲來讓自己死之後的「生」輪迴入較好的「天界」、「人界」或「阿修羅界」，但畢竟有那「地獄界」、「牲畜界」、「惡鬼界」在威脅著人生願欲。所以，人們最好是棄家進古廟深刹，習佛法，尊戒律，終則由「涅槃」而脫輪迴，入不生不死之「西方極樂」。但如此一來，人們必抑情絕欲，棄人倫脫社會，此生此世的人生品質亦可說是極低的。可見，不知生死者，蕩然無所歸依；而知生死如釋者，又歸而不可確證之處。人們將何以處之呢？

王船山首先指出了知生知死的重要性：

> 人之生也，君子而極乎聖，小人而極乎禽獸，然而吉凶窮達之數，於此於彼，未有定焉。不知所以生，不知所以死，則爲善爲惡，皆非性分之所固有，職分之所當爲，下焉者何弗蕩棄彝倫以遂其苟且私利之欲！其稍有恥之心而厭焉者，則見爲寄生兩間，去來無準，惡爲贅疣，善亦弁髦，生無所從，而名義皆屬漚瀑，兩滅無餘，以求異於逐而不返之頑鄙。乃其究也不可以不終日，則又必佚出倡狂，爲無縛無礙之邪說，終歸於無忌憚。[2]

一個人若不知生不知死，則無論是爲善還是爲惡，皆非出自人的自覺和理性。所以終必要麼墜入「遂其苟且私利之欲」，要麼流之「頑鄙」，要麼成爲「無忌憚」一類，皆非人間正道。在船山先生看來，在釋氏之學流布天下之時，宋學雖有周子（周敦頤）發明「聖道」，有二程「靜一誠敬之功」，但這之後，由朱子啓之，學者或如雙峰、勿軒「沈溺於訓詁」，或如姚江王氏（陽明）淪爲「陽儒陰釋」，孔孟之大道於是乎不明。唯「張子之學，上承孔孟之志，下

救來茲之失，如皎日麗天，無幽不燭，聖人復起，未有能易焉者也。」[3] 而張子之「絕學」最核心者，在船山看來，就在於「貞生死以盡人道」。「貞」者，正也，定也。這句話的意思是，人們可以從體認、確定生死之理來達到盡人事之責任。由「死」定「生」、由「死」正「生」，是船山先生對張子之學的高度概括和精當的把握，也是其對儒家學說的重大發展。

「生死」何以能「貞」呢？儒式的生死本體論是如何建構的呢？這是王船山在注解《張子正蒙》中所要解決的問題。實際上，「貞生死」就是要從現象界中的「滅」獲得意識上的「不滅」，這是建構合理死亡觀的基礎，亦是獲得健康人生觀的核心。

張載之學的基本點在認為天地萬物，包括人與社會，皆為一氣所化生。「氣」的最原始狀態是所謂「太虛」，它在時間上為萬物之先在，卻又蘊於萬物之中；在空間上無形無狀，卻又實有其物。萬物由氣化而成，終必又回歸其中。從這種自然本體論，張載發展出了人之生死本體論。張子云：

> 太虛無形，氣之本體，其聚其散，變化之客形爾；至靜無感，性之淵源，有識有知，物交之客感爾。客感客形與無感無形，惟盡性者一之。聚亦吾體，散亦吾體，知死之不亡者，可與言性矣。[4]

因為萬事萬物皆氣化而成，氣聚則成「物」，氣散則回歸「太虛」的狀態，故而「成」與「毀」皆為「客形」而已。具體到「人」，氣化為「人」，則人之「生」；氣化回歸，則人之「死」。所以，此「死」絕非空無一物，歸入絕對的「無」，而是復返氣之本體狀態「太虛」。這樣，聚散、成毀、生死皆非「無」非「空」，而是實有其「體」者，這即所謂「死而不亡」。[5]

王船山又是如何詮釋張子的生死論呢？關於「客形」，船山云：

> 日月之發斂，四時之推遷，百物之生死，與風雨露雷乘時而興、乘時而息，一也，皆客形也。有去有來謂之客。[6]

關於「惟盡性者一之」，[7]船山說：

> 靜而萬理皆備，心無不正；動而本體不失，意無不誠，盡性者也。性盡，則生死屈伸一貞乎道，而不撓太虛之本體，動靜語默一貞乎仁，而不喪健順之良能，不以客形之來去易其心，不以客感之貞淫易其志，所謂「夭壽不貳，修身以俟之」，「不顯亦臨，無射亦保」也。蓋其生也異於禽獸之生，則其死也異於禽獸之死，全健順太和之理以還造化，存順而沒亦寧。其靜也異於下愚之動，充五常百順之實以宰百為，志繼而事亦述矣。無他，人之生死、動靜有間，而太和之氤氳本無間也。[8]

　　對「客形」之解，實為闡明一種自然本體論，即氣化說；而對「惟盡性者一之」之解，則是由自然本體論過渡為生死本體論。也就是說，人們在面對非常具體非常感性之生死時，不能囿於個人之生之死，亦不能局限於人類之生之死，甚至還不能束縛在宇宙萬物之成與毀，而應該也必須立於本體之境來看待與對待生與死，這就是所謂「盡性」之意。此「性」者，為宇宙大化之本體直落人之心性本質，「盡」亦即領會體驗此「本體」的存在。

　　許多人「生」時放蕩不羈，無所不為；面對必「死」之命運，「死」後之虛無，「死」前之無奈，焦慮萬分，恐懼萬分，表現出生命喪失的恐懼、對物質性精神性社會性擁有失去的恐懼、對死後究竟何之的恐懼等等，這種體認反過來必導致其在生活中放縱自

我，墮落無歸。而人們若能直契本體之境，體會到人之「生」爲太虛之氣的「客形」，太虛之氣本就蘊有至「理」。於是，人在其生命的成長過程中，在人生的展開之時，就絕不會「易其心」，爲人處事皆合規矩、皆有道德，此便「其生也異於禽獸之生」。另一方面，人們若能進而悟解自我之「死」即回歸太虛本體之境，並非空無一物，那麼，人之「死」又有何懼？又有何憾？又有何能「淫其志」？如此，即能「其死也異於禽獸之死」，亦即不以「死」之必至而放縱自我。這樣也就從貞生貞死而盡人道了，並進至張載「存順歿寧」的理想境界。

王夫之強調說：

> 《易》言往來，不言生滅……以知人物之生，一原二氣至足之化。其死也，反於氤氲之和，以待時而復，持變不測而不仍其故耳，生非創有，而死非消滅，陰陽自然之理也。[9]

人之死並非歸於絕對的「無」，這是船山生死本體論的基礎與出發點。但是，既然氣聚爲人之生，氣散爲人之死；氣之聚散無窮，而人之生死也無窮。這種觀點似乎也是一種「輪迴」之說，它與釋氏之「六道輪迴」又有何區別呢？應該看到，其間有著本質的不同：

在佛教，輪迴者必是一個特定之人的輪迴，此人「生之」此人「死之」，他輪迴至另一「道」（存在的地方）中仍然是此「人」（也許不是人身而是牲畜，但卻是同一個個體）。惟如此，因果報應之說方可落實。此人作的「業」，只能此人受「報」，而不能移置給他人，否則就不可能讓人相信因果了。而王船山宣導的是「日新之謂盛德」，氣聚氣散所成所滅之「人」與「物」絕非同一對象同一主體，在人之「死」、物之「毀」後是全新之生命與物的誕生。船山說：

> 故人物之生化也，誰與判然使一人之識亙古而為一人？……所
> 以生者，虛明而善動，於彼於此，雖有類之可從，而無畛之可
> 畫，而何從執其識命以相報乎？[10]

氣之生「人」與「物」雖然可同類，但卻非同一個個體，所以，報
應之說便無從談起。佛教以人之輪迴後的狀態來讓人們此生此世積
善修德，而儒學及船山之論則力圖使人們從生死本體之太虛的「條
理」（仁義禮智等人倫道德）來促人生前奮發有為、修德進業，這
些都是船山之生死觀與佛學的根本區別所在。

如果說，張載由其氣化之自然本體而導出「存順歿寧」之生死
觀，那麼，船山的學說則使其大功用鮮明地顯現出來。他進一步闡
釋道：

> 氣之聚散，物之死生，出而來，入而往，皆理勢之自然，不能
> 已止者也。不可據之以為常，不可揮之而使散，不可挽之而使
> 留，是以君子安生安死，於氣之屈伸無所施其作為，俟命而已
> 矣。[11]

張載言，氣聚為萬物，又散為太虛，「是皆不得已而然也」。王船
山指出，由此自然本體之性質，反觀人之生死本質，就應該明白，
人之「生」為必然，而人之「死」亦為必然，此即所謂「命」。而
君子要達到「安生安死」的境界，關鍵就在由對生死的自然且必然
性的認識昇華為理性之當然的體悟，於是就可以「俟命」，不恐懼
於死，不焦慮於死，由此而專注於人生中的道德修養與實踐。

張載與船山構建儒家生死本體論的思想資源主要有二，一是
《周易》。《易·繫辭上》云：

> 易與天地準，故能彌綸天地之道。仰以觀於天文，俯以察於地

理，是故知幽明之故。原始反終，故知死生之説。精氣為物，遊魂為變，是故知鬼神之情狀。[12]

「原始反終」也就是要人們超脱具體的生活情境，從天地之始、萬物之本來了解生死本質，以契合本體之道的精神來定「人道」，這樣就能達到：「樂天知命，故不憂。安土敦乎仁，故能愛。」船山先生深刻地指出：「張子之學，無非《易》也……」。《易》之學為何？

《周易》者，天道之顯也，性之藏也，聖功之牖也，陰陽、動靜、幽明、屈伸，誠有之而神行焉，禮樂之精微存焉，鬼神之化裁出焉，仁義之大用興焉，治亂、吉凶、生死之數準焉，故夫子曰：「彌綸天下之道以崇德而廣業」者也。[13]

人之「生」與「死」，是一種最感性、最直接的存在，人們在生活中可遇見不同的問題，可人人都要面對「死」卻完全一樣。所以，對生死問題，一方面人們或早或遲或深或淺皆會思索它們；另一方面人們又總是從感性的直觀的角度去把握它們，這樣就出現許多不合理的生死觀及生死實踐。《周易》提供給人們的是一種超越性的思維方式，一種本體的意識，一種從生死之根本把握生死之具象的方法和途徑，用船山的話說就是：

而張子言無非《易》，立天、立地、立人，反經研幾，精義存神，以綱維三才，貞生而安死，則往聖之傳，非張子其孰與歸！[14]

在張載與船山看來，一個人要「貞生」，確立人生的方向與性質，獲得生活的準則與意義，就必須有本體意識，就必須回歸本體性的

存在；同理，一個人要「安死」，即面對死之必然不焦慮、面對死之降臨不恐懼，且能獲得生命的基礎和人生的方向，那麼，也必須具備本體意識，由天地萬物人我之本出發來體悟「生」與「死」。

二是，張載與船山從易學更從孔孟關於「命」的觀念中獲得建構生死本體的思想資源。嚴格說來，在孔子的思想中，生死本體論的觀念並不明顯。因為孔夫子有「未能事人，焉能事鬼」及「未知生，焉知死」[15] 的觀念，顯然他更關注的是「生」之問題，而少談「死」的問題，這就限制了其探討生死本體的興趣。但在《論語》中，有多處孔夫子及弟子們從「命」的觀念談「死」的問題。如伯牛得惡疾，孔子自窗執其手，說：「亡之，命矣夫！斯人也而有斯疾也！斯人也而有斯疾也！」[16] 子夏亦說：「死生有命，富貴在天。」[17]《史記·孔子世家》記載：

> 孔子去曹適宋，與弟子習禮大樹下。宋司馬桓魋欲殺孔子，拔其樹。孔子去，弟子曰：「可以速矣。」孔子曰：「天生德於予，桓魋其如予何？」[18]

在此，「天」與「命」意義相通，但「天」偏重於外在之必然性，而「命」則主要指人所受「天」之必然性而一定會如此的實存狀態。發展到孟子，「命」的觀念異常地豐富起來，提出了一個所謂「正命」的問題：「莫非命也，順受其正，是故知命者，不立乎巖牆之下。盡其道而死者，正命也。桎梏死者，非正命也。」[19]「命」雖然是「天」所命之必然性，但君子們不能因此而立於「危牆」之下以安「命」。在必然性中，人們還是可以有所作為的。盡人道盡仁義而死，為正命；不循規蹈矩，受桎梏而亡則為非命。

實際上，關於「命」的涵義，在中國哲學史上的意義很多。韋政通先生指出：

綜合起來，大抵可分三類：(1)就個人而言，命的涵義有壽命、性命、人性、人所稟之理等。(2)就與天所關聯者而言，命的涵義有天命、自然而不可免、太一下降、分於道等。(3)就人與環境之間關係而言，命的涵義又有：命運、偶然性的遭遇、不知所以然而然、正命、隨命、遭命等。[20]

不過，就孔孟的觀念而言，「命」實在是「天」之自然的必然性與「人」之理性的應然性融會貫通的一個概念。因此，朱子在解釋孟子思想時說：

孟子只說莫非命也。卻有個正與不正。所謂正命者，蓋天之始初命我，如事君忠，事父孝，便有許多條貫在裡。[21]

在朱子看來，此「正命」已非完全的自然之必然性，而是人間倫理道德之應然性了。當然，在儒者們的眼中，人間倫理的應然性亦就是自然的必然性。孟子又言：「夭壽不貳，修身以俟之，所以立命也。」[22]「夭」是「死」，「壽」是「生」，夭壽皆能不貳其心，亦即既能安生又能安死。達到此一境界的關鍵，正在修己身之德。君子們只關心自身之道德修養，這就是「立命」，就是在瑣碎的平凡的日常生活中與超越性的本體相親近。朱熹釋道：

「夭壽不貳」，是不疑他。若一日未死，一日要是當；百年未死，百年要是當，這便是「立命」。「壽夭不貳」，便是知性知天之力；「修身以俟」，便是存心養性之功。[23]

如果說，在孔夫子處，「命」之觀念多為「天之命」，主要為一種外在之自然的必然性的話，那麼，至孟子朱熹，「命」則由自然的必然性逐漸轉化為人的當然之則。這就從自然本體進而為人倫本

體；從自然的實存引出了人的生死之理。

張載與船山正是從這樣一種「命」的觀念中引出其生死本體之說的。船山列舉自然界的萬物有形態之變化而絕無生滅的變化後指出：「君子修身以俟命，所以事天；全而生之，全而歸之，所以事親。」[24]「命」作爲自然的必然，是人無法抗拒的「命運」；但儒家學者已逐漸將人間倫理道德的內容滲入其中，於是，有著自然本體之意味的「命」也就與人性相通了。人們修身的過程，亦就是從「命」、立「命」、順「命」的過程。這樣，由「命」所定之生死，也就轉化成了人可修身以「俟之」的事，也就是說，人們只要安於本分，按忠孝仁義禮智去行，便可無懼於「死」，也可安於「生」。船山先生指出：

> 順而言之，則惟天有道，以道成性，性發知通；逆而推之，則
> 以心盡性，以性合道，以道事天。惟其理本一原，故人心即
> 天，而盡心知性，則存順歿寧，死而全歸於太虛之本體，不以
> 客感受雜滯遺造化以疵類，聖學所以天人合一，而非異端之所
> 可溷也。[25]

天之「道」成人之「性」，人之「心」可知性，由知性而知「天」悟「道」，於是，天人合一，物我一體，則何爲存不順沒不寧？

對一般的人而言，不知所以然而然之「命」是一種宿命，對之無可奈何，只能逆來順受；而對於有修養有境界者來說，此不知所以然之命可化爲知其然之「命」，即內蘊倫理道德準則的仁義禮智之「命」。由此，人們便可以將小我之生命透過「太虛之氣」、透過「命」的接引而與宇宙之大生命相溝通、相合一，借助於後者而使小我之生命普遍化，進而永恆化，獲得人生的不朽。這即人對本體之悟後達到的對死亡的超越，也是用「貞生貞死」之方法與途徑來

「安生安死」，此觀念是張載與王船山苦心孤詣建構的儒家生死本體論的核心。

二、生死價值論：立人道之常

　　生死價值論所要回答及解決的問題是：人之「生」與「死」究竟有何意義？人的生活以何為準則？人又如何才能「死得其所」，了無遺憾？王船山的生死哲學，本質上是一種由死觀生的哲學。在船山看來，當人們由生死本體論出發擺脫了對死的焦慮與恐懼之後，便可以也能夠更好地確立人生的價值觀，獲得生活的準則，是謂：「貞生貞死以立人道」。這是對孔夫子「未知生，焉知死」之論的發展，可以稱作「未知死，焉知生」的觀念。其實，人類若無「死」的話，其「生」又有何意義呢？唯有「死」在，才使人生意義與價值的尋覓成為可能，是「死」才給人以「生」前活動的力量。「生」之意義要由「死」而立，由此視角而言，船山「貞生死以盡人道」的觀念便是儒家生死價值論的奠基性範疇。

　　在現實當中，可以發現，一個人的人生觀與人生踐履，常常是由其對死亡的看法而確定的。莊子為何能去「物執」、「我執」、「心執」，以及政治社會之束縛，在人世間做「逍遙之遊」呢？因為他以人之生死乃「一氣之所化」，消解了對死亡的恐懼。釋者為何能入深山，青燈黃卷晨鐘暮鼓習佛法守戒律終其一生呢？因其意識到要脫離生死輪迴之苦海，非得由佛法而「涅槃」不可。在張載和船山看來，這是從畏「死」而至「無生」之路。道教徒認為人們可透過服餌煉氣等操作達至此「生」此「身」的永恆不朽，所以，也遁入深山老林，經年累月採藥練氣以終其一生。在張載與船山看

來，這無疑是從「貪生」出發而求虛幻之「長生不老」。世人爲何喜醉生夢死、縱七情六欲呢？因爲他們認爲，生爲「有」而死則「無」，生是享樂，死爲臭腐。在船山的思想中，這樣一種活法無異於行屍走肉而已。種種人生模式，都說明了人死觀可以也必然影響到人生觀的確立，對死亡的體認在某種程度上確定了人們生活實踐的方向與準則，從而也確定了人生之價值。

在此，有一個值得玩味的問題：張載與船山以氣之聚散爲萬物之成毀及人之生死，老莊之道家亦以物與人皆一氣所化生，莊子還由此達到了「妻死鼓盆而歌」的生死無懼和坦然。[26]那麼，儒家與道家的人生觀爲何會分殊成一入世一超世，一剛健一陰柔，一「有爲」一「無爲」呢？這種生死價值上的二途，似乎難以解釋。其實這是由儒家與道家對本體之「氣」（道）性質的不同理解所致。在老莊處，「氣」（道）之根本性質是「自然無爲」，故而其表現於人之生活，就應該以無爲自然處世。因此，「生」也無爲，「死」亦自然，於是，逍遙於「無何有之鄉」成爲道家人生的最高企盼。而張載與船山所述之「氣」（太虛、道）是一內蘊條理、道理、倫理之剛健之氣。所以，表現於人之生活，最高的價值仍在於修身立志，忠孝仁義，這就叫「泊然於生死存亡而不失其度」[27]，這就是「生死屈伸一貞乎道」。此「道」是人之生死的最高價值，分言之即「明倫、察物、居仁、由義四者」[28]，而人與禽獸之差只在此，船山稱爲「壁立萬仞，只爭一線」。

如果說，在生死本體論上，孔孟只有「命」之觀念，顯得較薄弱的話；那麼，在生死價值論上，孔孟卻有著十分豐富的理論。孔子有云：「君子疾沒世而名不稱焉。」[29]「死」爲命之定，君子可坦然而受，但亦有擔憂之處：死之時聲名是否受到人們的讚頌？孔子又以「仁」爲人之生死的最高價值：「志士仁人，無求生以害

仁，有殺身以成仁。」[30]又說：「民之於仁也，甚於水火。水火，吾見蹈而死者矣，未見蹈仁而死者。」[31]正因爲仁義是人之生死的最高價值，所以，孔子提倡：「篤信好學，守死善道」[32]，「朝聞道，夕死可矣」[33]。曾子也說：「士不可以不弘毅，任重而道遠。仁以爲己任，不亦重乎？死而後已，不亦遠乎？」[34]孟子承孔子的生死價值觀，提出：「生亦我所欲也，義亦我所欲也；二者不可得兼，捨生而取義者也。」[35]「生」還是「死」，也許是人在世間所可能遇上的最嚴重的選擇。在孔孟眼中，生固然重要，但卻有比自我之「生」更爲重大之事，這就是得「道」和行「仁」由「義」。禽獸面對生還是死的選擇，當然不會有任何猶豫，求生是其本能；而人則不一樣，人有得之「天」的「道」爲自我之「性」，故而人在生還是死的選擇中，就應該也必須超出本能而以「殺身成仁」、「捨生取義」爲最高的價值標準。

張載承孔孟之生死價值論，引申出「民胞物與」、「存順歿寧」之人生觀；而船山承孔孟及張載的思想，更發展出珍惜人之生命，以踐履「義」的觀念。張岱年先生曾將「珍生」與「務義」視爲船山哲學的基本精神之一[36]；衷爾鉅先生也談到：「從『貞生貞死』這一基本觀點出發，王船山自然而然地提出貴生、尊生和珍生思想。」[37]實際上，船山的「珍生」、「務義」就是其生死價值論。

一方面，人爲天地之精華，萬物之靈長，所以，應該也必須「珍生」：「天地之大德者生也，珍其德之生者人也」[38]；「聖人者人之徒，人者生之徒。既已有是人矣，則不得不珍其生。」[39]可見，船山「珍生」的觀念，完全是由其生死本體論出發的，因爲人之生是天地之本體的精華凝聚而成，所以必須要「珍」。進一步推論，船山認爲，人之珍生絕非墮入貪生畏死，亦非恣情縱欲，而在實現生死本體在人之身上表現出來的「義」，此爲所謂：「死者天

之事，生者人之事，人所必盡者，人而已矣。人盡而歸之天，所以贊天而善其化也。」⁴⁰「生以載義，生可貴，義以立生。」⁴¹「贊天」者即是世間之人在存在的層面上與生死之本體相溝通，「載義」亦即生死之本體顯現於人之生命的本質。所以，人們必須在人生過程中，以實踐「義」的價值爲最高，因爲「義」之價值比「生」之價值更大。人之「生」因承載有「義」而可貴，亦因踐「義」而能視死如歸，這正是人的生命之爲可「貴」的關鍵之處。

船山先生還比較了二種人的生活：一種人沈迷在「求食、求匹偶、求安居」，「拖遝委順當世之然而然，不然而不然，終日勞而不能度越祿位、田宅、妻子之中，數米計薪，日以挫其志氣，仰視天而不知其高，俯視地而不知其厚，雖覺如夢，雖視如盲，雖勤動其四體而心不靈。」⁴²

俯仰而不知者，是說這類人不能在生命存在的本眞上與自然之本及生死之本相溝通，故而隨波逐流，毫無社會使命感與責任意識，整日柴米油鹽、妻子兒女，如此之人生便是雖醒而如在夢中，眼雖明而無疑如盲人，四肢雖發達而心靈卻被蒙蔽。另一類人船山先生稱爲「無恆之人」：

> 富而驕，貧而諂，旦而秦，暮而楚，緇衣而出，素衣而入，蠅飛蝶驚，如飄風之不終日，暴雨不終晨。⁴³

這是一種無人格之人生，只圖富貴榮華，而無氣節操守，無良心道德，無人生定則。這二類人皆沒有很好地「貞生貞死」，沒能從生死觀上直溯本體而確立人生定則，所以泯滅了生之可貴在於「務義」。如此，其「生」也就不可貴，其死也必不可「榮」。船山云：

> 是故天地之以德生人物也，必使之有養以益生，必使之有性以

紀類，養資形氣，而運之者非形氣；性資善而所成者麗於形氣。[44]

人與物皆天地好生之德的創造，當然應該要「益生」，要「養資形氣」，注重日常的生活；但人又不能僅僅局限於此、滿足於此，應該進而使自我之人生體現「天德」——「爲善」，亦即在日常生活中貫之以人倫道德。船山先生的這些論述說明了，只要是人之「生」而非獸之「生」，就必躍出個體生命的限囿，去認識、體悟宇宙之本體、生死之本質，再返歸人間生活，由此獲得「生」之幸福和「死」之安寧，使生活更有價值，生命更有意義，人生實現永恆。

三、生死實踐論：「歷憂患而不窮，處死生而不亂」

王船山不僅承易學、孔孟之道、張子之「絕學」，建構出生死本體論和生死價值論，從而大大推進並完善了儒家的生死哲學，更難能可貴的是其一生恰恰實踐了這種生死哲學。儒學是一種實踐性非常強的學說，強調「爲己之學」，學以致用，「知行合一」，其學即其爲人，這種理念在王船山的一生中顯現得尤爲完整和鮮明。

船山先生一生的憂患可謂多矣。其父王朝聘雖爲一醇儒，滿腹經綸，卻一生七次參加鄉試而不中；船山自幼聰慧異常，十四歲即考中秀才，後三次赴試皆不中。崇禎十五年（1642年），船山與其兄介之同赴武昌應鄉試，船山中式第五名《春秋》經魁，介之中式第四十名舉人，似乎傳統社會中國知識份子由科考而入仕的坦途已在船山面前展開。誰知此時天下已大亂，明王朝處於風雨飄搖之中，科舉考試不僅推延，而且根本是不可能了。胡發貴先生寫道：

> 船山本想一雪父親之恥，一顯家族的光榮，可嘆世運不濟，夢
> 想化為泡影。不難想像在此國破家恨的雙重苦難下，船山的心
> 情是多麼悲憤。[45]

這之後，王船山避之深山荒野，饑寒交迫，窮困潦倒，幾無正常的
生活。

　　船山先生一生所臨生死之境亦多矣。崇禎十六年（1643），張
獻忠軍脅迫船山佐助，船山刺面刺腕，並以毒草敷在傷口上，甘受
生命危險而不從。順治四年（1647），王船山與好友夏汝弼「為匪
人所困，將斃溝瀆」。後數年之間，船山之妻、二哥、父親皆相繼
亡故。順治五年，船山以一介書生，聯絡各方好友豪傑，發動了衡
山起義，「垂死猶致聲，心魂相合吻。」起義失敗，船山亡命天
涯。順治六年（1649），去探母的船山再次遭劫，性命幾不保。次
年，時任明永曆政權行人司行人的船山上書「死諍」，受冤難伸，
「憤激咯血」。順治八年，船山帶妻子侄兒「間道歸楚」，途遇六十
日淫雨，差一點就與妻子「同心雙骨埋荒草，有約三春就夕暉」。
清初，強行剃髮令，宣稱「留髮不留頭，留頭不留髮」，但船山自
十歲束髮，在清朝統治下生活了四十八年之久，一直沒有剃髮，
《清史稿・王船山傳》稱其「完髮以歿身」，這也相當於冒了近半個
世紀的生命危險。粗略一算，船山一生歷生死之境凡七次，生死之
險貫之其整個後半生，這對一介書生而言，不僅是勞心苦志動筋骨
的磨難，而更是九死一生之考驗。

　　問題在於，文弱書生王船山何以在憂患之中能「不窮」？在生
死之迫下能「不亂」？應該說，正是他自己的生死哲學支撐著他度
過了人生的坎坷，泯滅了生命中的憂患，在死亡的猙獰面孔前心無
所動、志無所移。1685年，船山先生曾大病一場，痊癒後寫有

〈病起連雨〉詩，云：「故國餘魂長縹緲，殘燈絕筆尙崢嶸。」「故國」當指已滅亡之明王朝，但在船山先生心中，其餘魂不絕，仍激勵他在殘燈下，孜孜不倦地從事著學術研究。他做的是一種絕筆的名山事業，他要透過學術文化的研究，把中華文明綿延不絕地傳承下去。一方面，國家雖可亡，而若文化傳統未失，那麼，其民族便能永存。在此情況下，一個文弱的書生只能以一支絕筆在殘燈下研究學問，使民族精神得以延續和發揚光大。只要民族之魂不散，民族復興就有希望。這是船山幾十年深研學問的深層原因。另一方面，船山也希望能透過「立言」之路而達致生命的永恆，人生的不朽。這是船山作爲個人的一種生命祈求，所以，他感嘆道：「吾老矣，惟此心在天壤之間，誰爲授此者？」[46] 其最擔憂的不是個人之生死，而在其學其精神的傳承。這種生死追求，內蘊的恰恰其是對生死本體的求索。

中國古代的「儒者」，首先是文化的承續者與傳播者，故而其一輩子要耗損大量的精力與時光研習傳統文化，並進而開業授徒，以傳之後世，船山先生不就是如此嗎？一名眞正的「儒者」不僅是學以傳人的老師，更是一位成仁取義之「道德人」。其取之於天地之「道」而爲己「德」，以仁義禮智信爲人處世，嚴以律己，寬以待人，船山先生不也如此嗎？所以，一名眞正的儒者不僅要有文化的承當，不僅要有道德的承當，更要有天下國家與民族的擔當。其「修身齊家」，正是爲了「治國平天下」。關心民間疾苦，是儒者的本色；直言上諫，是儒者的本性。在民族國家的危難之際，眞正的儒者必義無反顧地挺身而出，「殺身成仁」，「捨生取義」，慷慨赴難。船山先生的生死實踐不正如此嗎？他說：「……若其權不自我，勢不可回，身可辱，生可捐，國可亡而志不可奪。」[47] 這也正是貞生貞死之後才能獲得的人生準則。當然，儒者本質上還是一介

書生，幾根傲骨怎能撐得起一個傾覆的王朝？由是，船山先生隱於田野山間，一心做藏之名山以待來世的文化事業，希望從學術理論上為民族精神的承接與傳授貢獻一個儒者的全部精力、智慧，乃至生命。

　　史載，從康熙三十年（1691年）起，船山先生便身衰體弱，常常氣喘不止，晝夜不停。先生自知可能不久於人世，從容命人取來筆墨，撰下了自題墓碑：「有明遺臣行人王船山字而農葬於此。其左則繼配襄陽鄭氏之所祔也。銘曰：抱劉越石之孤憤而命無從致，希張橫渠之正學而力不能企。幸全歸於茲丘，固銜恤以永世」。劉越石即東晉的劉琨，他曾試圖力挽東晉的危難時局而壯志未酬，船山先生以之自比，暗喻自己也為反清復明嘔心瀝血而未果；張橫渠是北宋大思想家，為儒學新局面的開創者之一，船山先生以其學為承續對象，並自謙未能將橫渠之學發揚光大，實則他大大推進了張子之學。這一自撰墓碑銘文一方面顯示出船山先生面對死亡的臨近毫無恐懼與焦慮，唯一遺憾的是其志未成其學未完。另一方面，這幾句話也的確高度概括了船山先生的一生，包括他的追求與企盼，他的生活與生命，以及他的生死哲學。次年的正月初二日午時，一代大儒船山先生溘然長逝，享年七十有四，葬衡陽金蘭鄉高節里大羅山。

四、對王船山生死智慧之現代沈思

　　綜合上述所討論的內容，擬可獲得以下結論：

　　第一，在儒學發展史上，應該說，生死本體論在《易》中已開其源，而《易傳》中提出的「原始反終」、「死而不亡」等觀念則

奠定了儒家生死本體論的基礎。但由於孔孟不太談此一問題，而是由對「命」的強調而讓人專注於「生」的道德踐履活動，故而戰國之後，儒家生死本體論並未獲得展開和大的突破。張載始發掘並大大推進了儒家生死本體之論，而王船山更視此為張子之「絕學」，並進行了很好的闡釋和發展。尤其重要的是，船山先生指出了「貞生死」才能立「人道」，以及如何從貞生死來確立人生準則，這就把死亡觀的建構在人生中的重要性凸顯了出來，這是對儒家生死本體論的重大貢獻，對現實中的人如何建構合理的生死觀亦有極大的啟迪。

第二，生死價值論實際上是確立人之生命的存在基礎、生活所循的規範，以及人生發展的方向。王船山承先儒之說，從生死本體論出發，把儒家之人倫道德提升為生死的根本價值，目的就是為了讓人們從不恐懼於死到勇於赴死，擺脫死亡對人生的束縛，獲得生死之大自由。這與道家的「逍遙之遊」不同，更與釋家的「往生」論相異。也就是說，儒家及船山先生提倡的生死價值論不是從精神上齊同生死以獲自由，也不是由進入不生不死之境來獲得對生死的超然，而是行仁取義、實做其事，為「道」在人間的實現而可以終於勞苦，也可以棄生就死，並由此而獲得對生死的超越和精神上的不朽，這正是儒家所宣導的生死之最高價值所在。

第三，船山先生同人世間的其他逝者一樣，必不可免地走了，但他卻留下了煌煌八百萬字的精神財富，從這個意義上看，船山先生不僅建構了一個生死哲學的理論，而且以其一生實踐了這種哲學，雖死猶榮，逝而不朽，其生命之流永遠在人間澎湃。而這，恰恰就是中國古代儒者們終生的期盼。

注　釋

1 《熊十力全集》第三卷，《讀經示要》第二講，武漢：湖北教育，2001，頁838。

2 《張子正蒙注序論》，《船山全書》第12冊，長沙：嶽麓書社，1985，頁11。下出自該書，均只註篇名。

3 《張子正蒙注序論》，頁11。

4 《正蒙・太和篇第一》，《張載集》，北京：中華書局，1978。

5 參見拙文〈張載生死觀及其現代沈思〉，《船山學刊》，2000，期3。

6 《張子正蒙注》。

7 嶽麓版《船山全書》中為「惟盡性者能一之」，多一「能」字。

8 《張子正蒙注》。

9 《周易內傳》卷五。

10 《周易外傳》卷六。

11 《張子正蒙注》。

12 高亨，《周易大傳今注》卷五，濟南：齊魯書社，1983，頁511。

13 《張子正蒙注》。

14 《張子正蒙注》。

15 楊伯峻，《論語譯注・先進篇》，北京：中華書局，1985。下引該書均只註篇名。

16 《論語・雍也》。

17 《顏淵》。

18 司馬遷，《史記・孔子世家第十七》，上海：上海書店，1988，頁1261。

19 楊伯峻，《孟子譯注・盡心上》，北京：中華書局，1960。下引該書均只註篇名。

20 《中國哲學辭典》，台北：水牛，1994，頁390。

21 （宋）黎靖德編，《朱子語類》卷二十四，北京：中華書局，1999。

22 《孟子・盡心上》。

23（宋）黎靖德編，《朱子語類》卷第六十，北京：中華書局，1999。

24《張子正蒙注》。

25《張子正蒙注》。

26參見拙著，《中國死亡智慧》，台北：東大，1994。

27《讀通鑑論·後漢光武帝一》。

28《俟解》。

29《衛靈公》。

30《衛靈公》。

31《衛靈公》。

32《泰伯》。

33《里仁》。

34《泰伯》。

35《告子上》。

36參見〈王船山哲學的基本精神〉，文載《社會科學戰線》，1993，期3。

37衷爾鉅，《大儒列傳——王船山》，長春：吉林文史，1997，頁290。

38《周易外傳·繫辭下傳》。

39《周易外傳·臨》。

40《四書訓義·論語·泰伯》。

41《尚書引義·大誥》。

42《俟解》。

43《俟解》。

44《周易外傳》卷六。

45胡發貴，《王船山與中國文化》，貴陽：貴州人民，2000。

46《噩夢·序》。

47《春秋左傳博議》。

第八章
張伯苓先生之生死智慧

張伯苓先生（1876-1951）是私立南開小學、中學和大學的創立者及管理者（「大校長」），是中國近現代著名的教育理論家和實踐家。「他一生只作了一件事，那就是教育，他開闢了二十世紀中國的新私學傳統。」[1]劉澤華先生更言：「近代教育，可稱大家者有二，一是蔡元培，一是張伯苓。」[2]張先生在中國教育史、中國歷史上的崇高地位由此而立。本章僅就張伯苓先生的人生信念、人生準則、人生態度和死亡觀進行一番探究，並在此基礎上引申出其生死觀的現代價值。

一、人生信念：教育救國

張伯苓先生是一個教育家，自然對人生觀的重要性有著充分的認識。他曾說：

> 吾人生活於世，苟無確定之信仰，確定之人生觀，則一切經營造詣必皆毫無根據，挫折一來，初志即可變易。[3]

而在人生觀中，人生的信念應該說居於核心的地位。

人生信念主要指一個人在生活中所欲實現的終極目標，所希望達致的人生理想。一般而言，每個人在生活中都有著這樣或那樣的目標、這樣或那樣的想法，但只有比較遠大及最終的目標與理想才構成所謂「人生信念」。其在人生活動中的作用是：給人之生活以巨大的動源機制。一個有堅定及遠大之人生信念者，對其前進道路上的艱難險阻必能處之泰然，且有著極大的戰勝困難的力量。

張伯苓先生的人生信念是什麼呢？一言以蔽之：教育救國。何以教育能救國呢？張先生說：「辦大學之目的在信學以致大，學以

易愚，學以救國、救世界，學能求眞理又能改善人格。」[4]這一人生信念的確立，不是外人灌輸給他的，亦非自我閉門造車苦思冥想而得的，完全是張先生從生活實踐中體會出來的，故而彌堅彌固，支配了他一生的活動。張先生指出：「可見有毅力，有信心，無不達其目的也。南開精神，其在是乎？」[5]信心加毅力，使張先生獲得了巨大的人生成功。

中國社會自1840年鴉片戰爭以來，就處於風雨飄搖之中，亡國滅種之危機時刻環繞在中國人的頭頂與四周。先進的中國人無時無刻不憂心似焚，亦無時無刻不在苦苦思索救國救民之良方。「洋務派」認定要挽救「天朝」於不墜，必「堅船利炮」不行；「維新派」則認爲必實行「君主立憲」才可救國；而革命派則認爲中國要不亡且立於世界民族之林，只有推翻封建專制政體，實現民主共和。出身寒士之家、且有身爲大清帝國海軍士兵經歷的張伯苓先生對挽救民族危亡的道路又是如何認識的呢？甲午戰敗之後，年輕的海軍士兵張伯苓親眼看見了一幕歷史悲劇，他稱其爲「國幟三易」——在威海衛這塊中國的領土上，先是降下日本旗升起中國國旗，接著立即降下中國旗換上英國國旗，前後不過二天。這一民族與國家的屈辱，化爲了目睹者張伯苓先生一番沈重的思索：

余時在北洋水師，感觸種種國恥，知我之不如彼者，由於我之個人不如彼之個人。故欲改革國家，必先改革個人。如何改革個人？唯一方法，厥在教育。[6]

念國家積弱至此，苟不自強，奚以圖存，而自強之道，端在教育。創辦新教育，造就新人才，及苓將終身從事教育之救國志願，即肇始於此時。[7]

張先生在軍事救國、立憲救國和革命救國之外，尋找到救亡圖存的第四條路——教育救國。雖然中國近代許多第一流的知識份子皆從不同的路徑達到了教育救國的體認，但沒有一個如張先生那樣是在極度國恥的狀態下獲得教育救國之看法的。張先生說：

> 我在北洋水師學校，親見旅順、大連為日本割去，青島為德國人所奪走。當我到劉公島的時候，看見兩人，一個是英國兵，另一個是中國兵。英國兵身體魁偉，穿戴莊嚴，但中國兵則大不然，他穿的是一件灰色而破舊的軍衣，胸前有一個「勇」字，面色憔悴，兩肩高聳。兩個兵相比較，實有天地之別。我當時感到羞恥和痛心。我自受此極大之刺激，直至現在，還在我的腦海中迴盪。我當時立志要改造我們中國人，但是我並非要訓練陸軍、海軍同外國周旋，我以為改造國民的方法，就是辦教育。[8]

　　在張先生看來，近代中國遭遇到的亡國之災，直觀視之乃軍事力量不如人、政體不如人；而若從深層而言，則是人之整體素質不如人。所以，張先生言其救國，不是訓練出龐大的陸海軍直接對外作戰，而是希望從教育入手來培育整整一個民族，從全面提升人之素質來達到富國強兵、洗盡國恥之目的。

　　後來，張伯苓先生之能從私塾做起，由小學而中學而大學，歷經千辛萬苦，培育出南開系列學校，就是因為其有著「教育救國」之人生信念。他的這一人生信念不是由外人誘導出來，而的的確確是從「身心性命」之根汩汩而出，所以能夠成為其終身為之奮鬥不息的人生目標。他的這一人生信念，亦非出自個人的某種利己之心，而是直接與民族和國家的存亡聯繫在一起，因此，它給予張先生戰勝無數困難的巨大力量。一般來說，一個人的人生信念若是由

外在灌輸的,那麼,其必易於動搖;一個人的人生信念若僅僅局限在個人私利的範圍,那麼,其給予他的人生之動力就相當有限。張伯苓先生之能在實現其「教育救國」的人生信念的道路上百折不撓,內在之深層原因也就在此了。

二、人生準則:硬幹、苦幹、傻幹

人生準則主要指人們在生活中遵循的一些原則,它們不一定是一些已經成文的規定,但卻有形或無形地規定了人們生活的軌跡和狀態。張伯苓先生在生活中奉行何種人生的準則呢?亦可一言以蔽之:硬幹、苦幹和傻幹。如此人生準則不僅驚世駭俗,而且徹底改變了中國傳統知識份子那種束手空談、弱不禁風的形象。

中國古代的士子在先秦時期往往是學問與實踐並重的。孔子教人詩、書之外,還讓學生習禮、樂、射、御,他還率領弟子們周旋於諸侯王之間,試圖以仁道禮制改變天下;孟子更是以「布衣」遊說各國,希望以王道政治變化無道之社會;至於墨子、韓非子等,更是十足的思想家加實踐家。但是,在魏晉之後,清談之風便在士人中間蔓延,在宋明時期更演變爲「束手空談心性」的虛浮之風。明末清初,顧炎武、王夫之等在深刻總結明朝滅亡的經驗教訓後,提出必須改變士人們只會讀幾本經書、毫無幹實事本領的狀態。但異族(清朝)入主中原的現實,使「皓首窮經」再次成爲有清一代知識份子之人生正途。張伯苓先生就曾尖銳地指出:「中國人之身體軟弱以讀書人爲甚,往昔之寬袍大袖者皆讀書人也。」[9]近代之後,亡國滅種的危機,終於喚醒了國人,知識份子們也痛定思痛,認識到不做實事,只知鑽故紙之學風的危害性,紛紛走出書齋,投

身於波瀾壯闊的社會變革之中。而其中較爲突出者、給人印象深刻者當屬張伯苓先生了。

張伯苓先生立志辦私學，並非紙上談兵而已，他用盡了全部精力投入到辦私立學校的具體活動之中，他所遇到的最困難者當然是經費的籌集。張先生不僅死死地抱定「教育救國」的人生信念，而且認爲辦校必須要堅持私立。因此，在他半個多世紀的辦學生涯中，幾無日無時不爲辦學經費在絞盡腦汁、在到處奔波。支持著他如此之行及如此去做的當是他執有的「硬幹、苦幹和傻幹」的人生準則。他說：

> 受了刺激，不要嚷，咬牙，放在心裡，幹！南開的目的，是對的，公與誠是有力的，幹！……要硬幹，要苦幹。我快六十歲了，我還幹，一直到死，就絕不留一點氣力，在我死的時候後悔：「哎約，我還有一點氣力未用。」中國人要傻不濟濟的幹。中國人一事無成，要傻幹。[10]

在張伯苓先生看來，要從事一番事業，實在是難；而要在積貧積弱的中國幹成辦私學這樣的大事，則是難上加難。可是，既然目標是正確的，人們又抱著「公」與「誠」之精神（意爲不是爲己之利之事），那麼就可以放大膽去幹。在做的過程中，人們不可避免地會遇上許多困難、挫折，所以才必須硬幹加苦幹。這樣一種人生的準則，必須要由崇高的人生信念來支撐，否則其帶來的人生挫折與痛苦很快會使其放棄原有的人生準則。

張伯苓先生一生抱定「教育救國」的人生信念，從未動搖過，所以，他硬幹、苦幹的人生準則也就能夠一直堅持到底。那麼，張先生在硬幹苦幹之外，爲何還要特別提出「傻不濟濟的幹」呢？這包含有二意：一是做苦事本身就是完全超出個人之私利之求的，故

而在一般人眼中這就是「傻不濟濟的幹」。如張伯苓先生執著於辦吃力不討好的私學，多次拒絕高官厚祿的招喚。他每年經手的錢財成千上萬，但全部花在了辦學之中，自己從未亂花過一分錢。在學校的教授們都住進單門獨院的房子裡時，張先生的一家卻住在被臭烘烘的羊皮包圍的街市旁的三間小平房內。諸如此類的行為，沒有一點「傻」是很難做到的。二是，人們若要奉行硬幹加苦幹的人生準則，必會常常碰壁，不僅僅是困難重重，更是做了許多的無用功。如張先生經常籌款無著，費盡心機仍無所獲等等。此時，若無一點「傻幹」之精神，其事業是難以為繼的。於是，有人批評他是一條「苦命的牛，要拖一輩子的車」，張先生響亮地回答：「不錯，讓我拖一輩子的車，這就是我的希望，這就是我的生活的目的。」[11]

這種「苦命之牛」的自許，實為上承了孔子「知其不可而為之」的精神。孔子曾經為了推行其仁政禮制的人生理想，周遊列國，可「干七十二君」都無所遇，反被人譏為「喪家之犬」，幾次遭遇到生命的危險。孔子又如何自解呢？在那個諸侯王只對爭城掠地感興趣、不惜殺人盈野而取利的時代，作為具備極高人生智慧的孔子又何嘗不明白自己的這一套不合時宜呢？但是，他是一個堅定的「天命論」者，而且相信他推行的仁政禮制是上合「天意」下符民心的，這種崇高的人生理念就使得他就夠「知其不可而為之」。這是一種近乎悲劇色彩的人生追求與人生的準則，可是，也就是其悲劇的性質反襯出孔子人格的偉大。

張伯苓先生生活在中國的近現代，是一個學習西學、提倡西學的現代型知識份子，但是，他絕沒有割斷中國優秀的文化傳統，他一手拿著《論語》，一手持著《聖經》，他那不畏艱險，百折不撓地苦幹硬幹加傻幹的人生準則，正是孔夫子「知其不可而為之」的人

生精神的發揚。也正因為是從悠久之歷史文化傳統中吸取力量，張先生才能在艱難的辦學之路上一往無前：「我就知道向前進。我絕不望一望，自己說：『成了，可以樂一樂了。』作完一件事，再往前進。」張伯苓先生為南開學校確定的教育方針，特別強調養成人人皆具「自治之精神」和「作事之能力」的重要性，他自己當然是身體力行的。

張伯苓先生在抗戰勝利後，於無可奈何的情形下，要求將私立的南開大學改為公立；後又退而求其次，希望政府能夠撥款十年，逐年遞減，最終恢復南開私立的性質。在全力操作這樣一種與自己理念完全不符的事情時，作為信念堅定的至誠君子的張先生，其內心一定非常痛苦。所以，《思想者的產業》一書的作者在題記中這樣寫道：「他一生只有一個遺憾，那就是把私立改為國立。」這其實也就是中國知識份子在特別的政治與社會的環境中所必然遭遇到的人生悲劇：現實的發展總是與自我之理念相悖。這種外與內的緊張，這一理想與現實的矛盾，曾經陷首開中國私學傳統的孔子於萬分痛苦之中；而數千年後，又使中國辦私學最成功者的張伯苓先生留下萬分的遺憾。雖然這似乎導致了孔子及張伯苓的人生事業最終未獲完全的成功，但也正是這「知其不可而為之」的人生精神，以及「硬幹、苦幹和傻幹」的人生準則襯托出了相距數千年之孔子與張伯苓先生人格的崇高和精神的偉大。在他們的一生中，其理想也許的確是沒有完全實現，甚至於破滅了，但他們的思想、精神與實踐仍然大大推動了社會的進步，並為後人留下了一筆寶貴的精神財富，這是永恆不朽的。

三、人生態度：「不可救藥的樂觀」

　　人生態度主要指人們對生活的看法、處世的方式等。張伯苓先生的人生態度是什麼呢？也可用學生們對他評價的一句話來概括：「不可救藥的樂觀者」。

　　從張先生的一生來看，其可憂可愁可痛之事太多太多，其面臨的困難常常幾乎是無法克服的，比如那永遠無法填平的學校財政「赤字」。可爲何張先生能保持其樂觀的人生態度呢？因爲，在張伯苓先生的眼中，常人所追求的吃喝玩樂等享受並非是眞正的快樂，相反，「奮鬥即快樂，或者說奮鬥即是生活的方法。」張先生還指出：

> 世界上的一切是人創造的。我們的生活是創造的生活。我們應
> 該本著奮鬥的精神，創造一切，解決一切。能夠如此，才能對
> 於生活發生興味。[12]

這就是說，一個人只有對生活發生興趣，才會有所謂的快樂。而要對生活發生興趣，就必須在人生的過程中時刻奮鬥不息。

　　於是，人間的快樂不是物質欲望的滿足，而轉變成了對事業的專注和成功。這就是張先生保持樂觀之人生態度的秘訣。

　　1947年，張伯苓先生第四次赴美返國，時值二次世界大戰結束不久，中國社會是滿目瘡痍、百廢待興。各方友好及南開的同學向剛回國的張先生提出了許多有關世界形勢、中國前途及南開復興的問題，張先生作一文〈世界、中國、南開〉以答眾人之問。他寫道：

本人自認是一個樂觀者，南開同學又替我起過一個渾名，叫「不可救藥的樂觀者」。但我的樂觀是有根據、有理由的。[13]

張先生接著指出，社會總是在不斷發展的，進步是不可阻擋的歷史潮流：「歷史發展的路線，儘管迂迴曲折，但終結的方向是自由平等與幸福。」在他看來，

第一次世界大戰結束，產生新的蘇聯，第二次世界大戰的結束，應該產生新的中國。中國的政治哲學，根據《大學》上一句話是「修身，齊家，治國，平天下。」現在，世界向尋求永久和平的路上走，天下可望日臻太平，正是我們治國的大好機會，千載難逢，不可再矣！

在對形勢的樂觀估計的基礎之上，張伯苓先生的復校計畫是十分龐大的，不僅要在天津恢復南開大學、南開中學等，還要在成都與昆明設兩個分校，並在上海開辦南開第三中學、東北設立第四中學。如此勃勃雄心，不禁使人產生張先生究竟要辦幾個南開學校的疑問。他充滿激情地寫道：

究竟要辦幾個南開中學，我的答覆是簡簡單單六個大字「一直辦到我死」。四十多年以來，我好像一塊石頭，在崎嶇不平的路上向前滾，不敢作片刻停留。南開在最困難的時候，八里台籠罩在愁雲慘霧之中，甚至每個小樹好像在向我哭，我也還咬緊未停一步。一塊石頭只須不斷地滾，至少沾不上苔蘚；我深信石頭愈滾愈圓，路也愈走愈寬的。[14]

可見，張先生的樂觀人生態度不是那種盲目的不看現實的樂觀，亦非虛無飄渺的盡想好事的幻思，而是建基於對形勢發展、社會環境

等客觀的觀察之上。故而其確定的發展目標大多是有實現希望的，當然必須經過艱苦卓絕的努力。所以他才自比是一塊在崎嶇不平之路上滾動的石頭，為了不沾上「苔蘚」而永不止息地滾著，一直要滾到生命的終點——至死方休。因為他的「教育救國」的人生信念的堅定，其人生準則又是硬幹苦幹加傻幹，所以，其人生態度才能如此的樂觀與如此的悲壯。從中，人們不難體味出某種宗教的獻身精神蘊涵在內。事實上，如果說張伯苓先生的人生準則與中國傳統之儒家的精神血脈相通，那麼，其人生態度則與基督教的觀念有著密切的聯繫。

張伯苓先生曾在1909年自述自己人生發展之路是從「玩世」到「厭世」再到「樂天」。他說，自己在二十歲以前，自恃聰穎，懷疑一切，善辯喜駁，目中無人：「舉凡一切神道佛仙，皆不折服，逐漸成一玩世之人。」後來，張先生與嚴范孫先生交遊，常受其所教，可仍然「頗不以為是」。尤其是拿書本中美好之言詞與世俗之污濁比較，更覺得兩者相距何啻萬里，「逐漸生一厭世之心」。張先生後來又細心體會，「人在世間，無非生老病死，古今一轍。言念及此，遂厭世之極，甚有願絕人間傳種之意，自亦不解其謬。有時研究心理學，而心理學不足為我之樂。講求明學四書，而明學四書不足慰我之心。世俗既非所好，家庭之樂亦不足以解我厭世之思想。」年輕的張伯苓是一個至誠之君子、一個善思之知識份子。少年之「玩世」乃自恃其才所至；而青年時代之「厭世」則出於苦苦思索而未獲。六年後，張先生第一次由青年總幹事格林介紹而系統地接觸到基督教的新舊二約。彼時，張先生的無神論思想甚深，對基督教之教義仍然不能相信。後又遇許多勸教之人，尤其是自我研習諸多書籍，終有一日，張先生皈依了基督：

余亦自禱曰，上帝如能使我明道，必信服，且願遍傳中國，勸人盡知有上帝。此語近虛而確係實意。自一禱之後，頗有感動，心中愉快異常。自此恍然大悟，實覺今是昨非，願將一己之身心，全付上帝而始妥。無怪泰西各國生理法政天算格物諸科學，著名博士畢生研究，莫能出此範圍，違道難斷自圓其說。[15]

　　張先生不是由神秘之途接受基督教，而是從自我之獨立思考而走向宗教。在他看來，人由身心靈三者結合而成，各有其用，如「持重須用身力」、「演算須用心力」，互相之間是不能替代的；由此推論，對純靈的「上帝」，人們只能以自我之「靈」對待之。若想持腦力或耳目聞見之跡來達到「上帝之域」是絕然不行的。於是，張先生「歸途興會淋漓，思若泉湧，想盡人皆有至寶之靈性，可以對越上帝，不善用之，殊為可惜。誠能以信仰之心祈禱，則必屏除私智，廣收佳果。」[16]自從皈依了上帝，張伯苓先生覺得受用無窮，至少也有五項：

一心中之平安如操左券；二能知己過，毫無遁情；三讀天道經，漸覺有味；四如獲重生，覺有神力之助，能勝物欲，曩者有志未逮者，今竟改良自新矣；五信有永生，所謂永生者，關於屬靈之世界，其幸福無窮不在世界飲食之樂，居處之安也。[17]

　　讀至此，人們便可明白為何張伯苓先生能夠成為一個「不可救藥的樂觀者」了。一者，張先生是一至「誠」至「公」之人，心地坦蕩，為國為民，一心實踐其「教育救國」之人生信念。雖然其人生活動宕蕩起伏，面前有無數的困難，可其內心卻平安如常，此當為

「可樂也」。二者，因其「允公」而能心地坦蕩，對己之過能自醒也能自改過，此亦爲「可樂也」。三者，其因具有基督之博愛精神而能戰勝世人最難克服的物質之欲望，且做事覺有神力相助，故能無往而不勝矣。如此，則何爲不「樂」？何事不「樂」？於是乎，宗教的獻身精神、無私之品格，造就了張伯苓先生「不可救藥的樂觀」的人生態度。

四、死亡觀：不朽與永生

所謂死亡觀，主要指人們對死亡及死後生命之看法。現實中的死亡觀，實質上是一種人生觀，因爲它既是活著的人之一種觀念，又深刻地影響著人們對生活的態度。張伯苓先生的死亡觀亦可一言概括之：追求「不朽」與「永生」。

張先生雖自小習西學，一生也都在推展新式教育，但其中學的功底亦十分深厚。從其言談及舉止，人們無不強烈地感覺到他是一個現代的儒者。中國傳統的儒家學者雖然有「子不語怪、力、亂、神」之古訓，亦有「不知生，爲知死」之教條，但是仍然發展出比較完整的死亡觀。儒者對死亡的看法一不同於道家齊同生死的「生死一體」觀；二不同於道教肉身成仙之「不死觀」；三不同於佛家死後往生西方極樂之「再生」觀。儒者是清醒的理性及現實主義者，人終歸一死是其早已確認的事實。但儒家學者指出，人們可以也應該透過「立德、立功、立言」之道路來達到精神生命之不朽；可以透過「殺身成仁」、「捨生取義」的方式來實現生命之永恆。1947年，張伯苓先生在致張彭春的函中對幾位同甘共苦幾十年的同事去世表示了沈痛的哀悼，他寫道：

同事三十餘年竟先我而去，追念往昔，能勿淒然！兄兩月之間遽失三友，雖傷痛異常，而念及人生事業如能常久存在，可謂精神不死，尚能勉作達觀。[18]

人雖然一定會逝去，但其人生事業能夠長久存在，如此，則其精神也萬古長青了。這是中國自古以來儒者對生死的看法，張先生當然也能心神領會，並運用於生活實踐。張先生指出：「正道所在，他非計也。非然者隨流逐波，圖暫時之苟活，失一生之人格，則生命又何足貴哉！」[19] 在此，一個人之人格比生命還要珍貴，爲保護自我人格之完整，張伯苓先生認爲可以放棄寶貴的生命。

這種追求事業不朽、精神永恆的死亡觀，實際上化作了張先生強大的人生動力，他之能如此不顧一切地投入南開系列學校的創建和發展的事業當中，原因當然是多方面的，但其清楚地意識到自我之生命終將化爲塵土，唯有事業——南開學校及他的教育理念可以永存而不朽。這樣一種認識，使張先生「日新又日新」，孜孜以求，從無懈怠，將畢生的心血投入了創建南開及發展南開的事業之中，也由此，他雖早已逝去，其精神生命卻已永存人間。因爲，南開學校作爲其事業、人格的固化已經永恆不朽了。

此外，張伯苓先生不僅是個儒者，他還是個虔誠的基督徒，這樣，他就能夠不僅從傳統儒家的思想中汲取生死的智慧，更從基督教的思想裡獲取建構自我生死觀的資源。他寫道：

令我信依盼望最有價值者即永生。吾人同具靈明即皆得永生之資格，甚願人人能得此福樂安平；如其不得，可惜孰甚焉！然而求則得之，不求則不得也。天下事未有無因而至者，永生何獨不然。方之人欲渡河，必經板橋，猶疑生畏，難登彼岸；若勇往直前，則為過來人，乃知無非如此，並無險也。余為斯

言，並非欺人，亦非因腦筋傷暑，侈口妄談。實緣在有全能全知之主宰，以宗教普渡斯人。故不敢徘徊於玩世派中，且深信重生之奧義，及將來永生之希望，亦不取流連於厭世派中。蓋玩世之張伯苓，一變而為厭世之張伯苓，再變而為樂天之張伯苓矣！由是靜觀自得，對於家庭、州里、蠻貊，無往而非樂境，一心向道，謂之有我可，謂之無我亦可。惟期以身心全獻之上帝，待上帝復賜以新靈，則我始見真我也。[20]

因其由基督之教義而堅信人死後可以永生，這樣一種觀念對張先生之人生道路的轉變是有決定意義的。由此，他得以從玩世、厭世而一躍為「樂天」。「永生」之境的確立，不僅使張先生此生此世的所做所為具備了一種超越性的意義與價值，而且也因此使他能夠將死亡轉變為人生過程中的一種「中介」物，人們借助於此而可以達到不死之「永生」。

任何人只要對張伯苓先生的人生道路稍稍考察，便會發現，他的人生動力是驚人的，其戰勝困難的勇氣幾無人可以比擬，這樣一種人生之境的達到，與其接受基督教之教義有著緊密的聯繫。因此，我們可以毫不誇張地說，南開系列學校的創建與發展離開了張伯苓先生是不可想像的；而張先生的巨大毅力與貢獻沒有基督教之精神為背景也是不可想像的。也許，要戰勝像張伯苓先生曾經克服的那麼些艱難險阻，非得有虔誠的宗教精神支撐不可。張伯苓先生就曾回憶說：

後來，我回到本城辦學校，遇見種種的困難，並且有時候我還抱著一種悲觀，我知道這種人生觀，沒有什麼意思，因為人終久要死，以後我常讀《耶穌言行錄》，看見耶穌的為人，很受感動。這一本書幫助我很多，我所以藉著他的鼓勵總算還沒有

半途中止，而打破各種困難，還要辦我的教育；換一句話說，就是要改造我們的中國人。[21]

所以，南開的創建和發展與基督教之間的關係也是今人應該研究的課題。

張伯苓先生生活於中國歷史上的一個大的轉折期，隨著西方列強的入侵，中華民族處於一個生死存亡的關鍵時刻。何去何從，是每個先進的中國知識份子苦苦思索的問題。張先生以深厚之儒學為根基，以先進的西學為利器，並以宗教之救世精神為內在的人生動力，開創了中國私學發展的嶄新階段。可以說，近現代中國複雜的社會環境，張先生本人獨立思考的品格、奮發向上之人生精神，以及他中西會通的知識背景，造就了其偉大的人格和創建南開發展南開的宏偉事業。

在中國近代歷史上，張伯苓先生也許算不上是驚天動地的大人物；但是，其執著於「教育救國」的人生信念，並取得相當大成功的實踐活動，確又給近現代的中國以深深的烙印。今人若徜徉在欣欣向榮的南開中學與南開大學裡，不難察覺先賢張伯苓的思想與精神在閃爍。而若回首一個半世紀中國先進的知識份子對救國之道路的艱難探索和實踐，我們就更是能夠體會到張先生所從事的事業及其表現出的巨大熱情的可貴。尤其是，當今天知識經濟時代降臨人間，社會的發展將以知識的質與量來決定時，我們更加能覺察到張先生以畢生之精神投入教育事業的先見之明的偉大。如果僅僅從張伯苓先生的生死觀來看，我們亦可深受啟迪。他的「教育救國」的人生信念，硬幹苦幹加傻幹的人生準則，樂觀的人生態度，以及追求不朽與堅信永生的死亡觀，在在都給予我們一種發憤向上的精神。在一個眼光短淺的物質主義氾濫的社會風氣中，在一個「個我

主義」至上的狀態裡，重溫張伯苓先生的這些人生的精神當然是不無補益的。而現代人若想建構一個好的生死觀，張先生的思想、精神與行為就是最好的資源之一。

注釋

1《思想者的產業》，海南出版社，1999，頁1。

2《思想者的產業》，頁326。

3《南開週刊》，期88，1924.3.9。

4《南開週刊》，期69，1923.9.21。

5《校風》，期39，1916.9.25。

6《南開週刊》，期109，1924.12.22。

7《南開四十週年紀念校慶專刊》，1944.10。

8〈基督教與愛國〉，文載《南開月刊》，卷1，5-6號，1925.10。

9《校風》期30、31，1916.5.15、22。

10 轉引自《思想者的產業》，頁148。

11〈奮鬥即是生活的方法〉，文載《南開週刊》，期121。

12《南開週刊》，期121，1925.5.4。

13《南開週刊》，復刊5號，1947.7.24。

14《南開週刊》，復刊5號，1947.7.24。

15 南開《青年報》，期1，1916.10。

16 南開《青年報》，期1，1916.10。

17 南開《青年報》，期1，1916.10。

18 崔國良編，《張伯苓教育論著選》，人民教育出版社，1997，頁335。

19《校風》第51期「特別增刊」，1917.1.15。

20〈張伯苓先生自述通道之理由〉，文載南開《青年報》，期1，1916.10。

21《南大週刊》卷1，5-6號，1925.10.17。

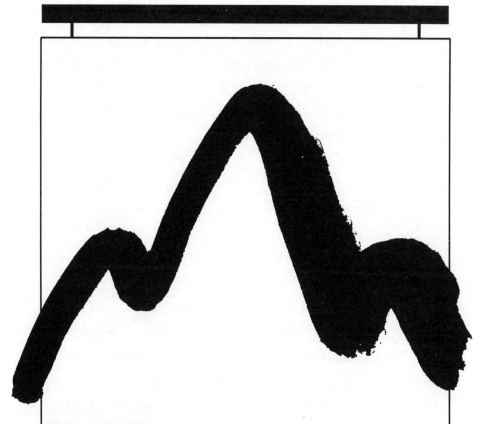

第九章

殷海光先生之生死智慧

殷海光先生（1919-1969）自稱是「五四後期人物」，作爲思想家，他承接「五四」民主與科學的精神，做了大量思想啓蒙的工作，成爲現代中國自由主義的中堅人物；而從個人的人生道路而言，他遭遇的則是社會的冷落、制度的橫逆，最後壯志未酬身先逝，使人有「人生悲劇」之嘆。但殷先生個人生命的過早中止及人生過程中的諸多苦難正醸造出中國現代史上驚心動魄的一幕，從而給後人留下深深的感嘆和無盡的思索。

一、人生意義問題

　　殷海光先生一生中寫下了大量論著和文章，主要集中在邏輯經驗論的引介、自由主義的詮釋、文化傳統的批判、政治時論等方面，對「人生問題」殷先生亦給予了相當的關注。1966年4月8日，他在一次演講中專門闡述了人生的意義問題。[1]殷先生認爲，談人生的意義問題非常重要，其原因一在他個人好思索，且人生經歷又「辛酸波折」，對人生問題有較深的體會；二則當今社會處在轉型之中，文化在蛻變，心靈在沈淪，所以必須要重視人生意義的問題。

　　殷先生對人生問題之所以重要的判斷是相當正確的。實際上，中國自十九世紀中葉「西風東漸」之後，就進入了一個大的「轉型」期：從軍事上的「求強」，到經濟上的「求富」；從制度改革的「戊戌變法」，到政治變革的「辛亥革命」，再到所謂「心靈革命」的「五四運動」，都表徵著中國社會近代以來由表及裡的「轉型」。但是，人類一切社會、經濟、政治變革的努力無不最終要落實於生活水準的提高、生活方式的改換，以及人生觀的變革上。所以在二

十世紀的二〇年代在中國出現了遍及整個知識階層的科學人生觀與玄學人生觀的論戰。雖說是「科玄論戰」，但實際上還有以陳獨秀、瞿秋白先生為代表的「唯物史觀之人生觀」的出現，從而使這場規模頗大、影響深遠的論戰呈現出複雜的鼎足而立之勢。三種人生觀恰好代表著當時中國思想界的三大思潮：自由主義、保守主義和社會主義，或曰歐化、傳統化與俄化思潮。

自由主義者把西方社會的基本價值，如科學、民主、自由、法治等引入中國，一反傳統中國社會的神秘、集權、個性壓抑與專制，對現代中國社會的發展可謂功莫大焉。但自由主義的追求與執政者的需要總是處於十分尖銳的緊張狀態，這就埋下了現代中國自由知識份子步入悲劇性人生道路的深層緣由。殷先生是現代中國自由主義的著名代表人物，他的人生之路自然也逃脫不了這種厄運。他在生命的最後階段回顧道：

> 三十年來，我有時感到我有無數的同伴，但有時卻又孤獨地獨行；我有時覺得我把握著什麼，可是不久又覺得一切都成了泡影。然而無論怎樣，有這麼多不同的刺激，吹襲而來，有這麼多的問題，逼著我反應並求解答，使我不能不思索，並且焦慮的思索。[2]

自由主義者的殷海光在臨終前已將其人生過程中的坎坷與痛苦全部承擔下來，他也並非不清楚，這些人生的苦果恰恰是其自由主義的思索與追求造成的，可他毫無悔意，相反卻以對各類複雜問題的解答為人生的主要內涵，並堅持要「思索」，還「焦慮的思索」，他唯一的遺憾是將不能再思索：

> 所憾有……在我的思想快要成熟時，我怕沒法寫下來，對苦難

的中國人民有所貢獻……對青年一輩，可能沒有一個最後的交
代……[3]

自由思想者殷海光終其一生追求的是自由的思索和思索的自由，用
民主與科學的精神啟蒙大眾，且推進政治與社會的變革。這樣的人
生追求與行為必與現實政治與社會發生矛盾與衝突，這就埋下了殷
先生人生悲劇的種子。但殷先生對自我的人生苦難卻無所畏懼，所
憾的是自我的責任還未完成，這種人生的精神源於何處呢？

二、殉道的人生精神

應該說，殷先生「殉道」般的人生精神與其持有的人生觀有密
切聯繫。他認為，人生可分為四個由低至高的層次。第一層叫「物
理層」，指的是人作為自然物，必然受到自然規律（物理定律）的
支配，由此而言，人是有限的，不能「太狂妄了」。第二層為「生
物邏輯層」，指人作為「生物」還要受到生物法則的支配，如饑食
渴飲男女等。第三層是「生物文化界域」。因為人不是一般的生
物，人類是有文化的生物，所以人們禦寒之後求衣飾之美；飽食之
後求飲食之精；男女婚配有複雜的儀禮等等。殷先生指出：「我們
滿足人類之生物的要求，就是生物文化。但人類的生存並非發展到
此就結束了。」所以，人生還有第四層：「真善美，道德理想」。
在殷先生看來，人與物、與生物最大的不同乃在於有「意識」，其
他生物皆不知自身的生死問題，唯人知曉有生就有死，人類求生畏
死的意識，使文化大大豐富起來，產生了許多神話、許多禮儀，殷
先生指出：

就這樣，慢慢的發展，擴充我們的界域，由單純的物理層，進為生物邏輯層，再由此發展到生物文化界，繼續發展，然後人類有真善美的意識，有理想、有道德，這也就是價值層。這層就是人之所以為人的層級，生物邏輯層則是凡高等生物皆有。生物文化界別的高等動物雖可分享一部分，但人最多。唯最高層是人所獨有。我們講道德，追求理想，要創造理想社會，從柏拉圖、湯瑪斯、莫爾的烏托邦，以至我們要追求真善美等等，這都是超生物邏輯的東西，借用黑格爾的話說是「精神的創造」。

殷先生關於人生四階層（界域）說，揭示了兩個問題：一是人何以為人的本質是什麼？這是一個古老而又常新的問題。中國古代儒者將人性歸為道德的善；法家則視人性為「惡」，要達到「善」，則必須「偽」。殷先生認為人之為人就在於人類有意識，有對真善美理想和道德的追求，這與儒者的看法有相似性。雖然儒者不談「真」，而在邏輯上有相當造詣的殷先生特重「真」的問題（其實在儒者們看來，「善」之價值無疑是「真」的，知識論由此可闕如）。如果說，在這一點上，殷先生與儒家思想有一致性的話；那麼，在殷先生有關人生意義探討的這一方面，兩者的觀念則有明顯的分野。

殷先生正確地指出了人首先是個「物」，所以要受物理定律的支配；人又是個生物，所以又受到「生物邏輯」的控制，然後才能達到「生物文化界」，並最終進入「價值層」。這種看法當然是具有科學思維者所必然得出的結論。所以，殷先生認為傳統儒學極力推崇的人生價值，如君子謀道不謀食，「餓死事小，失節事大」，「餓死首陽之山，義不食周粟」等等，都是一種「想法高得很，但

也空得很的」觀念。不談人的物質需要，不講社會的經濟發展，人生的價值層面是很難達到的。

在實際上，我們不可能經此層而跳至最上層。因為，如果騰空而起的話，高等精神文化的發展和道德實踐便失去支持。

所以，在殷先生看來，傳統文化價值的最大弊病之一，就在於把重點放在名教、儀制、倫序、德目的維繫層次上，而忽視「生物邏輯層」。這樣一座文化的高樓，「上一層的人在吹笙簫，底下一層勞動終日難得一飽，於是空了。整個文化建構都發生了問題。」

殷先生將他的人生四階層說的理論運用於觀察當今中國社會和知識份子，則發現一個重大的問題，即：人們解決了生物邏輯的問題之後，卻並不熱衷於去追求那些崇高的精神價值，豐衣足食即安，這是殷先生最痛心疾首的事，他說：

要人生完美，必須透過生物文化層再往上升。生物文化層滿足了，我們還要真善美、理想、道德，這樣的人生道路才算完成。

在此，殷先生提出了一個人生選擇的兩難問題：

如果我們要滿足衣食等生物邏輯，那麼勢必犧牲道德或理想；如果我們要維持道德或理想，那麼勢必因難以滿足衣食等生物邏輯的要求而難以生存。處此困境之下，我們怎樣作決定？

這一兩難問題自古皆已存在，不過在當今這樣一個大多數人皆以金錢與利益為人生主要追求內容的時代，這一問題就顯得尤為突出。

殷先生提出了解決此一問題的三條原則：

第一，我們萬不可在自己的生存並未受到威脅時為了換取現實利益而犧牲道德原則。第二，在我們的生活勉強可過時萬不可因要得到較佳報酬而犧牲他人。第三，當我們因生活困難而被迫不得不放棄若干做人的原則時，我們必須盡可能作「道德的抗戰」，把道德的領土放棄得愈少愈好；而且要存心待機收復「道德的失地」。

　　殷先生此一人生選擇之兩難問題，與古之「餓死事小，失節事大」的儒家觀念是同一層面的問題，但儒者認為，在道德選擇的問題上，可以完全置物質利益於不顧，乃至「餓死」亦要維護「節操」。而殷先生則堅持人們有「生物邏輯層」和「生物文化層」的需要，它們在道德選擇的過程中起著相當大的作用。當然也有那世俗人高不可攀的「聖賢」可以做到「餓死事小，失節事大」，而芸芸眾生則不可能不顧及到現世的物質利益問題。所以，殷先生的三原則不是空中樓閣式的抽象理念，而是正確地評估到現實人生的狀況而提出的，具有相當大的操作性。

三、人生實踐

　　實際上，殷先生半個世紀的生命歷程恰恰就是他上述人生學說的現實化過程。當他還是湖北黃岡龍山鎮的少年時，就表現出他的倔強和叛逆性格。在校讀書期間，他又顯現出對真理近乎狂熱地追求，於是才有他對邏輯的摯愛，以一中學生的才力對《邏輯基本》一書的翻譯，尤其是得到金岳霖先生的接納，成為金先生的弟子。其後，經過戰火中的顛沛流離，殷海光先生得以就讀於西南聯大，

得到了系統的學術訓練。殷先生的這些求學經歷，充分展示出他對知識之「眞」的執著追求。其次，殷先生無論在其作爲報紙主筆的期間，還是作爲台灣大學教授的時期，乃至被迫離開台灣大學，苦苦抗爭的階段，他的所作所爲無不顯示著一位眞誠的知識份子對知識之「眞」、道德之「善」、人間之「美」的熱切嚮往。

王中江先生指出：

> 他是一個追求不止的人，是毫不掩飾地以今日之我非難昨日之我的人。對於他來說，已有的東西總是一個起點，它的不完滿需要未來的作爲來改變，他始終處在一種不斷充實、不斷提升自我的生命衝動中，他的理想追求永遠是沒有終點的。[4]

殷先生在知識與學問、教書與爲人方面之所以有永不竭止的崇高追求，恰恰與其人生觀中把眞善美和道德理想置於人生的最高層次有關。實際上，眞善美作爲某種理念的存在，也許是人類永遠也無法企及的「彼岸」；但也正因爲此，它們才成爲了人生奮鬥的永恆目標，激勵著人類爲之努力不息。

殷先生就是這樣，他對科學與民主，尤其是自由主義的不懈追求，雖然因現實政治狀況而嚴重受挫，但其人格精神和崇高理念則激勵著千萬後來者，實際上其終生奮鬥以求實現的政治民主的理念已逐漸地、部分地成爲中國的現實。所以，殷先生的人生道路雖說充滿著挫折、彎曲，甚至失敗，但其生命可說已至不朽之域，其道德人格可謂光照後人，這無疑也是其人生的輝煌與成功。殷先生的人生思想與人生經歷留給後人可資借鑑者、發人深思者良多，但最可注意者有三：

一是知識份子對現實政治的批判精神。社會的現代化過程，以及教育制度的某些缺陷，愈來愈使知識份子成爲某一領域的專家，

知識份子只有「知」而缺乏「識」（見識、洞識）者比比皆是，而沒有終極關懷、沒有思想理念的知識者就更多了。加之唯利主義、唯物質主義、唯享樂主義盛行，思考型、批判型的知識份子更是少而又少了，這也許正是現代知識份子的悲劇之一，亦是現代社會之不幸。殷海光先生一生的感人之處，不僅僅在他的好學敏思，以探索事物本質為己任，更在於他在政治上對黑暗腐敗，以及不自由之制度的頑強、尖銳的批判。由此，殷先生成為了社會的「良知」，無愧於現代知識份子的楷模。

二者殷先生對世俗社會弊病的抗爭精神。處於殷先生那個時代，他頗有「舉世皆濁吾獨清」之嘆，這也是中國自古以來批判性、抗爭性知識份子所普遍遭遇的人生境況。如何解決？有屈原式的投江自盡，以眼不見、命不存而釋然；或者如莊周陶淵明那般，隱逸山林田園，琴棋書畫垂釣自娛，作精神的逍遙之遊。殷海光先生則不然，他走的是抗爭性、批判性一路。他從不隱匿自我的看法，絕不逃避現實，且用辛辣的文章將自己的觀點公之於世。這種人生道路較之前二者更困難也更危險，殷先生義無反顧地走了這條路，且在臨終時這樣說：

> 我活不成了！平常看到人把棺材一副副的抬出來，我們看了卻很淡然，為什麼今天面臨自己，卻有異樣的感覺呢？其實，對於死這件事，我老早就想透了，看淡了，我的潛意識裡都沒有一點兒恐懼感。只是我死得不甘心，我的思想剛成熟，就在跑道的起跑點倒了下來……。[5]

殷先生在生死關頭，萬分留戀人世間，但他並非是怕死，也不是捨不得這花花世界，而是覺得自己責任未竟，苦難中的中國社會還沒有迎來曙光，他這個抗爭性的戰士不應該倒下。死神最終還是把這

位熱愛生命、生活與人生的思想家、民主自由的戰士帶走了，但其崇高的人生追求與道德人格則永恆地留存下來，啓迪著現代中國知識份子應該找回社會使命感和道德良知的身分。

第三，殷先生知行合一的精神。古之學人爲學主要是「爲己」，學習的目的是提升自我的人生境界、道德品格，所以，學者的目的是達到知行合一，所學之內容與個人的人生踐履要完全合一。但今之爲學者則往往是「爲人」，知識份子把學習當作謀生的手段，學問變成了科學知識與技能的掌握，學習本身並不解決人生境界和道德修養問題。於是，今之知識份子知行脫節十分嚴重，有許多在專業領域有精湛淵博的知識者在道德上卻十分墮落。殷海光先生是一個標準的現代型知識份子，崇拜羅素、海耶克和波普爾，對中國傳統文化持批評態度，但在知行合一的問題上，卻繼承了傳統精神。今人可指出殷先生學識上的諸多不足之處，但很難指陳殷先生有不眞誠、虛僞、人品道德方面的問題。而殷先生畢生追求的眞理亦就顯現在他的具體人生之中。他在十分艱難的歲月裡，一直保持了他對民主與自由理念的執著，由此而發顯在對社會黑暗的抗爭和對政治的批判上。在此，殷先生已把他的學問與做人以及人生踐履完全融爲一片，不分彼此。

這也許就是殷先生之學與之行留給現代中國知識份子最可寶貴的精神財富之一。

注釋

1參見〈人生的意義〉，《殷海光全集·學校與思想(三)》，下不註明者皆出自該文。

2陳鼓應，《春蠶吐絲——殷海光最後的話語》，台北：環宇，1971，頁23。

3〈殷海光先生遺囑〉，同上，頁1。

4《萬山不許一溪奔──殷海光評傳》，水牛出版社，1997。

5《春蠶吐絲》，頁34。

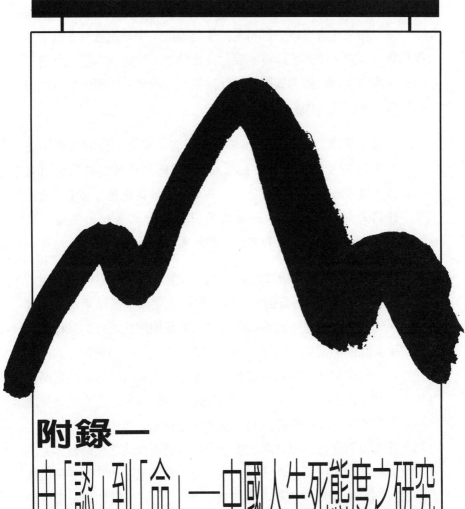

附錄一

由「認」到「命」——中國人生死態度之研究

生死態度一般指人們面對死之結局，所產生的觀念及心理精神的活動，並展現於外的行為，是精神見之於舉止的合和體。一般而言，特定的文化會形成人們特定的生死態度，中華民族有著五千多年的悠久歷史，積澱成深厚的歷史文化傳統，因此，中國人有著不同於其他國家與民族的獨特的生死態度。台灣成功大學的趙可式博士認為：對臨終者而言，

> 心理平安當然是最好的，可是要如何才能得到心理上的平安呢？很有趣的，就是要能「認」。「認」這個字是我提出來的，病人並沒有這麼指陳……只要他不再與命運打仗了，放棄搏鬥的時候，他內心深處的平安就會出來。我把它稱之為「認」，這也是中國人特有的一個辭彙。[1]

許多人面對「死」，皆難以達到「認」的態度；而如果一旦達到這種「認」，也就意味著普通的中國人對個我生命即將結束這個事實承認後的接受，於是，他或她可以進入到萬般掙扎之後的某種心理上的平安狀態。但是，處於「認」之階段的人，他們對死亡的接受往往是無可奈何的、非心甘情願的、被動與被迫的，只有由對個體生命生死之必然性的「認」，上升為對人類整體生命之生生死死之必然性的體認，並最終意識到宇宙萬物皆有生死成毀之必然性，人們才能獲得對死亡自覺自願的接受，並在面對自我之死時做到完全的坦然和釋然，這即是由「認」到「命」的過程，道家學者稱之為「安之若命」，儒家學者稱之為「樂天知命」。終極關懷與普遍性宗教信仰缺失的中國人，面對生死之關，大多數人也只能或只有依賴「命定」的思想觀念，進入死亡之域。在這方面，中國傳統的儒道生死哲學具有重大的理論意義和現實的應用價值。

一、現代人生死「認命」之難

死亡造成人類痛苦之最大者，也許並不在其使人們鮮活的生命中止了；而是人們在臨終時，肉體上的極大痛苦，心靈中深深的憂懼，包括放不下生前種種持有的痛惜，不甘心於死就要降臨的事實，無法接受自己即將步入死途的命運等等。這即是現代人生死「認命」之難的問題。

在《論語·泰伯篇》中記載古之大賢「曾子有疾」，朋友孟敬子關切地來問候。曾子坦然地說：

> 鳥之將死，其鳴也哀；人之將死，其言也善。君子所貴乎道者三：動容貌，斯遠暴慢矣；正顏色，斯近信矣；出辭氣，斯遠鄙倍矣。籩豆之事，則有司存。[2]

曾子終生以體儒家之「道」、行人倫道德為職事，故在臨終時，能夠達到「其言也善」，念茲在茲仍在告誡他人動靜行止要合乎人倫道德、禮樂教化的規範，死亡的恐懼似乎已完全離他而去。現代人則不然，他們有無窮多的人生領域，有數不清各式各樣的擁有，有無限豐富的生活內容，也有想不完做不完的各種事情，於是，將死之時，難以「其言也善」，體驗到的大多是個我的失落、恐懼、痛苦、揪心和沮喪等等負面的心理狀態。

美國著名醫生庫布勒·羅斯於二十世紀六〇年代在芝加哥一帶訪談了二百多個臨終病人，於 1969 年提出了臨終病人瀕死心理的五階段說。首先是「震驚及否認期」，當人們得知自己即將步入生命的終點站時，往往第一反應是震驚，並予以拒絕，認為「醫生可

能搞錯了，不可能是我」。隨後進入到「憤怒期」，當人們病情發展惡化，否認已不再生效時，在求生欲望的激發下，病人會出現憤怒、怨恨與不平衡的心理，提出諸如「為什麼是我得這種病」等問題。病人度過憤怒期後轉入了「協議期」，希望醫生想辦法延長他們的生命。這時病人往往會積極配合治療，心態較為平靜，有時會哀求說：「醫生，讓我活著看到我的孩子長大」。隨著病情不可逆轉地加重，病人產生了絕望情緒，意志萬分消沈，體驗到極度的悲哀和抑鬱，並試圖在追憶中追尋自我一生的意義與價值，開始對家人交待後事。最後，病人進入了「接受期」，在萬般無奈下，病人開始放棄抗拒死亡的掙扎，心理上開始平靜下來，對死亡也有所準備了。可見，從第一期到第四期，病人往往都是不接受死亡必至的命運的，而即便是第五期，人們對死亡的接受也是出於無可奈何，並非是一種自覺的肯認。

　　二十世紀七〇年代以後，許多學者對庫布勒‧羅斯的五階段說提出了不同的看法，認為臨終病人情緒變化非常複雜，五階段不一定具有先後發生的順序，也不保證每個階段的必然性。Christ指出在病患瀕死前的數週內，排山倒海的失落感是他們的主要課題。Smith在1978年的著作中指出末期病患最大的煎熬是孤獨感，其他如情緒矛盾、愛恨交集、擔心親人、憂慮未來、不平、嫉妒、疏離、預期的哀傷、內疚、怨恨、恐懼與幻想、退縮與孤立等都是臨終病患的情緒反應。[3] 應該說，隨著現代人生活的愈來愈豐富化，現代人積聚的財富也愈來愈多，人際的社會關係亦日趨複雜，面對死亡，世間所繫所縛的東西實在太多太重，人們表現出的不甘心也必然愈來愈強烈，所品嚐到的死亡的失落感也就愈加深重。

　　傅偉勳教授提出：

　中國生命學——中華賢哲之生死智慧

庫布勒‧羅斯模式的最後階段——接受死亡部分，在美國他們
期望透過死亡教育達到臨終前的最後關頭，人們能夠心平氣和
地接受死亡，帶有尊嚴地死，死得毫無遺憾，並就此以為即是
人類接受死亡的全部，其實不然。

傅先生指出，人們「牽涉到死亡尊嚴的最基層心理反應，往往是抵
抗到底，不甘心接受死亡，而導致含恨至死……」。而且大多數人
的情況是「死得雖不甘心，但卻又不得不向死亡讓步的無可奈何，
多半情況是想不通也無濟於事，因此只好接受……。」傅教授還特
別指出：

> 依照庫布勒‧羅斯的探討，發現最後階段接受死亡的情境，帶
> 有宗教信仰者未必比沒有宗教信仰者好得多，足見宗教再偉
> 大，無心亦無用。[4]

可見，大多數的臨終者，甚至包括許多的宗教信徒，面對死亡的近
逼，皆難以放下。人們最終接受死亡並非心甘，更不情願，完全是
不得已而已，是無法扭轉結局下的無可奈何。因此必承受巨大的精
神痛苦，表現為心靈的恐懼與不安，是謂「含恨至死」。

趙可式博士長期在照顧臨終病人的一線工作，她寫道：

> ……在沒有「認」之前，人一直求神：「求你保佑我吧，求你
> 治療我的病，求你再讓我多活幾年……。」可是當他有一天跟
> 上帝說：「好吧，按照你的意思吧。」他就有一個很深的平安
> 從內心深處升起來。[5]

趙博士所說的「認」，是臨終者經過萬般掙扎之後，在某一時刻突
然放下對「生」的執著，在心理上精神中接受自己即將步入死亡的

命運。嚴格來講，此時人們所達到的對死之接受實際上仍然是一種無可奈何，是沒有法子之後的「只好接受」。我們常可看到或聽到，人們對一些無可奈何必然會發生的人生事件感嘆道：「這是命啊！」意思是指，目前這種狀態是我們人難以改變的，所以要「認」，由肯認到接受下來。換句話說，當人們意識到目前的狀況是一種非人力所能改變、所能扭轉的必然性時，也就只好放棄一切人為之為，承受之。可是，現代人要達到這個死亡之「認」已是十分地困難了，而透過此「認」進一步獲得心理上精神中的安然，無恨無怨地承受死亡之「命」，幾乎是無法做到了。中國傳統文化中有著悠久歷史的儒家「樂天知命」與道家「安之若命」的觀念，則要求人們躍出個我生命的限囿，立於整個世事變遷、自然大化的定則來返觀自我生死之變，如此獲得的死亡之「認」，就不是無可奈何的，而是生發於必然性或應然性基礎上的肯認與接受。

問題在於，人類利用科學技術改變自然與社會，展現出空前的偉力，似乎已達到了絕對自由的境界：隨心所欲地將人的意志施加於自然物之上，部分甚至全部改變自然之物的形態與性質；近來，隨著基因工程、複製技術的不斷完善，人類似乎已經擁有了「上帝之手」，可以對最最隱秘最最深奧的生命現象加以變更甚至「製造」；而人生中的各種狀況，也都能在智慧、制度及金錢的運作下方便地改變之。在此基礎上，人類的自大心理也就無限地膨脹起來，總以為，既然「生」的問題我們已幾乎可以「隨心所欲」了，那麼，在「死」的問題上，我們亦可推而實現「隨心所欲」。一個最明顯的例子是：現代人可以說已沒有臨終者，只有臨終病人。也就是說，現代人已沒有正常死亡的概念，不承認有「壽終」這回事，人們無論是不是在一個自然而然的狀態下去世，皆被視為非正常。因為逝者往往都是在宣告「醫治無效」後確定為死亡的，任何

人的去世都已習慣地被逝者本人和社會視爲因某種疾病所致。美國著名醫生舍溫‧紐蘭指出：在現代社會，老年人無疾而終的事是不被承認的：

> 美國聯邦政府發表它的「死亡統計預測報告」，從該報告的前十五項死亡原因中，或從其他任何無情的一覽表中，都找不到一個項目適合某些剛過世的人。「報告」異常整齊，它把80-89歲及90-99歲的人所患的特有的一些致命疾病在病因欄中列出來。即使死亡年齡爲三位數的人也逃脫不了製表人的分類術語……作爲一名具有行醫執照三十五年的醫師，我從未魯莽地在死亡證明書上寫過「年老」一詞，因爲我知道，如果這麼填寫，這份表格將退回給我，並有某位官方紀錄保管人的簡要附註，通知我，我已違反了法律。世界上任何地方，無疾而終都是「不合法的」。[6]

由於現代人之死皆被視爲一種非正常的現象，臨終者對死亡之「認」也就太難了，人們的思維邏輯是：是病就應該可以治好，雖然人人必死是人類之宿命；可是，我現在是得病了，所以，此時此刻我不能死也不應該死！所以，臨終者從內心深處湧出的困惑和問題是：「我爲何現在就要死？」「我爲什麼得這樣一種病？」「既然是一種病，先進的醫學科學和醫生爲什麼就不能治好我的病？」等等；尤其是絕症患者更是有無數的問題和怨恨，而親屬們則有無盡的愧疚與不安。中國人民大學著名學者張立文先生曾被誤診爲胃癌，住進了癌症病房，他寫道：

> 我同室的兩個病友在不到兩個星期內相繼死去。在彌留之際，曾輕聲地慨嘆：爲什麼要死？像是自問，像是問我，我也惘

然！後來我搬到一個六人的大病房，這裡有清華大學的教授，他也與我一樣曾下放到江西五七幹校勞動，不過清華大學在鄱陽湖畔的鯉魚洲，他在幹校裡得過血吸蟲病，這次住院據說是肝癌；有一位病友是北京地質科學研究所的研究員，他的整個胃被二次切除，完全靠點滴營養液維持。另三位是：有從外地來的幹部，有北京郊區的農民。他們不像前兩位病友，已無主動說話的心情和能力，這裡六人倒能不斷說說自己的病情以及求醫中的種種艱難和所吃的苦頭。除此之外，也會不時講到為什麼要死？為什麼把不治之症降到我們的頭上？是自己前世作孽？還是現世現報？還是天老爺不公？等等。這些問題，對於我的思想也有很大的觸動。其實，醫院的一層大堂掛了一些牌子，就是解答這些問題的。譬如為什麼會得癌症？一是遺傳，二是環境污染，三是工作的壓力心情的壓抑等。但同室的病友仍然不解：同樣環境、沒有遺傳，同樣的壓力和壓抑，為什麼別人不得而我們得，總希望找出原因來。[7]

人們在死亡的迫近下，自問及問他人無數的「為什麼」，可是，幾乎無一例外地找不到一個能夠說服自己的死之理由，因為人們以「病」為非正常的狀態，更以「死」為不應該，所以，內心的不安、焦慮、痛苦、孤寂也就可想而知了。

此外，臨終者的家屬也陷入到一種悔恨無比的心理漩渦之中，常常在心中發問：「我的親人為什麼現在就要死？」「我的至親為何得這樣的絕症？」「我們為什麼沒有找到更好的醫院更好的醫生來治好他？」等等。總之，逝者也好，親屬也好，他或她都覺得「死」是不應該發生的，這樣，現代人又如何能接受死亡的必至性呢？又怎能實現臨終前的心安坦然呢？這也許是現代人最大最深的

人生悲哀與痛苦。

在這方面，現代人也許應該稍稍放下自大與傲慢，傾聽一下中國古代哲人是怎麼說的。

二、道家的「安之若命」

「命」之一詞，在中國歷史上的金文中就已出現，其涵義略相當於「命令」、「天命」，是必定如此、不可移易的意思。《周易》中有言云：「大君有命」[8]；《老子》云：「夫莫之命而常自然」[9]；《莊子》亦有言曰：「不知吾所以然而然，命也。」[10]當此「命」與原始宗教的神秘性之「天」相繫時，也就演變成為人力不可抗拒的外在之必然性了。

人有生必有死，這是一種必然性，也是一種宿命；但人類有智慧的大腦、有精神的世界、有改變大自然的偉力，特別是有了社會國家的政治權力，所以，在面對必死的命運時，人們並不甘心也不情願。這也就是中國古代君主長生不老之追求、民間宗教與眾多術士煉不死之金丹的內在原因。可是，無數的事實說明，人們愈不安於死之必至的命運，其承受的內心痛苦也就愈大，因為，死亡的降臨絕不會因為人們的不願意而改變。在說服人們安於必死之「命」的方面，中國古代的道家學者有著非常豐富的思想資源。其基本觀念是：人們超越生死、獲得臨終前心安坦蕩的關鍵，在覺解生死之本質，從根本上意識到自我之生死皆由「命」而定，非人力所能改變。

如果人們立於個我生命的立場看問題，會以為：我出生了，就有了生命，有了生活的過程；最後，我死了，亦即喪失了生命。故

而人之「生」即是自我生命的擁有；人之「死」則為自我生活的毀滅。這樣去看待生死，必會喜生惡死，堅執「生」的擁有，萬分驚恐於「死」的降臨。《莊子》告訴人們，如果換一個角度來看待生死，則完全不一樣，這就是：人們必須躍出個我生命的限圍，立於「道」之立場，從「命」的視野來看待自我之生死。《莊子》云：

> 舜問乎丞曰：「道可得而有乎？」曰：「汝身非汝有也，汝何得有夫道？」舜曰：「吾身非吾有，孰有之哉？」曰：「是天地之委形也。生非汝有，是天地之委和也；性命非汝有，是天地之委順也；孫子非汝有，是天地之委蛻也。故形不知所往，處不知所持，食不知所味。天地之強陽氣也，又胡可得而有邪？」[11]

自我肉體之「身」與生命之「生」皆非己所有，皆為天地之「委形」與「委和」，那麼，人們為何要去執著於「身」與「生」呢？其實也沒有什麼可以執著不放的。老子也說過：「吾所以有大患，為吾有身，及吾無身，吾有何患？」[12] 既然「身」與「生」皆是天地所「委」，皆非己之所能執有，故而生死於人，完全可以不在意，隨順其「命」就可以了。

所以，《莊子》有言云：

> 死生存亡，窮達貧富，賢與不肖，毀譽、饑渴、寒暑，是事之變，命之行也，日夜相代乎前，而知不能規乎其始者也。[13]

不僅人之生死存亡，而且人生中的種種狀態的變化皆由「命」而定，所以：「死生命也，其有夜旦之常，天也。人之有所不得與，皆物之情也。」[14] 此處特別指出對「命」與「天」，人們是無法改變其分毫的，是「不得與」的事情。在莊子看來，人們不能囿於個

我之生理生命來看生死，而應該立於大自然的立場來反觀自我之
「死生存亡」。這樣，道家學者的「命」指的就是一種「自然的必然
性」。「自然」在道家，正是「道」的最根本的存在與屬性，是絕
不能也絕不可滲進任何人為之為的。《莊子》書中提出：「褚小者
不可以懷大，綆短者不可以汲深，夫若是者，以為命有所成而形有
所適也，夫不可損益。」[15]「命」作為一種冥冥中的必然性，是人
的意志與力量完全不可損益分毫的，所以，任何人對待「命」，只
能順應不可違逆：「知其不可奈何而安之若命，德之至也。」[16] 由
這種「自然的必然性」觀念，人們既可獲得「生」時「清淨無為」
的處世之方，亦可在「死」之降臨時獲得達觀和坦然。

　　如果人們不這樣看問題，沒有獲得對生死之自然的必然性的認
識，那麼，人們將陷入悲悲切切、淒淒慘慘的痛苦境地。《莊子》
云：

> 老聃死，秦失弔之，三號而出，弟子曰：「非夫子之友邪？」
> 曰：「然。」「然則弔焉若此，可乎？」曰：「然。始也吾以
> 為其人也，而今非也。向吾入而弔焉，有老者哭之，如哭其
> 子；少者哭之，如哭其母。彼其所以會之，必有不蘄言而言，
> 不蘄哭而哭者，是遁天倍情，忘其所受，古者謂之遁天之刑。
> 適來，夫子時也；適去，夫子順也。安時而處順，哀樂不能入
> 也。古者謂是帝之懸解。」[17]

秦失弔唁老聃，僅「三號」而出，弟子皆不理解，秦失講了一番道
理：老聃「生」是按時運而生，「死」是由命運而定；人們若能安
其時處其順，哀與樂就皆不足以妨礙其精神與心理的平靜。而有些
人，面對死者哭得昏天黑地，哀傷得無法自持，這正是不明事理的
表現，不懂自然的必然性之「命」決定人們的生死，如此，必會傷

身害體，是謂「遁天倍情」。

《莊子・大宗師》中又講了四位好友曠達的生死態度：

> 子祀、子輿、子犁、子來，四人相與語曰：「孰能以無為首，
> 以生為脊，以死為尻，孰知生死存亡之一體者，吾與之友
> 矣。」四人相視而笑，莫逆於心，遂相與為友。俄而子輿有
> 病，子祀往問之，曰：「偉哉！夫造物者，將以予為此拘拘
> 也！曲僂發背，上有五管，頤隱於肩，肩高於項，句贅指天，
> 陰陽之氣有沴。」其心閑而無事，跰𨇤而鑑於井，曰：「嗟
> 乎，夫造物者又將以予為此拘拘也！」子祀曰：「汝惡之乎？」
> 曰：「亡，予何惡！浸假而化予之左臂以為雞，予因以求時
> 夜。浸假而化予之右臂以為彈，予因以求鴞炙。浸假而化予之
> 尻以為輪，以神為馬，予因以乘之，豈更駕哉！且夫得者時
> 也；失者順也。安時而處順，哀樂不能入也。此古之所謂懸解
> 也。而不能自解者，物有結之。且夫物不勝天久矣，吾又何惡
> 焉？」俄而子來有病，喘喘然將死，其妻子環而泣之，子犁往
> 問之，曰：「叱，避！無怛化！」倚其戶與之語曰：「偉哉造
> 物！又將奚以汝為？將奚以汝適？以汝為鼠肝乎？以汝為蟲臂
> 乎？」子來曰：「父母於子，東西南北，唯命之從。陰陽於
> 人，不翅於父母。彼近吾死而我不聽，我則悍矣。彼何罪焉？
> 夫大塊載我以形，勞我以生，佚我以老，息我以死。故善吾生
> 者，乃所以善吾死也。今之大冶鑄金，金踊躍曰：我必且為鏌
> 鋣。大冶必以為不祥之金。今一犯人之形，而曰人耳人耳，夫
> 造化者必以為不祥之人。今一以天地為大爐，以造化為大冶，
> 惡乎往而不可哉！」成然寐，蘧然覺。[18]

所謂「生死存亡」為一體者，是指立於「道」的立場來觀萬物人我

之存毀生死，可以覺察，其無論形態怎樣，在本體及本質上皆爲一，故而人們不應也不必爲自己生於何「形」、處於何「境」、死於何「時」而喜而悲而不甘其「命」。所以，子犁面對將死的好友子來，令環而哭泣的妻子走開，不要妨礙子來隨順自然大化的生死之變；而子來也說：人類是大自然的造物，不能以爲自己是「人」便可以有恃無恐，無所不爲，就可以脫逸出大自然的定則；人類應該在造物主面前保持謙卑，對生死的種種狀態皆能「安時處順」，是謂「懸解」。

仔細分析起來，此「懸解」實有二層意思：一是面對臨終者，要在「知生死存亡之一體」的覺解上，順從自然大化的安排，從執著於生不甘於死之情境中超脫出來，達到「認命」，獲得心安坦然；二是逝者的親屬，要在意識到「得者，時也；失者，順也」的基礎上，「安時而處順」，順應自然大化的安排，從而做到「哀樂不能入也」，不讓過分的悲哀之情傷身害體。

莊子又指出，人們面對生死之關時，要獲得一個最佳的生死態度，還必須進一步從萬物成毀、人類生死的現象昇華爲自然本體論，深刻地覺解到人之生與死都是「氣」之自然變化的結果：

> 生也死之徒，死也生之始，孰知其紀！人之生者，氣之聚也。
> 聚則爲生，散則爲死。若死生之徒，吾又何患！[19]

因此，必須消除世人懼死喜生的習見，意識到「生」與「死」乃同類，都是一氣所化的。爲此，《莊子》刻意溝通「生」與「死」，認爲生不足喜，死亦不用悲。這就叫做：「古之眞人，不知說生，不知惡死。」[20]因爲，「予惡乎知說生之非惑邪！予惡夫知惡死之非弱喪而不知歸者邪！」[21]在此基礎上，莊子獲得了最爲達觀的生死態度：

莊子妻死，惠子弔之，莊子則方箕踞鼓盆而歌。惠子曰：「與人居，長子老身死，不哭亦足矣，又鼓盆而歌，不亦甚乎！」莊子曰：「不然。是其始死也，我獨何能無慨然！察其始而本無生；非徒無生也，而本無形；非徒無形也，而本無氣。雜乎芒忽之間，變而有氣，氣變而有形，形變而有生。今又變而之死。是相與為春秋冬夏四時行也。人且偃然寢於巨室，而我嗷嗷然隨而哭之，自以為不通乎命，故止也。」²²

莊子做到「妻死，鼓盆而歌」的關鍵，在於通死生為「一氣」，將妻子之亡故，視為大化流行的必然，是為「通乎命」者，是謂由「認命」而獲得生死之坦然者。

在道家學者看來，人們不僅不應該拒斥必死之命運，不僅不應該悲悲切切於死，相反，要對死亡的降臨抱一種欣喜的態度。人們只有做到了這一點，才真正獲得了「懸解」，擁有了生死的大智慧。《莊子》書中記載了一段莊子與「空骷髏」的對話：

莊子之楚，見空骷髏，髐然有形。撽以馬捶，因而問之，曰：「夫子貪生失理，而為此乎？將子有亡國之事，斧鉞之誅，而為此乎？將子有不善之行，愧遺父母妻子之醜，而為此乎？將子有凍餒之患，而為此乎？將子之春秋，故及此乎？」於是語卒，援骷髏枕而臥。夜半，骷髏見夢曰：「子之談者似辯士，視子所言，皆生人之累也，死則無此矣。子欲聞死之說乎？」莊子曰：「然。」骷髏曰：「死，無君於上，無臣於下，亦無四時之事，從然以天地為春秋，雖南面王樂，不能過也。」莊子不信，曰：「吾使司命復生子形，為子骨肉肌膚，反子父母、妻子、閭里、知識，子欲之乎？」骷髏深矉蹙頞曰：「吾安能棄南面王樂而復為人間之勞乎？」²³

人們生前有無數「生」之累，死後則無；所以，莊子言可復「骷髏」之命，卻遭到嚴拒。因為，人「死」之後，存在於無窮之時空中，沒有世俗之政治的嚴酷，亦無人間諸般勞累，其存在狀態實已超過了「南面王樂」，怎可「復為人間之勞乎」？

世人皆以「生」之視野來觀「死」，以「生」之狀態來排斥「死」；而莊子則提供了以「死」觀「生」的新角度，於是，「生」時的種種艱難與痛苦便暴露出來，而「死」之意義與價值則空前地凸顯。

在《列子·天瑞篇》中也有類似的思想：

> 仲尼曰：「賜！汝知之矣。人胥知生之樂，未知生之苦；知老之憊，未知老之佚；知死之惡，未知死之息也。」晏子曰：「善哉，古之有死也！仁者息焉，不仁者伏焉。死也者，德之徼也。古者謂死人為歸人。夫言死人為歸人，則生人為行人矣。行而不知歸，失家者也。」[24]

「生」是人們在世間的流浪，「死」才是真正的回歸家園；「生」是天地使人之「勞」，「死」是自然大化給人以「息」。所以，人們必須將惡死拒死的觀念置換上欣然歸「去」的態度，此為善生亦為善死。

綜上所述，道家在關於生死之「認」的問題上，投注了最大的理論關切，提出了「死生亦大矣，而無變乎己」的觀念，大力提倡「安之若命」的生死態度，其立基之處即在於由自然之必然性的「命」來看待生死的方法與途徑，是一種立於自然大道無為立場上的「命定」觀，具體說包括三點：第一，人們必須從個我生死悲哀中超昇出來，從人類之存亡與萬物之成毀中反觀自我之生死的必定性，是謂「認」。也就是《莊子·德充符》中所言的：「常因自

然而不益生也。」[25] 道家關於生死之必然性的肯認，是由「自然」
這個觀念來確立的。由「自然而然」到「必然而然」，是道家哲人
在生死問題上的基本智慧。第二，人們必須從事事物物的生死存亡
中超脫出來，立於「大道」本體的立場來對待生死，從而意識到
「生」與「死」不過皆「一氣所化」，「死」不過是人與物向大道本
體之回歸，如此，又何必何苦要爲自我之「死」而悲痛？又爲何要
爲他人的去世而傷心？這就由「認」進至「命」的層面了，達到了
委任運化之生死自由境界了。第三，人們還必須從接受「死」到欣
喜於「死」，認識到「死亡」亦有其意義與價值。看到自然大化讓
人「生」，實爲「勞人」；使人「死」，實爲「息人」。人們生前要
求「生」求「名」求「財」求「色」，哪有個停？哪有個息？身倦
體疲神勞的人類，只有「死」方是最好的安息之處，方是回歸於眞
正幸福自在的「家園」，這樣，人們便建構出恬然達觀的生死態
度。

三、儒家的「樂天知命」

　　承上所述，中國道家一般是立於「死」之立場觀「生」，視
「死」爲回歸自然無爲之本體「道」，此即自然之必然性的「命」。
所以，其理想的處世之方是「無爲」，其理想的人生是「自然」，其
追求的生死態度是「安之若命」，表現爲「妻死，鼓盆而歌」式的
放達。這樣一種「無以人滅天，無以故滅命」的觀念，是使世人在
生死問題上皆無所作爲，委運任化，這顯然與儒家積極入世、修齊
治平的人生哲學完全不符。所以，與道家學者大異的是：儒家學者
多從「生」來觀「死」，追求的是「死」作爲人生「蓋棺之論」的

那個終點的價值評判。也就是說，「死」的任何意義都是由其生前所作所爲而定的，故儒者們理想的處世之方是「天行健，君子以自強不息」，其理想的人生過程是「修齊治平」，其提倡的生死態度則是「樂天知命」，表現爲「存順歿寧」式的坦然。

「命」在先民的觀念中，首先是一種盲目的必然性，人們只能匍匐於其面前，完全被動地順從之，毫無主體性主動性可言。道家學者由這一思想的進路將「命」定格爲自然之必然性。但在思想史上，「命」之觀念的發展還有另一條進路，即在「自然」這一盲目性之中逐漸地滲入主體性，使之成爲與人之內在心性相合的必然性。《春秋》中有言云：

> 民受天地之中以生，所謂命也。是以有動作禮義威儀之則，以
> 定命也。能者養之以福，不能者敗以取禍也。[26]

這說明，一方面，人們受之於天的精華──「中」──就是天之「命」；另一方面，人們在社會生活中所遵循的倫理道德的準則實際上也就是「命」的顯現。這樣，「命」的意義就由自然之必然向應然之必然轉化。

儒家爲世人提供的正是這樣一種應然之必然性的「命」之生死智慧：將「死」這種必然性之實存，轉變爲內蘊應然性人倫道德準則的必然性；於是，此生死之「命」雖非人力所可改變，卻可讓人們在活著時，孜孜於人倫道德的體悟與踐履；死時則爲自己完成了人間之「命」──道德使命──而心地坦蕩，從而無所遺憾，無所牽掛，亦無所恐懼。也就是說，自然之必然性轉變爲應然之必然性，使儒者們獲得了「生」時的充實與「死」時的坦然。

所以，儒家建構獨特的生死態度的關鍵在於：如何從生死之「所必然的自然性」過渡到「所當然的應然性」的價值肯認。孔子

一般不言死後之「鬼神」問題，且認為：「未知生，焉知死？」[27]
但生死問題乃人生中重大問題，孔夫子焉能不論？他提供了一種由
「生」觀「死」的視野，以生之內容、生前之努力來獲得「死」之
坦然、「死」之榮光。所以，孔子說：「志士仁人，無求生以害
仁，有殺身以成仁。」[28]孟子曰：「生亦我所欲也，義亦我所欲
也；二者不可得兼，捨生而取義者也。」[29]荀子說：「禮者，謹於
治生死者也。生，人之始也；死，人之終也：終始俱善，人道畢
矣。故君子敬始而慎終。」[30]諸如此類的觀念，皆是要求人們應該
也必須為崇高的道德價值而勇於赴死，並由立德、立功和立言之途
徑來超越死亡。

　　孔孟的這種生死價值論好則好矣，但世間芸芸眾生卻不是每個
人都會遭遇到這樣嚴重的生死價值選擇問題的。人們所經歷與經受
的死亡事件，要麼是親屬去世導致的種種哀傷問題；要麼是或壽終
而盡或早夭而亡引發的生死問題；要麼則是因水火刀兵疾病而喪命
或自尋短見而成「鬼」引發的生死之痛等等。所以，面對死，人們
生發出的問題常常是：「死是什麼？」「為何此時此刻我就要死？」
「死後我到哪裡去了？」在這方面，儒家學者提供了一種特別的
「命定觀」。

　　孔夫子曾說：「未能事人，焉能事鬼」及「未知生，焉知死」
[31]的觀念，顯然他更關注的是「生」，而少談「死」之問題，但在
《論語》中，有多處孔夫子及弟子們從「命」的觀念談「死」的問
題。比如孔子的弟子子夏就說：「死生有命，富貴在天」[32]，要求
人們懂得「死」乃人命中注定，故而不必畏不要懼。再如伯牛得惡
疾，孔子自窗執其手，說：「亡之，命矣夫！斯人也而有斯疾也！
斯人也而有斯疾也！」[33]視「死」為「命」，即一種冥冥中的必然
性，這是儒者們面對死亡時的一種獨特的「認」的態度，由此

「認」，也就承認、肯定、接受了死亡的降臨。

《史記》又記載：

> 匡人拘孔子益急，弟子懼。孔子曰：「文王既沒，文不在茲
> 乎？天之將喪斯文也，後死者不得與於斯文也。天之未喪斯文
> 也，匡人其如予何！」[34]

在此，「天」與「命」意義相通，但「天」偏重於外在之必然性，
而「命」則主要指人所受「天」之必然性而一定會如此的人生之實
存狀態。孔子堅持這種應然之必然性的「命」，所以，他在任何艱
難困頓中都能鎮定自若。但是，此「命」、此「天」若下滑成民間
百姓所認為的那種盲目的、不可損益的必然性的話，就會讓人們抱
有隨波逐流、無所用心，甚至放浪形骸，放棄一切努力被動地「生」
與「死」的觀念，這種宿命論與儒者積極有為的觀念和行為是不符
的。

那麼，從孔孟之儒到宋明諸儒為何既能在生死觀上持「死生有
命，富貴在天」的觀點，又能在現實人生中積極有為、樂觀地對待
死亡的必至呢？關鍵就在儒家學者所揭示出的：此「命」與
「天」，並非是一種盲目的必然性，而是內蘊「天德」和「天理」，
當其化為人之性人之德時，便成為人們一生中都應該努力取得和踐
履的仁義道德。因此，儒者在活著時，能奮發勉力於修仁行義，而
對富貴與否毫不掛念在心，是謂「在天」；儒者又能在面對死亡
時，因具備了充實的德性，完成了人間的道德使命而理得心安，對
生死壽夭看得很淡很淡，是謂「有命」。所以，孔子說：「不知
命，無以為君子」[35]，將「知命」定為有道德有修養者一個重要的
人生目標，可見知其「命」是非常不容易的，故而他自己也是「五
十而知天命」[36]。此「知命」云云，實為將盲目的客觀的必然性經

過人之知性的作用，轉化爲應然之必然，成爲與主體合爲一體的當然之則。後來，《中庸》將這種努力概括爲：「天命之謂性，牽性之謂道，修道之謂教。」[37]「天命」與人之心性本就相合，人們順性而動停行止，其實也即遵循了「天命」。

道家學者倡自然之必然性之「命」，刻意於擠去人爲之爲，排除任何的主體性；儒家學者則反之，孜孜努力於將「命」之必然性轉化爲「應然性」，加入濃厚的主體意志。發展到孟子，「命」的觀念異常地豐富起來，孟子云：「莫之爲而爲者，天也；莫之致而至者，命也。」[38]視「命」爲非人力所能爲的必然性，這與孔夫子的看法是一致的。但孟子又進一步將人內在之「性」與外在之「命」緊密地結合起來，這是他在儒學史上的重大貢獻之一：

> 口之於味也，目之於色也，耳之於聲也，鼻之於臭也，四肢之於安佚也，性也，有命焉，君子不謂性也。仁之於父子也，義之於君臣也，禮之於賓主也，知之於賢者也，聖人之於天道也，命也，有性焉，君子不謂命也。[39]

「味、色、聲、臭」皆爲人之生理性本能之求，固然是人之「性」，可要得以實現，卻非主觀欲求所能定，主要是由外在之「命」決定的，所以，雖然是「性」，君子卻「不謂性也」。另一方面，「仁、義、禮、智、天道」則不僅是外在之「命」，更是人之內在心性所本有，是人們想要實現就可以做到的，並不受制於外在之「命」，所以，雖然是「命」，君子卻「不謂命也」。孟子在此處，特別指出了人間之人倫道德的準則既爲「命」亦爲「性」，故而人們遵循之踐履之既是合於「天之命」，亦爲「人之性」的顯現。這一「命」與「性」合一的觀念恰恰是將「命」之自然的必然性置換爲當然的必然性。

不過，人們在現實生活中，還是難以從應然性的當然之則去體認自然性的必然之則，二者之間還是有很大差異的，為此，孟子提出了一個「俟命」的問題：

> 堯舜，性者也；湯武，反之也。動容周旋中禮者，盛德之至也。哭死而哀，非為生者也。經德不回，非以干祿也。言語必信，非以正行也。君子行法，以俟命而已矣。[40]

所謂「君子行法」，是說，人們行其所當行，做其所當做，至於現實的人生事件的結果如何，則聽任命運的安排。

應該說，「俟命」有二種狀態：一是人們並無覺解，只是意識到人之生生死死是必然，故而被動地等待時光的流逝，「俟」人生結局的到來，無所用心。另一是人們已覺解大化流行之真諦，明達人之一生中所應該及必須做之事，故而能夠在世間孜孜努力，而不在意於人生的結局何時與何處降臨。孟子當然是提倡後一種「俟命」。

故而「俟命」的同時必須「立命」：

> 盡其心者，知其性也。知其性，則知天矣。存其心，養其性，所以事天也。夭壽不貳，修身以俟之，所以立命也。[41]

這是從人生內涵上來確立生死態度。人們因為「天命」、「天理」在握，「生」則汲汲於仁義道德的修養與實踐，那麼，即便「早夭」亦可無怨無悔，是為「不貳」。一般而言，「早夭」是世間人可悲可痛之大者，人人極力遠避之；但儒者們則因為溝通了「天道」與「人道」，又以「人道」的現世推行為己之大任，故而人們若活著時能夠專注於人倫道德之事，則長壽也好、早夭也好，皆可不在意，此謂「立命」。朱熹釋道：

「夭壽不貳」，是不疑他。若一日未死，一日要是當；百年未死，百年要是當，這便是「立命」。「壽夭不貳」，便是知性知天之力；「修身以俟」，便是存心養性之功。[42]

所以，從民間廣泛流行之「宿命」，發展到儒家宣導的「天命」，實際上即是將「天」所涵蘊的萬物流行發育之條理，轉化為人間的人倫道德之準則，這樣，外在客體「天」與主體「人」貫通為一，人們從外在之「天之命」獲得了踐履人倫道德的堅定性，也獲得了面對死亡的坦然態度。

在「俟命」、「立命」之外，孟子還提出一個「正命」與「非正命」的問題：

> 莫非命也，順受其正，是故知命者，不立乎巖牆之下。盡其道而死者，正命也。桎梏死者，非正命也。[43]

「命」雖然是「天」所命之必然性，但君子們不能因此而立於「危牆」之下以安「命」。在必然性中，人們還可以順理而行，即在必然性之命中的有所作為。盡人道盡仁義而死，為正命；不循規蹈矩，受桎梏而亡則為非正命。朱子在解釋孟子思想時說：

> 若出門吉凶禍福皆不可知，但有正與不正。自家只順受他正底，自家身分無過，恁地死了，便是正命。若立巖牆之下，與桎梏而死，便不是正命。或如比干剖心，又不可不謂正命。[44]

在朱子看來，此「正命」已非完全的自然之必然性，而是人間倫理道德之應然性了。當然，在儒者們的眼中，人間倫理的應然性亦就是自然的必然性。不過，就孔孟的觀念而言，「命」實在是「天」之自然的必然性與「人」之理性的應然性融會貫通的一個概念，這

一應然之必然性的「命」的觀念構成了儒家生死本體論的雛形，而比較成熟的儒家生死本體論則是從《易大傳》至宋儒處才得以完成的。

《周易‧繫辭上》云：

> 《易》與天地準，故能彌綸天地之道。仰以觀於天文，俯以察於地理，是故知幽明之故。原始反終，故知死生之說。精氣為物，遊魂為變，是故知鬼神之情狀。[45]

「原始反終」也就是要人們超脫具體的生活情境，從天地之始、萬物之本來了解生死本質，以契合本體之道的精神來定「人道」，這樣就能達到：「樂天知命，故不憂。安土敦乎仁，故能愛。」萬物有「始」必有「終」，人有「生」必有「死」，此天經地義，人們安於此「命」，就可以無所憂慮，並轉而專注於人們生前之道德修養和踐履。理解此《易》理之奧秘的關鍵在於：人們必須從萬殊（萬事萬物）之中，去「原始反終」，體驗本體，這樣便脫出了個我化之生活，立於生命之本的基點來思考「生死」問題。此為儒家「原始反終」之生死觀的本意之所在，構成了儒家生死智慧的核心內容。

四、對儒道「認命」之生死態度的沈思

道家與儒家關於生死之「認」與「命」的智慧，其基本內涵是：人們首先要體認個我之生死的必然性，是為「認」；但僅此是遠遠不夠的，人們要獲得高妙的生死坦然，還必須超越個我生命的限圍，立於萬物成毀和宇宙本根之基點來反觀人之生死，這就由

「認」進至「命」的境界了，人們也就可以獲得「安之若命」或「樂天知命」的達觀坦然。不過細分起來，儒家道家的生死智慧是二種不同的模式：當一個人對將臨之「死」不「認」時，道家的生死智慧告訴他（她）：生死是人之必然性之「命」，此又源於自然性之「道」，無論從認知、還是從本體上，人們都應該「認」，並獲得生死之安心，這就叫做「懸解」與「安之若命」。可是，同樣是對一個不「認死」而萬分痛苦者，儒家的學者則這樣告訴他（她）：生死是人們必然性之「命」，此「命」源於應然性之自然，從邏輯上本根上怎麼可以不「認」呢？於是，人們便可放下，存順歿寧，「樂天知命」。此外，儒家道家皆認為，樂觀曠達、委心任運的生死態度固然重要，但人們在生死問題上若能夠獲得「死而不亡」及「不朽」的智慧，則直達生死之最高境界。這就必須意識到：「小我」的生命是有限的、會亡的生命，「大我」的生命則是無限的、永恆的生命。不過，儒家是從與自然相通之應然性倫理之「理」去獲得「大我」式的不朽存在；而道家學者則是從自然無為之「道」去尋獲「大我」式的永恆存在。二者殊途同歸：都可獲得精神上或本源上的生命「不朽」。

駐足於現代社會與現代人生死問題的立場，仔細探究儒道的生死智慧，可以獲得以下幾點認識：

第一，關於道家生死智慧的特點問題。從本質上而言，道家的人生觀是建基於死亡觀的基礎之上的，是從對生命之流（生死）的本真認識來獲得肯定人之自然天性的感性生活與生命之終結的一種思維方式，這可稱為「由死觀生」法，是一種視生死為自然之必然性的智慧。莊子在生死態度上為何能做到「妻死鼓盆而歌」？因為他通乎自然之變的必然性，將這種源於自然之必然性化為人生的自覺性，於是道家學者對生活的性質無論怎樣都可安然而受；對死亡

的降臨亦可無恐無懼，這就叫「安之若命」。如果人們接受了這樣一種人生觀與死亡觀，就會意識到：既然死是人人必經的一自然而然的過程，我們為何要恐懼呢？生命之流是自然賦予的，我們也就應該安於自然大化的安排坦然地走向人生的終點。

第二，關於儒家生死智慧的特點問題。與道家學者完全不同，儒家的死亡觀是建基於人生觀的基礎之上的，可稱為「由生觀死」法，這是一種視生死為應然之必然性的智慧，其特點是：將人之生死的實存狀況，統御在人生中道德價值的追求之下。朱子云：

> 命有二種：一種是貧富、貴賤、死生、壽夭，一種是清濁、偏正、智愚、賢不肖。一種屬氣，一種屬理。[46]

朱子的意思是：屬氣之「命」是不可變的，而屬理之「命」卻是人們經過努力可以損益的。因此，人們在觀念上需先確立一個最高的道德價值準則，人生中任何時候、任何情況下都應以之為終極追求，至於人是「生」或「死」、是「富」或「貧」、是「貴」或「賤」等等，皆成為不必在意之事了——因其不可「變」，所以也就不能撼其「志」。曾子曰：「士不可以不弘毅，任重而道遠。仁以為己任，不亦重乎，死而後已，不亦遠乎。」[47] 儒者們以實現仁義為一生的追求目標，直到生命的盡頭方才停止。

第三，關於生死本體論的問題。道家在生死觀上的自然之必然性的智慧與儒家生死觀上的應然之必然性的智慧，都可以讓人們獲得死亡之「認」的境界，得到臨終前的坦然與心安；但要從對死亡之「認」上升為對死亡之「命」的體認，還非得建構起生死本體論，以獲得對死亡的超越。中國道家學者認為，人們必須擁有本體之「道」的觀念，意識到這是「萬物之根」、「萬化之本」，而人之「生」，在世間活一遭，不過是「道」的「委形」而已；人之

「死」，亦不過就是回歸「道」，此又有何悲傷？此又何能悲傷？這就超越了生死。中國道教試圖透過「內丹」之修煉和「外丹」之服用，來實現長生不老、肉身成仙，其超越死亡之方法是「不死」；可是，千百年來都無法獲得實證，相反，在史籍中卻有許多因服食金丹而喪命者的記載。佛教則不認為人之此「生」此「身」可以永生，但又指出，人們只要一心向佛，一心唸佛，將透過「涅槃」獲得來世來生的永生，其超越死亡之途徑是「來世」；這種說法既無法實證亦無法證偽。儒家在生死超越論上，既不贊成道家的觀念，更反對佛教與道教的觀點，其開闢出一條經由精神生命、道德生命達到不朽的超越死亡之路。

中國古代民間社會廣泛進行的對天、地、君、親、師的祭祀，從根本上說，就是透過一整套的禮儀，使「小我」之精神與祖先、聖賢、天地相溝通，獲得「大我」式的存在。孤零零的生命，是「小我」的生命；只有上達之祖先，並進而與天、地、君、親、師相繫，才獲得了「大我」的存在，才能最終超越死亡的限圍而實現永恆。具體而言，「天地」構成人之自然宇宙生命；「君」構成人之社會生命；「師」構成人之精神文化生命；「親」構成人之人倫生命。當人們囿於個我生理生命，而沒有意識到人還有人倫生命、社會生命、精神文化生命、自然宇宙生命時，其必定是只關注個我之事，難以有幸福的生和坦然的死。只有「大其心」，將自我生命外繫之親人、師長、國家、天地自然，才能獲得好的人生方式，並最終尋找到「超越死亡」之路。

第四，關於儒道生死本體之境的比較問題。一個人要達到儒家生死哲學的本體之境，首先要由己之「生命」、己之「生活」超脫出來，獲得完全普遍化的「生命」與「生活」，從內在心性上體認到萬事萬物皆「氣聚而生」的實存性；其次，再進一步去體會宇宙

「生生不息」之本根、「無極太極」之本體。達到這一層次，仍然還只是道家生死哲學之境，亦即老子所言「死而不亡」、莊子「妻死，鼓盆而歌」的層面。在這一層次，人們可以不恐懼於死，卻難以完成自我之道德人格。於是，人們必須再加努力，從天地之化中體會「剛柔」、從萬物之本中體認「仁義」，從而意識到：行仁取義是自我一生的使命，是天地本根賦予我們生者在世間的職責，是每個人的份內之事。至此，人們便可體驗己之「生命」由「天道」而來，亦必將回歸「天道」；己之生活則由「天理」而定，終其一生都將充實而無所欠缺。此即孟子所言之境：「萬物皆備於我矣。反身而誠，樂莫大焉。強恕而行，求仁莫近焉。」[48]於是，儒者們不僅面對死亡的降臨，可獲得安然與釋然；更可因此而獲得「生」之方向與內容，從對生死的自然主義的態度，轉化成生死的道德主義精神，這是道與儒生死本體之境的根本分途之處。

常人則圍於生活之感性存在，生命之個我化實存，多追求當下此在的生活感覺；所以，在生死之性質上，嚴別生與死，認死生為二途。許多人不能躍出個我之生死，去獲得「一死生」之本體境界，於是，便陷入了「醉生夢死」之途。儒者們追求的「一死生」絕非道家之「長生久視」、道教之「長生不老」，亦非佛氏之「輪迴六道」、無生死之「涅槃」。儒學本體意義上的氣之聚散導致的人之生死變化，並非表示個體之人可以獲得肉體的永生，或者能夠生死輪迴，或往生「西方極樂脫生死」。應該說，儒家所言的本根之變化是一全體之化，是一根本之變，具體之人的生死是本根之化的表現，個別之人只能於全體、終極的存在意義上獲得「永生」與「不朽」，這絕非個體之人生命的永存，這些思想觀念都充分彰顯出儒家生死之境的鮮明特色。

第五，發掘中國傳統哲學中之關於「認」、關於「命」的理

論，對現代人解決生死問題具有重大的理論意義與實踐價值。如果立足於現代社會來觀察人們之生死問題，必須指出的是：人類借助於科學技術的發展、社會的變革、自我的努力，不僅可以改變自我貧與富的狀態，而且還可以損益壽命的短長，當然，人必死的命運卻是不可變的。可是，一般的人面對「死」，常常是萬分不甘心，總覺得自己還沒有活夠，還沒有這樣或那樣，甚至還會產生「人為何要死呢」的疑問。於是，由「不認」到「不甘」再到「不安」，輾轉反側於生死邊緣，飽嚐生死之痛苦與哀傷，可最後仍然要「上黃泉路」，這是不可改變的。所以，現代人必須虛心地學習儒家面對死亡發展出的「樂天知命」之生死態度，也要去學習道家學者提出的「安之若命」的生死觀念。

從比較的視野來看，儒家的「樂天知命」、道家的「安之若命」，以及現代人一般的生死態度，都有其長亦都有其短，建構合理與健康的生死態度，應該取其所長避其所短。

首先，儒家以人可以改變道德生活的狀態（「求之在我者」）而不可改變人生中貧富壽夭狀態（「求之在天者」）的體認，來達到「樂天知命」，因此，要求人們只可也只能專注於道德人格境界的修養與人倫準則的踐履，不必在意於己之貧富壽夭、生死存亡。這雖然正確地看到了人之由生之死是不可變的，但卻將可改變的貧富壽夭與不可改變的生與死混為一談，既有其對的一方面，亦有其誤之處。其次，道家生死智慧是由對生死之命皆「知其不可奈何」的體認而走向「安之若命」的，要求人們無論生死狀況怎樣皆必須逆來順受於「命」的安排，這又是沒有看到人類生死狀態是無比複雜，不能混為一談的事實。實際上，人之生活的性質和狀態經過努力是可以改變的，人之生命的短長透過各種方法也是可以損益的；當然，人之生命的存亡卻是永不可移易的。道家學者將人之存亡不可

變的事實，推而論人生人死的一切狀態皆不可爲，這也有其錯。再次，現代人已經意識到並也做到了改變人之貧富壽夭等生活狀態，這是其比之古人要優的地方；但是，現代人又不適當地以爲，既然可以方便地改變「生」之種種狀態，爲何就不可以改變「死之命」呢？這樣，就由不安於「生」，延及不安於「死」，這可以說是現代人在生死問題上的自大和狂妄。現代人必須端正心態，理性地意識到什麼是可以改變的，什麼又是無法損益的。我們可以改變「死」的遲速（提升醫療水準，以健康程度來改變壽夭狀態），也可以改變「死」時的狀態（以物理、化學、心理等方法減少臨終者的肉體與精神痛苦），就是無法改變「死」的必至性。許多人也許並不否認「死」一定會來到的事實，但卻絕不接受「死」此時此刻的降臨，哪怕是絕症的臨終期，或者是生理器官完全衰竭之時；因爲在人們的意識中，什麼狀態都是可以改變的，爲何此時之「死」就不能「變」？眞是豈有此理！這是抽象地接受「死」的必至，具象地拒斥「死」的降臨。於是，現代人在面對自我必死的結局時，往往萬分不甘、不安、恐懼和痛苦，生死品質由此而大幅下降。在這方面，現代人必須吸取儒家「樂天知命」與道家「安之若命」的生死智慧。

注釋

1〈解讀善終〉，《安寧照顧會訊》，1997，期24，頁19。

2楊伯峻，《論語譯注‧泰伯篇第八》，中華書局，1963，頁85。

3參見楊克平等，《安寧與緩和療護學：概念與實務》，台北：偉華，1999，頁464。

4〈從中國文化談安寧照顧及死亡教育〉，《安寧照顧會訊》，1993，期10，頁14-15。

5〈解讀善終〉,《安寧照顧會訊》,1997,期24,頁19。

6舍溫・紐蘭,《我們怎樣死——關於人生最後一章的思考》,世界知識出版社,1996,頁41。

7〈序:生死邊緣的沈思〉,《尋求人生的真諦——生死問題的探索》,百花洲文藝出版社,2002,頁5。

8高亨,《周易大傳今注》卷一,齊魯書社,1983,頁23。

9陳鼓應注譯,《老子今注今譯》,商務印書館,2003,頁44。

10(清)王先謙,〈達生第十九〉,《莊子集解》卷五,中華書局,1999,頁163。

11(清)王先謙,〈知北遊第二十二〉,《莊子集解》卷六,中華書局,1999,頁187-188。

12陳鼓應注譯,《老子今注今譯》,商務印書館,2003,頁121。

13(清)王先謙,〈德充符第五〉,《莊子集解》卷五,中華書局,1999,頁52。

14(清)王先謙,〈大宗師第六〉,《莊子集解》卷六,中華書局,1999,頁58。

15(清)王先謙,〈至樂第十八〉,《莊子集解》卷六,中華書局,1999,頁152。

16(清)王先謙,〈人間世第四〉,《莊子集解》卷一,中華書局,1999,頁38。

17(清)王先謙,〈養生主第三〉,《莊子集解》卷一,中華書局,1999,頁30。

18(清)王先謙,〈大宗師第六〉,《莊子集解》卷二,中華書局,1999,頁63-64。

19張耿光譯注,《莊子全譯・知北游》,貴州人民出版社,1991,頁380。

20(清)王先謙,〈大宗師第六〉,《莊子集解》卷二,中華書局,1999,頁65。

21(清)王先謙,〈齊物論第二〉,《莊子集解》卷一,中華書局,1999,頁24。

22（清）王先謙，〈至樂第十八〉，《莊子集解》卷五，中華書局，1999，頁150。

23（清）王先謙，〈至樂第十八〉，《莊子集解》卷五，中華書局，1999，頁151。

24 楊伯峻，〈天瑞篇〉，《列子集釋》卷第一，龍門聯合書局，1958，頁15-16。

25（清）王先謙，〈德充府第五〉，《莊子集解》卷二，中華書局，1999，頁54。

26《十三經注疏·春秋左傳正義》卷二十七，〈成公十三年〉，中華書局，1980，頁1911。

27 楊伯峻，《論語譯注·先進》，中華書局，1963，頁120。

28 楊伯峻，《論語譯注·衛靈公》，中華書局，1963，頁170。

29 楊伯峻，《孟子譯注·告子上》，中華書局，1960，頁285。

30（清）王先謙，《荀子集解·禮論篇第十九》，中華書局，1997，頁358。

31 楊伯峻，《論語譯注·先進》，北京：中華書局，1963，頁120。

32 楊伯峻，《論語譯注·顏淵》，北京：中華書局，1963，頁132。

33 楊伯峻，《論語譯注·雍也篇第六》，中華書局，1963，頁62。

34《史記·孔子世家第十七》，中華書局，1999，頁1547。

35 楊伯峻，《論語譯注·堯曰篇第二十一》，中華書局，1963，頁218。

36 楊伯峻，《論語譯注·為政篇第二》，中華書局，1963，頁13。

37（宋）朱熹，《四書章句集注·中庸章句》，中華書局，1988，頁17。

38 楊伯峻，《孟子譯注·萬章章句上》，中華書局，2003，頁222。

39 楊伯峻，《孟子譯注·盡心章句下》，中華書局，2003，頁333。

40 楊伯峻，《孟子譯注·盡心章句下》，中華書局，2003，頁338。

41（宋）朱熹，《四書集注·孟子集注·盡心章句上》，中華書局，1988，頁349。

42（宋）黎靖德編，《朱子語類》卷第六十，北京：中華書局，1999，頁1429。

43 楊伯峻，《孟子譯注・盡心章句上》，北京：中華書局，2003，頁301。

44（宋）黎靖德編，《朱子語類》卷第六十，北京：中華書局，1999，頁1429。

45 高亨，〈繫辭上〉，《周易大傳今譯》卷五，齊魯書社，1983，頁511。

46（宋）黎靖德編，《朱子語類》卷第四，北京：中華書局，1999，頁77。

47（宋）朱熹，《四書集注・論語集注・泰伯第八》，中華書局，1983，頁104。

48（宋）朱熹，《四書集注・孟子集注・盡心章句上》，中華書局，1988，頁350。

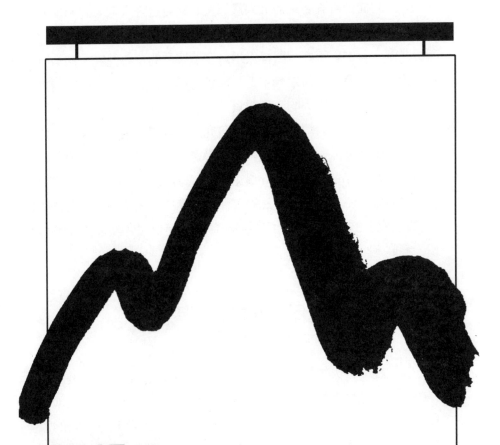

附錄二

心靈環保——殯葬業者與逝者親屬的精神撫慰

人生的痛苦有許多，但最大最深重的痛苦也許是親人的過世。此時，遺屬們處於最最軟弱的狀態，尤其是心靈深處湧現出巨大的深切悲傷。若處理不好，將極大地危害遺屬們的身心健康，甚至導致自殺事件的發生。而殯葬業者，因為行業的特殊、工作環境的特別，也承受著異於常人的心理重負。本文主要探討有關舒緩殯葬業者的心理及社會壓力問題，並進而研究逝者家屬在殯葬過程中，如何能最大限度地減輕哀傷，使其心靈獲得一種盡可能好的保護，並重新展開其正常的人生旅程，此之謂「心靈環保」。所以，在殯葬業的發展中，不僅要注意自然的環保，亦應該引入殯葬業者和遺屬「心靈環保」的概念，由此拓展服務領域，促進殯葬業健康和可持續的發展。

一、「心靈環保」的概念與意義

　　應該說，自人類誕生以來，借助於制度的改革和科技的發展，在改造物質世界方面、在創造精神產品方面，已經做出了驚天地泣鬼神的偉業；但是，人類在認識自身的方面、在探究精神意識的領域方面、在滿足「生」之外如何慰藉臨終者及其親屬之心靈的方面做得並不夠好。亦因此，人類在大幅度提升了生活水準的同時，並沒有同步地提升死亡的品質。

　　據有關資料顯示，僅就中國大陸而言，目前的死亡率大約為千分之六，也就是說，中國一年死亡人數約達八百萬之鉅。[1] 一般而言，一個面臨死亡者，他的家人必不可免地會陷入巨大的悲痛之中；而同時與死者有關的朋友、同事等也會產生哀傷之情。這樣，僅中國大陸每年的臨終者和受死亡問題的困擾者就有九千萬人左右

（以每個逝者 10 個左右的親屬和朋友計算）。可見，在二十一世紀及其以後，死亡品質的提升已經成為人類面臨的重大挑戰，若死亡品質不能迅速地、較大幅度地提高，勢必拖住人類提升生活水準的後腿，從而讓人類全面改善人生品質的努力落空。在這方面，殯葬業基於對遺屬提供更好更全面的服務，也基於其自身員工的心理和社會壓力的抒減，都應該也必須去研究新問題，做出新貢獻。

「心靈環保」的概念，源於台灣法鼓山聖嚴法師。他曾經提出：

> 環保有物質環保與心靈環保兩方面，物質環保即將環保落實在物質生活的各個方面，將人們的日常行為變成環保行為。包括禮儀環保、生活環保、自然環保、身體環保、社會環保等。心靈環保，即從人們的心靈出發，建立環保意識，進而自覺地將意識轉變為行動。

聖嚴法師還說：

> 我們可以從兩方面著手環保，一是物質環境的環保，一是正本清源，從人心淨化做起，前者治標，後者治本。環境清潔日不僅是號召每個人在這一天將環境打掃清潔，更是將這種精神帶到心中，從心靈自律自發，每個人在生活習慣上做到環保。心靈環保講求的是由內而外的發展，如果從心靈做起，人們就會心甘情願，自發性的減少浪費自然資源，而且還會覺得這是一種享受，而不是犧牲。從佛教的觀念看，就是惜福！從心靈淨化做起，自然地做到禮儀環保、生活環保、自然環保，才能建立起人間淨土。

聖嚴法師「心靈環保」的觀念，主要是指人們自然環保的行為須以

人之心靈的自覺為基礎，否則前者是落實不了的。特別重要的是，人們只有做到心靈的環保，才可能不把自然環保的行為當做一種負擔，而視為一種幸福，養成為一種生活中的習慣，唯如此，才能夠使人類社會與自然界保持和諧狀態。

在殯葬業發展中引入「心靈環保」的觀念，則主要是基於殯葬業者因工作性質的特殊所承受的巨大壓力，以及親人去世給遺屬所帶來的最深重的人生痛苦，為了不至於危及他們的身心健康而對心靈層面的調適。具體表現為二個方面：第一，對於殯葬業的從業者而言，因為從事的是一種較為特殊的哀傷性工作，心理上的壓力顯然比從事其他類別的工作者要更大更重。而殯葬從業者的家屬也會因為社會的不理解，所謂各種「不吉利」的說法而產生某種心理壓力。所以，殯葬業從業人員的「心靈環保」尤顯重要和必要，這就需要建構某種機制、採取某種方式方法來緩解他們內在的精神壓力，釋放負面之心理能量，保持一種健康、積極、樂觀的精神面貌。第二，指逝者親屬的心靈環保。大自然有一種環境，若人類注意與自然和諧相融，則自然環境將十分優美，並保持住生態的平衡。人之心靈亦有一個環境問題，若人們也能具有保護的意識，讓自我之精神處於一種愉快、平靜的心境之中，具有良好的內外人際的溝通，保有一種正常的心態，這就達到了心靈的環保。但是，在親人過世的狀態下，遺屬們往往撕心裂肺，肝腸寸斷，痛不欲生，極大地破壞了心靈的平衡狀態，引發一系列的心理與精神的痛苦，甚至導致嚴重的生理性疾病。這就需要事前進行心靈的環保工作，讓其盡快地從哀傷中超拔出來，重新展開正常的人生之路。

中國每年出現死亡哀傷的人數約占到全國人口十五分之一左右，雖然程度有不同，但如此大數目的哀傷人口，需要殯葬業人士高度重視。而全國殯葬經營單位已將近三千家，殯葬業從業人員接

近四萬人。如此眾多的需要進行心靈環保的人群，難道還不應該引起社會的高度重視嗎？這既是殯葬業人性化、人道化發展的必由之途，亦蘊涵著重大的商機。

在新世紀展開之際，中國的殯葬業亦面臨著重大改革，挑戰與發展並存。我們必須要尋找到新的思路、新的發展方向；而在殯葬事業中，把殯葬工作者和遺屬的心靈環保納入其範圍，應該說是一個重要的開拓方向。

二、殯葬工作者及其家屬之「心靈環保」

殯葬業從業人員的心靈環保，與從事社會一般職業人員的心靈環保，應該有極大的區別。這不僅僅是因為這一行業工作性質的獨特性，更在於殯葬業從業人員所承受的外部社會壓力與內在心理的壓力一般來說都要大大高於其他行業的從業人員。王笑夢在〈踏進殯葬業的N個理由〉一文中說：幾乎每一個從事殯葬業的人都會遇到這樣的問話：「你怎麼會幹上這一行的？」「你就不忌諱、不害怕嗎？」[2]這二句話似乎有關心之意，其實卻帶有濃厚的社會公眾對殯葬業這種職業的不理解或某種歧視。「幹上這一行」的潛台詞是：你怎麼就落到幹上這麼個職業？你怎麼就不做些其他的事？似乎殯葬業是天下最不值得做的工作。

再則，「死」在國人心目中是一個最大的忌諱，幹一種成天與「死人」打交道的職業，豈非最「不吉利」？最為「晦氣」？著名作家蘇童在小說〈手〉中描寫了一位名「小武漢」的人，他幹過許多工作，最後去了火葬場，收入不錯，可是他的生活卻發生了逆轉：

小武漢去買早點，炸油條的浙江人用夾子夾他的錢，不碰他的手。小武漢去上公共廁所，他明明繫好了褲子出來了，別人卻還拉著褲子站在那兒，等其他的位置，意思是不蹲他蹲過的坑。[3]

　　更令小武漢不解的是，即將要與他成婚的女朋友堅決地分手了，理由是「我見到你的手就犯噁心，怎麼能做夫妻？」小武漢最後覺得：「掙到錢就丟了尊嚴，不肯丟了面子，就掙不到錢」，而且他「對自己的身體產生了一種不潔的錯覺」。可見，「小武漢」一進入殯葬業，立即遭到社會、社區、公眾普遍地排斥，讓他感覺到殯葬業是一種沒有尊嚴的職業，甚至於對自己的「手」是否潔淨也產生了深深的懷疑。蘇童雖然是寫小說，卻相當精確地將社會對殯葬業者的偏見，以及由這些偏見所造成的殯葬業者承受的巨大精神壓力揭示出來了。

　　所以，在中國，不少人之所以從事殯葬業，主要是家中親屬有人在該行業工作，或者就是一種「祖傳行業」，當然也有許多人是出於該行業收入比較穩定和較豐厚。一位葬儀館禮廳服務員在談到她為何加入殯葬業的理由時，說因為男朋友是幹這一行的。她回憶道：「剛剛和他認識的時候我心裡是不太能夠接受他的工作的。記得有一次過馬路，他第一次牽我的手，我突然覺得背上涼颼颼的。」女孩子與殯葬業者牽一下手，竟然感到「背上涼颼颼的」，可見這種職業在一般民眾心目中的恐怖形象。後來他們結婚了，她也進入殯儀館工作：

　　　但是我這個人膽子比較小，剛來上班的時候一聽到運屍床嘰嘎嘰嘎地經過，我就趕快背過身去。在工作的地方口水也不敢往肚裡嚥，更不要說是吃飯了。[4]

恐懼、緊張、不適的狀態可能是每個剛進入殯葬業者的共同反應，這必然形成沈重的心理與精神上的壓力。另一篇文章則描寫了在殯儀館工作的女士們所遭遇的社會性尷尬處境：

> 選擇了殯葬，她們就選擇了社會的「隔離」。她們在逢年過節的時候，不輕易上親戚家去串門，也不適宜參加一些公開的活動或拋頭露面。於是，她們除了工作，就是料理家庭，照顧長輩、丈夫和孩子。她們遠離了浮華、外露、粗放和喧囂，她們與時尚無緣，與前衛擦肩而過。她們的美麗與青春在為社會殯葬事業默默無聞的奉獻中悄悄閃過。[5]

總體來看，殯葬從業者所受到的特別的社會與心理壓力可分解為以下三個方面：

第一，社會的某種偏見，這與中國民間的一些關於死亡的傳統觀念相繫。比如認為殯葬業者天天與死人打交道，染上了濃重的晦氣，是不吉利之人。一般而言，中國缺乏普遍性的宗教信仰，大多數的中國人不是某一特定宗教的信徒，他們很難獲得理解死亡的觀念性資源。因此，關於死亡的知識，一般的民眾多從傳統習俗、個人直觀的體驗，以及恐怖電影電視或文學中獲得，這樣，死亡的神秘性、恐怖性就滲透進了人們的意識深層，由此派生出對死亡強烈的排斥。於是，各種非理性的情緒性的對死亡的看法基本主宰著中國民間社會。所以，從事殯葬工作者與社會其他人群就有了某種無形的「牆」，有可能被隔離於人際、社會活動之外，成為社區和社群中的「邊緣人」，處於某種孤離的狀態。長此以往，對殯葬業者人格的健全、人際關係的良好溝通、心理的健康等等都極為不利。

第二，殯葬業者的工作環境比較特殊，幾乎每天每時都處在哀傷氣氛之中，較長期間與恐怖冰冷的屍體打交道。工作中很難尋找

到樂趣，亦缺乏成就感，這與社會的其他工作形成了巨大的反差。一般而言，在社會的其他工作中，生產出的產品愈多，工作的成績也愈大；而在殯葬業，火化的屍體愈多，卻難以被認可是一種社會的成就。這一切都極易導致殯葬業者鬱悶、寡歡、心理黯淡、生活無幸福感等等負面狀態的出現。

第三，殯葬業者的家屬也承受著巨大的社會與心理的壓力。社會普遍性的對殯葬業的不理解，人們唯恐死亡帶來晦氣的心理，都在無形中造成了對殯葬業者家屬的壓力，這又影響到在殯葬第一線工作人員的士氣。那種難以融入社會，難以參加許多帶喜慶色彩活動的狀態，以及社會各行業的某種排斥性態度，對每一位殯葬業者的家屬都是一種沈甸甸的心理與精神的重負。

要緩解殯葬業者和家屬們在精神與心理上所承受的巨大壓力，首先，應該求之於社會性的觀念轉變，讓大眾更了解殯葬業對社會健康有序發展的重大貢獻和意義，其對人類的存在和發展是不可或缺的一種行業。殯葬業應該有更大的開放性，在整體風貌上改變人們對其陰森恐怖的印象。要更大膽地宣傳自己，改變企業與職業形象。殯葬業者首先要自己瞧得起自己的職業，並能夠以自己的職業而驕傲，才能最終贏得社會與他人的尊重，使家屬也能夠獲得正常的社會生活與人際的交往。其次，要為殯葬業者提供更好的工作條件、更優厚的收入，讓他們有更高的社會地位。應該透過立法確立殯葬業的特殊地位，讓從事殯葬業者能夠獲得各種政策性支持，從而逐步扭轉社會對殯葬業的偏見。再次，在強化殯葬業者的職業技能培訓之外，特別要加強他們的生死觀教育。其核心在圍繞著「生死互滲」之觀念，深刻地理解生死的本質與意義，從而對自己的工作性質有更全面的理解、更理性的掌握。殯葬工作者只有真正透悟了生死，才能從根本上解決殯葬業的意義與價值何在的問題，也才

能化解殯葬業者的恐懼感和許多負面的心理狀態。

　　一般而言，世上的人皆喜生厭死，根本原因是將生與死截然兩分。但實質上，「生」與「死」是一體兩面，無法將它們截然分開。因為人在剛剛出生之後就在走向死亡，死是蘊涵在生命之內的，而宇宙間的有生之物無不都如此。大凡有生命者，都會經過孕育期，然後則出生、成長，再進入衰老期，最後便會死去。生與死雖然判然有別，但「生」的瞬間就含蘊著死的因素，兩者是互滲而渾然一體的。可是，世人一般都體認不到「生死互滲」的原理，誰都只願永遠地活下去，誰都害怕死亡的降臨。因為，在人們的眼中，「生」盈滿著生機，充溢著溫暖、活力、光明、擁有；而死則是生機頓失，是冰冷、枯竭、黑暗、喪失，人們怎不求生畏死呢？

　　但是，人是一種生物，必然逃不脫死亡的命運，無論是接受還是不接受，死亡都會在某時某刻來臨。既然如此，人們就必須正視死亡，活著時不要迴避死亡的問題，因為即使你想迴避也是迴避不了的。實際上，人們必須理解一個道理：若是沒有死而只有生，那人也好其他生物也好，又怎能在這個世界上擠得下？從生命之本源來說，每個生者都不應該太自私，正如《莊子》書中所講的：

　　父母於子，東西南北，唯命之從。陰陽於人，不翅於父母。彼
　　近吾死而我不聽，我則悍矣。彼何罪焉？夫大塊載我以形，勞
　　我以生，佚我以老，息我以死。故善吾生者，乃所以善吾死
　　也。今之大冶鑄金，金踊躍曰：我必且為鏌鋣。大冶必以為不
　　祥之金。今一犯人之形，而曰人耳人耳，夫造化者必以為不祥
　　之人。今一以天地為大爐，以造化為大冶，惡乎往而不可哉？
　　6

這是說，天地為「父母」生我養我，那就好好地活；天地「父母」

招我們復返，我們也就要安心面對死亡的降臨。這實際上是留下位置讓新的生命成長，豈非也是我們一份無量的功德？至此，人們就從生命之根上理解了死亡的必至性，掌握了生死的本質。

許多從父祖輩那裡繼承殯葬工作的年輕員工，往往都在上一輩口中得到一番教誨：喪葬業是做善事積功德啊！這是為從事這種職業尋找價值的承諾。可是，人們仍然會在情感上萬分恐懼與害怕死亡。這一點又如何化解呢？古希臘的聖哲早已指出：死是人無法體驗的對象，當人還活著時，死非常遙遠；當死來臨時，人們已經毫無感覺和思慮了。人們對死的害怕、焦慮、恐懼等等，無不都是一種活著時才有的感受，而死亡一降臨，人所有的知覺、心理的反應等等都不存在了，人們又怎能害怕呢？既然不能夠去害怕，我們活著時就沒有必要去恐懼死亡。也就是說，當人存在的時候，死亡是不可能存在的；而當我們不存在死去時，我們根本就無法害怕。因此，活著的人又何苦要怕死呢？可見，人們對死亡的恐懼根本不是起於死亡本身，而是人們從棺材、死屍乃至恐怖片等死亡的現象中獲得的一些觀念。僅僅是觀念而已，並不是一種實在的對象。所以，人類的確可以從主觀上努力，改變以至取消這些觀念，以消除對死的焦慮、恐懼、害怕和擔心。

上述這些有關死亡本質及如何免於對死亡恐懼的方法實際上是相當有效的，我們每個從事殯葬業工作者都應該經常沈思一下，去傾聽古代賢哲的聲音，積極地思考生與死的問題，以獲得某種生死的智慧，從對死的恐懼中解脫出來。這樣，也只有這樣，我們才能真正理解殯葬工作的意義，也讓自己消除害怕的心理，獲得一種正常的心態、健康的心理，使自己的人生獲得幸福。

除生死智慧的教育外，培養殯葬業者在死亡問題上具備一種美學的觀念是獲得心靈環保更為有效的措施。著名學者林語堂先生認

爲：

> 當我們承認人類不免一死的時候，當我們意識到時間消逝的時
> 候，詩歌和哲學才會產生出來。這種時間消逝的意識是藏在中
> 西一切詩歌的背面的——人生本是一場夢；我們正如划船在一
> 個落日餘暉反照的明朗下午，沿著河划去；花不常好，月不常
> 圓，人類生命也隨著在動植物界的行列中永久向前走著，出
> 生、長成、死亡，把空位又讓給別人。[7]

最美的詩歌是因爲人有死亡才出現的，而人們對死亡抱有一種「認」
的態度——所謂「花不常好，月不常圓」——就可以欣賞死亡之
美，正如林語堂先生描寫的那樣，要將「空位又讓給別人」。林先
生還寫道：

> ……「不免一死」的命運何嘗不美麗，人類在這裡可以理解人
> 生，可以讓自由的精神和推究的精神各自去發展。[8]

美國著名的醫師舍溫說：一個人只要「接受了壽命有限數的觀點，
就能體會到生命有對稱的美。生活的網絡中，既有快樂與成就，也
有痛苦。那些想超越壽命活下去的人，會失去對年輕人的正當觀
感，並對年輕人主事感到不悅。正因爲我們的一生只能在有限的時
間內去做值得做的事，才有了做事情的迫切感。否則，我們就會滯
留在因循之中。」這位醫生還引用法國偉大的思想家、文學家蒙田
的話說：

> 你的死亡是宇宙秩序的一部分，是世界生命的一部分……是讓
> 你誕生的一個條件。研究哲學就是要明白死亡。把地方騰給別
> 人，就像別人把地方騰給了你。[9]

一般而言，能夠安於死亡之自然者，必然也是能欣賞死亡之美者，其心靈當不易受到死亡問題的困擾。在這一點上，應該提倡殯葬業者多閱讀中國歷史上偉大哲人的著作，如《論語》、《老子》、《莊子》、《列子》、魏晉玄學家的作品；還有一些著名文學家的詩文作品，如李白在〈擬古十二首〉中所說「生者為過客，死者為歸人」；陶淵明在〈擬挽歌詞三首〉中所言「死去何足道，托體同山阿」，又如〈歸去來辭〉中言：「木欣欣以向榮，泉涓涓而始流。善萬物之得時，感吾生之行休。已矣乎！寓形宇內復幾時，曷不委心任去留，胡為乎遑遑欲何之？富貴非吾願，帝鄉不可期。懷良辰以孤往，或植杖而耘籽。登東皋以舒嘯，臨清流而賦詩。聊乘化以歸盡，樂夫天命復奚疑！」等等。當然，還應該去閱讀西方一些偉大哲人的著作，如古希臘蘇格拉底、柏拉圖的書，現代德國大哲海德格的書等等。只有在較高的文學修養、哲學智慧的涵養中，殯葬業者才能夠穿透生死的本質，獲得對死亡的美學觀念，從而把自身從可能的心理與精神的重負中解脫出來。

三、遺屬之「心靈環保」

人世間有許許多多的慘劇，但如果要舉出最令人痛苦之事，也許就只能是喪親之痛了，中國古人把「白髮人送黑髮人」視為人生最大的痛苦是有道理的。在某種意義上，人們對自我之死還能面對，因為它畢竟是我們人生中不可避免的結局；而突遇至親的非正常甚至正常的去世，則往往無法接受，在心理及生理上受到嚴重的創傷。這樣的遭遇甚至使有些遺屬喪失生活下去的意願，由此便造成新的人生悲劇，如自殺或心如死灰狀態的發生。這些都大大凸顯

了遺屬之心靈環保問題的嚴重性和需要化解這些狀態的迫切性。

在美國，一些學者對有親人去世的家屬進行過這樣一種對比調查：第一組的家屬903人屬於悲傷過度的，第二組的家屬878人屬於比較能克制悲傷情緒的。追蹤調查的結果是：一年內第一組的死亡率高達5％，而第二組的死亡率只有0.68％；其中，在第一組內屬於喪失配偶的家屬死亡率為12％，而第二組內僅為1.6％。可見，喪親之痛是人類生活中的一種可怕的生命「殺手」。問題的嚴重性還在於，人們只要有正常的壽命就一定會在某時遭遇到喪親的事情，而且在中國這樣一個倫理情感特別濃厚的文化氛圍中，喪親所導致的悲痛又會顯得格外深重。對我們人生中必然會出現的這種人生的危機，每個人都必須高度重視，並加以解決。而這是需要社會性救助的，應該納入殯葬業服務的範圍之內。

侯南隆先生在引述相關資料之後指出：親友去世之後，人們遭受的是一個重大的失落事件，而失落的人們表現出的即是悲傷，可分為四個方面：

> 情感方面會出現悲哀、憤怒、愧疚與自責、焦慮、孤獨感、疲倦、無助感、驚嚇、思念、解脫、輕鬆、麻木等感覺；生理感覺則有胃部空虛、胸部緊迫、喉嚨發緊、對聲音敏感、一種人格解組的感覺（覺得周遭人物都不真實，包括自己）、呼吸急促、有窒息感、肌肉軟弱無力、缺乏精力、口乾；認知方面則是不相信、困惑、沈迷於對亡者的思念、感到亡者仍然存在、幻覺；行為方面則有失眠、食欲障礙、心不在焉、社會退縮行為、夢見亡者、避免任何會憶及亡者的事物、嘆息、坐立不安、過動、哭泣、舊地重遊及隨身攜帶遺物、珍藏遺物等。[10]

可見，喪親引發的悲傷會導致我們諸多心理、精神乃至生理上的不

良反應，它不僅使我們的生活陷入一團糟，還讓我們的人生進入一個危險期，它還可能直接影響到我們生命的存在。

美國科羅拉多州的悲傷教育機構提出喪親者的悲傷可能經歷四個階段：

1. 震驚階段：時間從數小時至一星期。認知方面有些出現遲緩或解組之思考、阻塞、自殺的思想、希望參與死亡；情感方面有些呈現僵化、遲鈍、爆發、虛幻及歇斯底里。

2. 追思階段：時間約一星期至三個月。認知狀況為全神貫注於死者的身上，尋求、沈思、夢到死者、錯誤接受到死者形象的刺激。情感方面有傷心、害怕、生氣、暴躁、罪惡感及懷念。

3. 解組階段：時間由三個月至六個月。認知狀況呈現混淆、無目標、遲緩之思考、失去興趣、降低自尊、集中於記憶及意外的傾向。情感呈現出悲傷、寂寞、沮喪、無意義、冷漠、感到不真實、強烈的痛苦。

4. 重組階段：時間從六個月至二年。認知為發展對死者較真實的記憶、經驗到回憶的喜悅、回到先前功能發生之層次、生活之新意義。情感同時經驗到傷心與快樂。[11]

可見，遺屬的心靈傷痛主要包括：親人去世引發的深切懷念；永遠不可再見面的深層失落；不知親人將面對什麼狀況引發的揪心；喪失自我生命另一半的痛苦；撕心裂肺般的恐懼和感覺等等。除此之外，還有一些外在的因素可能引發遺屬的心靈傷痛，如：殯葬過程中感覺到是暴利引起的內心不滿；喪事過程中，所獲得的服務水準不高，受到冷冰冰、毫無熱情對待的無力與無助感；可能產生的殯葬過程中員工對親人遺體極不負責、當做一件物品的處理方

式導致的痛惜感等等。這些都會引發遺屬冰透骨髓般的寒心。兩方面的相互作用，將使遺屬們的心靈受到極大的損傷，由此危及其生理健康和今後人生道路的展開。這些都是心靈環保中所應該消除的。

那麼，如何實現對遺屬們的「心靈環保」？

第一，設立「遺屬精神撫慰中心」。組成人員包括心理治療師、宗教師、哲學家、醫生、護士、義務工作者等等。在接受喪事請求的第一時間，就應由該中心的有關人員上門或請遺屬到中心來，為遺屬提供哀傷撫慰的精神性支持。

第二，提供「心靈環保」的精神性資源。如佛教「往生西方極樂」的生死智慧；道家「生死齊一」的生死智慧；儒家「殺身成仁，捨生取義」、「立德、立功、立言」的生死智慧；中國民間百姓「陰間與陽間」的生死智慧；基督教「天堂」、「永生」的生死智慧；伊斯蘭教「天園永恆」的生死智慧等等。掌握這些人類歷史上豐富的生死智慧，並在殯葬業務中加以運用，是殯葬從業人員必備的素質。具體來說，為了從喪親之痛中擺脫出來，我們可以求助於理性：從生命本質及發生與發展的過程來理解親人之死的不可避免性。「死」是生命無限延續的組成環節，「死」不是「生」的失敗和「生」的毀滅，而是「生」的延續和「生」的必需。對「死」不必恐懼、不必焦慮，而應坦然接受。當「死」神降臨時，人已飄然入「無何有之鄉」，又有什麼可害怕的呢？對逝者的親屬而言，「死」作為人必至的歸宿，每個人都應該坦然地接受它，不要因為親人的去世而傷心致病，以至於妨礙了自己的身體健康，特別是由此而引起的心理和生理之病降低了生命的品質，即便是逝去的親人也不希望如此。「生」者更好地「生」，正是對逝者最大最好的告慰。所以，有生者必有死，這是不以任何人的意志為轉移的必然規

律。我們的親人也是人，當然也逃不脫這一規律的制約，死者已矣，生者還是得面對生活，勇敢而堅強地活下去，還要活得更好更愉快，這才是告慰死者最好的方式。中國古代將死亡的事件稱之為「白喜事」，這其中蘊涵著深刻的生死之理。死亡是自然大化流行的表現形式，人之生是「紅喜事」，它讓我們體會到天地的「好生之德」；而人之死是「白喜事」，它也使我們體驗到生命循環的神秘與偉大。之所以皆是「喜事」，關鍵就在於，「生」是人在陽間的勞累「奔波」，「死」則是人在陰間永恆的安息；「生」是生命存在的過程，「死」則是生命延續的基礎。只有「生」而無「死」與只有「死」而無「生」一樣都是不可想像的，也是不能存在的。一個人只有從理性上真正理解了喪親事件的必然性，才有可能從喪親之痛中解脫出來，這就叫「認命」之後才有心理的放鬆和自我人生之路的重新展開。其次，我們可以求助於宗教的教義。基督教、天主教、佛教、伊斯蘭教等都認為有一個與此「生」相對的「彼岸」世界，所以，人之死不過就是回歸「上帝」和「真主」的懷抱，或是往生「西方極樂世界」，人們透過「死」而可以達到「永生」、「復活」、「不朽」等等。這樣一些教義讓人們把親人之死這個人世間最大的「失落」轉換成某種「所得」，因為人們相信親人仍然存在（不過是活在另一個世界），而且生活得比現在更幸福（在「天國」或「極樂世界」）。如此，對有著強烈的喪親之痛者而言，就是一種最大的撫慰。再次，我們可以求助於時間的流逝。「時間老人」是最好的消解劑，在他神秘的手杖觸摸下，一切人世間的悲慘事件無不會漸漸地化為烏有。一般來說，人的喪親之痛有時還不能硬性地壓抑，否則將導致嚴重的心理疾病。人們在突遭喪親事件時，應該將自己的哀傷情緒儘量地發洩出來，淚水終有流乾之時，悲傷終有化解之日。我們要讓「時間老人」來撫平心理的創傷，沖走哀痛

的憂愁。在此，我們要設法讓遺屬們將注意力從專注於亡者身上轉移出來，去關心其他的事物和人，逐漸地彌補生活中的失落。人們只有在生活之流中漸漸地淡化喪親之痛，才能重新邁開人生的步伐，去獲得屬於自己的生活。要讓這些精神與心理撫慰的資源運用於對遺屬心靈環保之中，殯葬業者必須強化學習，獲得新的知識結構，唯如此，才能提高殯葬業的現代化服務水準。

第三，對遺屬的精神撫慰要從逝者的次親者開始。在具體的喪親事件的過程中，一般的情況都是遺屬由次親屬陪伴，在極度悲哀的過程中，遺屬對外人、陌生人和他者有一種天生的排斥。所以，殯葬業「遺屬精神撫慰中心」必須掌握這種規律，對遺屬的精神撫慰應該先從逝者的次親者入手，對他們先進行某種生死智慧、心理治療等方面知識的培訓，再由這些逝者的次親對逝者的至親進行精神與心理的撫慰，以達到心靈環保的目的。

第四，心靈環保形式的多樣性。「遺屬精神撫慰中心」的人員，應根據遺屬不同的文化程度及宗教背景，提供傾聽、觀念輔導、陪伴、講座、提供有關書籍等等形式的服務。主要內容是：生死觀教育、心理輔導、哀傷情緒釋放、痛苦心情的轉移等等。

第五，喪葬的人性化服務。必須教育殯葬業者，對每位逝者的遺體都應該有虔誠之心，尊敬的態度，在所有的操作中，都要貫之以細心、周到、小心翼翼，一如尊重活著的長者一般。站在遺屬的地位，親人的遺體是最最神聖者，必須要有最高的尊敬態度；而在殯葬業者眼中，所有的遺體都只是工作的一個對象而已，而且他們每天都處於一種繁忙而乏味的工作循環之內，當然不可能有對每具遺體特別的尊敬之情。這樣，兩者立場與觀點都不同，必會產生各種磨擦與矛盾，甚至導致激烈的衝突。在這一點上，應該在殯葬業者的思想中，引入一個「大體老師」的觀念。台灣證嚴法師創辦的

慈濟大學在辦學上有一個十分引人注目的特色：這所大學醫學上供解剖的屍體在全台灣是最多的。為什麼能達到這一點呢？因為慈濟大學在教學的過程中，提出了一個「大體老師」的觀念，也就是將遺體捐獻者稱為「大體老師」。對醫學生而言，這些「大體老師」完全「默默無聞、無怨無悔」地貢獻出自己，讓他們反覆地操刀實踐，這些遺體不就是這門課程的「老師」嗎？教導了他們認識人體的構造與功能，學到了許多科學的知識，讓他們成長起來。所以，學校有專門的走廊櫥窗，內有文字與圖片詳細地登載每一位「大體老師」生前的事蹟，而學生們上解剖課之前和結束後都要向「大體老師」表示感謝。所有的「大體老師」都被安放在乾淨整潔的房間內。醫學實驗完畢後，「大體老師」火化前還要舉行棺木送葬儀式，火化後的骨灰盒則被陳列在一間布滿鮮花、點有長明燈的展示廳內，家屬們和學生們可以隨時去悼念，慈濟大學每年還要為「大體老師」舉行大型的追思活動。這樣一種觀念非常值得殯葬業者們學習。有一位學生是這樣寫的：「您是我們這輩子最特別的老師，您將所有人體知識都烙印在我們的腦海，但我們卻沒有在您活著的時候，對您說：『老師，謝謝您！』」這種「大體老師」的觀念，使醫學院的學生孕育出對「屍體」完全的尊敬與尊重；同樣的，應該在殯葬業中，大力推廣「大體老師」的觀念，讓每一個從事殯葬業的工作者，都能對每一具遺體保持尊敬與尊重，從而貫之於具體工作的每個環節中，讓喪者的家屬獲得寬慰、安心和滿意，達到心靈環保的良好效果；殯葬業也能夠因服務的高品質而開拓出新的境界和創造出新的業績來。

第六，葬事的人道化安排。人間的喪事本就是一種至哀至痛之事，應該努力凸顯人道化，精心安排，以降低喪者家屬的心理不適。

1.有關喪葬名詞的改換：廢棄一些諸如死亡、屍體、殯儀館等等日常用語，使用如往生（佛家語，可用於殯儀館之名）、大體（佛家語，可用於指稱屍體）；大化（道家語，比如可將殯儀館改稱「大化館」）；坐化、羽化（道教語，可用於指稱死亡）；「登仙門」、「飛升台」（道教語，可用之焚化爐的名稱）等等。

2.一站式服務：喪事家屬一個電話，全部喪葬事宜都能做好辦完。

3.傳承服務：為逝者製作紀念冊、演示片、出書等，讓喪者的家屬獲得一種精神上的滿足感，減輕心靈哀傷。

4.提供葬式諮詢服務：大力提倡文明、節儉、環保的葬禮、往生禮。中國目前有因出現一個重病患者而陷入貧困的家庭；也有因大肆揮霍的葬禮而入貧的家庭。讓遺屬選擇一個既莊嚴又節儉的葬禮，也是一種社會環保，或叫生活品質性環保。

第七，葬儀的多樣化，以滿足遺屬的不同心願。殯葬業可以根據遺屬不同的要求，提供佛教式葬儀、道教式葬儀、基督教式葬儀等等服務。在葬式上，除傳統葬法外，還可以有意識地推廣海葬、樹葬、花壇葬、壁葬、髮葬、基因葬、宇宙葬等等不同的新的選擇。良好的葬儀葬式，可以讓遺屬們放心和安心，從而大大減輕他們的心理負荷，達到心靈環保的目的。

注釋

1 按大陸「第五次全國人口普查公報（第一號）」，全國人口為129,533萬。
2 載《殯葬文化研究》，2004，期2，頁44。

3〈手〉，文載《新華文摘》，2004，期16，頁62。

4文載《殯葬文化研究》，2004，期2，頁46。

5〈女生：撐起殯葬業的「半邊天」，文載《殯葬文化研究》，2004，期2，頁48。

6《莊子‧大宗師》。

7《林語堂文集》第七卷《生活的藝術‧論不免一死》，作家出版社，1996，頁42。

8《林語堂文集》第七卷《生活的藝術‧基督徒希臘人中國人》，作家出版社，1996，頁20。

9舍溫‧紐蘭，《我們怎樣死——關於人生最後一章的思考》，世界知識出版社，1996，頁80。

10參見〈至親遠逝——影響喪親者悲傷復原相關因素之探討〉，文載《生死學研究通訊》，期3。

11楊克平等，《安寧與緩和療護學：概念與實務》第二十一章，台北：偉華，1999。

主要參考書目

《九江師專學報》，1998 年增刊。

《九江師專學報》，2000 年 1-4 期，2001 年第 1 期。

《二程師事周敦頤考論》，楊柱才，打印稿。

《二程遺書》卷二十五，《伊川先生語十一》，上海古籍出版社，
　　2000。

《二程遺書·二程外書》，（宋）程顥、程頤著，上海古籍出版社，
　　1995。

《中國人生精神》，鄭曉江、程林輝，南寧：廣西人民出版社，
　　1998。

《中國死亡智慧》，鄭曉江，東大圖書股份有限公司，1994。

《中國佛教哲學要義》，方立天著，中國人民大學出版社，2003。

《中國倫理學說史》，沈善洪、王鳳賢，杭州：浙江人民出版社，
　　1988。

《中國哲學史》，周世輔，台北：三民書局，1983。

《中國哲學辭典》，韋政通編著，台北：水牛出版社，1994。

《中國學術史》（宋元卷），朱漢民等，南昌：江西教育出版社，
　　2001。

《中國歷代文學名篇欣賞》，甘肅人民廣播電臺、貴州人民出版，
　　1987。

《中國禪宗語錄大觀》，袁賓編著，百花洲文藝出版社 1992。

《五燈會元》，（宋）普濟，中華書局，1984。

《太極圖說通書義解·志學第十》，梁紹輝，海南出版社，1991。

《王夫之評傳——民族自立自強之魂》，張懷承，廣西教育出版社，
　　1997。

《王船山傳論》，鄧潭洲，湖南人民出版社，1982。

《仕與隱》，王德保，華文出版社。1997。

《古尊宿語錄》，（宋）賾藏主編集，中華書局，1997。

《叩問人生》，鄭曉江，漢欣文化事業有限公司，1997。

《四庫全書總目》卷四十六，《史部正史類二》，北京：中華書局，
　　1995。

《生死兩安》，鄭曉江，南寧：廣西人民出版社，1988。

《田園詩人陶淵明》，黃新光，江西人民出版社，1986。

《朱子語類》八，（宋）黎靖德編，王星賢點校，北京：中華書
　　局，1999。

《江西古代書院研究》，李才棟，江西教育出版社，1993。

《宋元學案》，全祖望等，中華書局。

《宋元學案》卷四，《廬陵學案》，北京：中華書局，1986。

《宋史》，中華書局，1999。

《宋明理學史》，侯外廬主編，北京：人民出版社，1984。

《李覯集》，北京：中華書局，1981。

《狂與逸》，張節末，東方出版社，1995。

《周易大傳今注》，高亨，濟南：齊魯書社，1983。

《周敦頤全書》，周文英主編，江西教育出版社，1993。

《周敦頤研究》，陳忠等主編，《九江師專學報》增刊，1993。

《周敦頤評傳》，梁紹輝，南京大學出版社，1994。

《周禮儀禮禮記》，嶽麓書社，1991。

《孟子譯注·告子上》，楊伯峻，北京：中華書局，1960。

《宜豐縣〈秀溪陶氏族譜〉新析》，凌誠沛、熊步成、陶遠香，打印

稿。

《金溪陸象山》，陸象山研究會教委分會編。

《金溪縣誌》，同治年修。

《胡適文存》二集，卷一，合肥：黃山書社，1996。

《徐論陳詞集》，徐聲揚、陳忠，1997。

《張載》，張岱年，《中國古代著名哲學家評傳》第三卷上，濟南：
　　齊魯書社，1980。

《張載集》，北京：中華書局，1978。

《理學綱要》，呂思勉，東方出版社，北京，1996。

《陸九淵全傳》，吳文丁，百花洲文藝出版社，1999。

《陸九淵集》卷三十五，《語錄下》，中華書局，1980。

《陸象山先生全集》，宣統庚戌年江左書林校印。

「陸象山研究專輯」，《撫州師專學報》，1998，期1。

「陸象山研究專輯」，《撫州師專學報》，1999，期2。

《陶淵明》，陳俊山，百花洲文藝出版社，1994。

《陶淵明研究》，陶淵明學術討論會籌備組編，1985。

《陶淵明研究》，2000，期1-2；2001，期1-3，宜豐陶淵明研究會
　　編。

《陶淵明研究專輯》第二輯，江西省九江縣陶淵明研究會編，
　　1985。

《陶淵明集》，中華書局，1979年5月。

《陶淵明集校箋》，龔斌校箋，上海古籍出版社，1996。

《陶淵明集淺注》，唐滿先注，江西人民出版社，1985。

《陶淵明詩文選》，李華選注，人民文學出版社，1981。

《陶淵明詩文選注》，唐滿先選注，上海古籍出版社，1981。

《陶淵明詩文譯釋》，劉繼才、閔振貴編著，黑龍江人民出版社，

1986。

《陶淵明詩選》，徐巍選注，廣東人民出版社，1984。

《順生論》，張中行，中國社會科學出版社，1995。

《傳統道德與當代中國》，鄭曉江等，安徽教育出版社，1998。

《道教十三經》，甯志新主編，石家莊：河北人民出版社，1994。

《說陶》，徐新傑，星子縣政協文史資料研究委員會編印。

《諸子集成‧荀子集解》卷十三，《禮論篇第十九》，上海：上海書
　　店。

《論湘學傳統》，《湘學》第一輯，湖南人民出版社，1999。

《論語譯注》，楊伯峻，中華書局，1963。

《論語譯注‧陽貨篇》，楊伯峻，北京：中華書局。

《濂溪風骨，香遠益清》，李恂生撰，列印稿。

《「濂溪書堂」故址考》，丁仙玉等，列印稿。

《隱逸人格》，陳洪，長江文藝出版社，1996。

《蘇東坡全集》中，鄧立勳編校，合肥：黃山書社，1997。

《鶴林玉露》，（宋）羅大經，中華書局，1983。

《贛州府志‧經政志‧書院》，贛州地區志編纂委員會辦公室，1986
　　重印本。

後 記

　　這本書的撰著接近完成時，上海《殯葬文化研究》雜誌副主編諸華敏先生來電，希望我能在清明節來臨之前，組織一批有關清明節問題的文章。我非常愉快地接受了這次委託，並組織了楊雪騁教授、張丹老師、王小珍助理、張嶸秘書、研究生黃瑜、胡可濤、葛維春等共寫清明。我覺得，中國節慶活動中的清明節是一個最爲特殊的節日，她承載著深厚的中國死亡文化，飽含中國人之生死的智慧，確實值得很好地思考一下。

　　楊雪騁教授寫出的東西不同凡響：

　　記得父親去世後的第一個清明節，我從省城趕到鄉下，與弟弟們挑了半天的土，把父親的墳頭培得厚厚實實的。我們在墳前擺下了酒，燃起了香、燭、紙錢、鞭炮，頓時，繚繞的香煙飄起，帶著我們的哀思，瀰漫在鄉間田野的空中。我情不自禁地向著墓跪下去，雙掌合十，叩頭於地。這時我真切地感到，墓中墓外，雖然只是隔著薄薄的一層土，然而，這一層土，卻是人天相隔，父親與我們真的是處在兩個世界了。當弟妹們離開墓地，我仍然留在父親的墓前，用小木棍撥弄著紙錢的餘燼，讓它們充分地燃燒，心中卻在默默地唸著：父親，我來看你了！你知道嗎？你在那邊過得好嗎？你要是還在這邊，該有多好啊！……暮色蒼茫，寒煙四起，我揣著未完的傾訴，拖著沈甸甸的步履離去。我能感受到，在我的身後，父親的墓正被潮水般的黑夜和寂寞吞沒。從此，清明節有了重量，成了我生命

中的一部分，它是一份牽念，一份哀痛。我終於理解了那些請
假為親人掃墓的小同學。有時，我會在墓前坐上長長的一段時
間，追思父親給我的一切，包括生命、快樂、關愛；追憶父親
生前的音容笑貌：慈祥、嚴厲。我也把心中的煩惱向父親訴
說，希望父親能像以前那樣給我指點，給我勇氣。想起自己過
去對不起父親的往事，請求父親的原諒；說起近來自己的作
為，希望得到父親的讚許。這裡，成為我的一個精神的園地。

一層薄薄的泥土，便成人天相隔的屏障；而對先人的祭奠又何止是
為了地下先人的「吃喝住行」？更是我們活著的人一種超越的「精
神家園」。

張嶸秘書曾在一家公司工作，每到清明節，公司老總都給所有
的職工放假一天去掃墓，她有些不解：這不損失了了數千元的工資
嗎？對一家經營性的企業來說有何益處呢？後來，她突然想通了：

> 清明涵育德行之真精神不就是中國孝道的核心精神嗎？將清明
> 之真精神融入企業文化，充分挖掘並培養員工的敬業精神正是
> 值得推崇的。試問，懂得孝敬長輩的員工，怎會不盡心竭力工
> 作呢？恍然中悟出老總的良苦用心：在生活中做到了孝悌，那
> 麼他就能夠立穩腳跟，盡忠盡職。沿著春意盎然的田埂，帶
> 著泥土的甜香，來到親人墳頭，插上對燭，擺上祭品，點燃冥
> 鈔，然後領著女兒深深地鞠躬行禮……

張丹老師是北方人，父親去世後，運回白山黑水間的東北下
葬。她在清明節遙祭其父，其情其心催人淚下：

> 父親走了，他走得很坦蕩。他說：來於自然，歸於自然。我們
> 尊重他的遺願，把他的骨灰護送回到了生他養他的長白山下，

讓故鄉的松柏和他一起永遠地陪伴在祖父祖母的身邊。記得去
山上安葬父親骨灰的那天，剛上路時還是多雲的好天氣，等我
們到了山上後，就下起了飄潑大雨，上蒼也感應到了我們的心
情，一陣陣的冷風吹起漫山遍野的松濤，似乎在悲歌，似乎在
哀鳴！為父親的逝世，為我們與父親陰陽相隔的永恆無奈！我
心中默默地唸著：父親安息吧，也許山上的松柏對你是陌生
的，但那土地卻是你所熟悉和熱愛的呀！故鄉的熱土，將撫平
你一生的勞累和委曲！

王小珍助理清明隨父親去祭祀先人途中，看見一座墓前堆著豐
盛的祭品，可父親告訴她：這位地下的老人96歲高齡獨居一室，
兒女們全然不問衣食，兩年前含恨自縊。於是，她寫道：

生不養，又何談死後祭？正所謂「祭而豐，不如養之薄也」，
生前哪怕微薄的孝養，也百倍於死後豐厚的祭品啊！如此祭
祀，欺天乎？這隨風飄搖的灰絲，是炫耀祭者的富貴，還是訴
說亡者的幽怨？……清明節，人們用這個萬物滋生的日子，緬
懷先人養育之恩，追思先人綿澤之德。祭祀，飽含的是對先人
的敬意和孝心。清明節的精神，應是與我們的血液一同代代流
淌著的──「孝」。在這祭祀亡者的日子裡，不是更應該從孝
敬健在的親人做起嗎？

研究生黃瑜對清明節有著與別人不一樣的感受：

現在回想兒時在鄉下度過的清明節，心裡依舊充滿著懷念。
「清明」，這個名稱所涵射出來的意境，便是一種清涼，明麗，
給人們一種寧靜的感覺。在清明節這個充滿春意的日子，大地
復甦，萬物回生，這難道也在暗示著某種復歸？人們藉此吉日

表達一種對自己已故的先人的緬懷之情，豈不美哉？先人已去，而後人依然延續著血緣，一代復一代，直至流長。也許在人們的心裡懷著這樣的信念，他們的祖先永遠是有靈的，故祭之，敬之，禱之，而這正達到了一種超越，生命也就這樣達到了它的永恆──可謂生死兩相安！

葛維春碩士無法回去祭祀先人，於是她用「心祭」表達自己對親人在天之靈的祭奠：

我從一九九九年離家在省城南昌求學至今，已經有多年未能到祖先的墳前掃墓祭拜了，特別是我至親至愛的外公過世已有三個年頭了，可我卻還未能去他老人家的墳前拔草添土、作揖磕頭。每當忙完了一天的學習晚上躺在床上的時候，我時常會想起他老人家的音容笑貌而淚濕枕巾。我想外公在天之靈是不會怪罪我的。因為無論是傳統的焚香燒紙，還是新型的綠色祭奠，其用意所在都是表達孝子賢孫對已故親人的哀思和追憶；而我的這種「心祭」的方式是對已故外公最好的追憶和懷念。

看了以上如此真情厚意、如此刻骨銘心的文字，誰都不可能無動於衷。這觸發了我對清明節之精神的深思，於是，提筆寫了如下的文字：

一年一度的清明，讓忙碌的中國人更忙碌，讓堵塞的交通更堵塞，讓不佳的環境更不佳了；還伴隨著大量的不如人意：煙霧騰騰，噪音陣陣，迷信迷思，甚至火災連連。於是，改革清明節傳統的聲音與文字見諸於各種報紙雜誌電台電視台。以我之見，不能籠統地說要淡化清明節；而要具體問題具體分析，我們要改革的是清明節的「形式」，同時要強化和凸顯清明節的「精神」。

清明首先是中國農曆二十四節氣之一，數千年來，中國農民在安排農業生產方面皆遵循之，如何能淡化？其次，清明又是中華民族重要的祭祀節日，中國人在這一天紛紛去祭祖和掃墓。中國人歷千年的習俗是：攜帶一些酒食和果品特別是冥錢等，到親人的墓地，將酒食供祭在墓前，點香、鳴炮並焚燒紙錢，再為墳墓培新土，有時也折新枝插鮮花於墓上，然後按長幼之序列好，面向墳墓叩頭行禮祭拜，追思先人，寄託哀思。

　　在清明這個節氣，常常陰雨綿綿；墓地裡荒草萋萋，寒流陣陣，剛剛綻放的綠葉還十分瘦弱，在嫋嫋煙霧中，在冥錢碎屑漫天飛舞時，人們立於供品前，思緒紛紛：念冥冥中的親人，那音容笑貌仍依稀可見，那慈愛慈祥刻骨銘心，而卻和我們天人相隔，永不相見了。值此之時，怎不讓人肝腸寸斷，淚流滿面？於是便有了唐代詩人杜牧的千古絕唱：「清明時節雨紛紛，路上行人欲斷魂。借問酒家何處有？牧童遙指杏花村。」

　　為何「行人」會「欲斷魂」？為何他們皆迫切地要尋酒澆愁？因為行旅之人離家尚遠，在清明節是趕不回去了，既思念在家的親人，亦為無法親臨墓地祭奠去世親人的在天之靈而內疚，怎不淚雨紛紛、魂斷魄散？這樣一種人類最深厚的人倫情感，千百年的積澱孕育出了清明節的精神，那就是由儒家學者揭示出的：「慎終追遠，民德歸厚矣」。

　　所謂「慎終」者，是要求人們重視去世親人的喪葬之事；而「追遠」者，則是要求人們始終不渝地念著去世親人的德行。「慎終」也好，「追遠」也好，二者實都要求人們在喪葬與祭祀的儀式儀規中，緬懷先人之澤，追憶先人之德，從而涵育己之道德與人倫的品格，增強家庭與家族的凝聚力，以更好地面對自我的人生之路。

所以，清明節的精神與中國古代最重要的思想觀念「孝」是一脈相通的。眞正的「孝」子，必可理解清明的精神並很好地祭祀先人；而無「孝」道者，肯定只能在清明節的形式圈圈中暈頭轉向，不辨東西，不以爲然。

　　北宋歐陽修，位列唐宋八大家之首，爲有宋一代文章宗師，其撰有名篇〈瀧岡阡表〉，其中記載，歐陽修的母親鄭氏常常談起其父歐陽觀事親至孝，一生祭祀父母從不懈怠，其名言是：「祭而豐，不如養之薄也」──豐盛的祭品又何如奉養父母時簡薄的衣食呵！平時有酒肉時，歐陽觀常感嘆：「昔常不足，而今有餘，其何及之也！」──以前父母在世時，酒肉匱乏；今有，父母又皆不在，追之不及啊！可見其孝子之心至誠感人。對此至理名言，「修泣而志之，不敢忘」，歐陽修奉之終身；我想，這也應該是現代人在清明節懷念先人時一定要遵循的準則。

　　如果從生死哲學的角度看清明節，可以悟到一些更深層的意義。中國古代民間社會不僅祭奠先人，更廣泛地進行對天、地、君、親、師的祭祀。這種活動從根本上說，就是透過一整套的禮儀，使「小我」之精神與祖先、聖賢、天地相溝通，獲得「大我」式的存在。孤零零的生命，是「小我」的生命；只有上達之祖先，並進而與天、地、君、親、師相繫，才獲得了「大我」的存在，才能最終超越死亡的限圍而實現永恆。具體而言，「天地」構成人之自然宇宙生命；「君」構成人之社會生命；「師」構成人之精神文化生命；「親」構成人之人倫生命。當人們囿於個我生理生命，而沒有意識到人還有人倫生命、社會生命、精神文化生命、自然宇宙生命時，其必定是只關注個我之私事，難以有幸福的「生」和坦然的「死」。只有「大其心」，將自我生命外繫之親人、師長、國家、天地自然，才能獲得好的人生方式，並最終尋找到「超越死亡」

之路。可見，若能正確的理解並實施民間的祭祀活動，不僅不是一種負面的問題，還能成為世人生命安頓和社會發展的良性動力。

　　但是，在我們這個社會，有些難以做到了。有許多人父母在世時，常常是吝嗇異常，物質上的供養十分微薄，精神上的體貼更是付諸缺如的。而當先輩去世，卻一反常態，特別地大方，喪事中大操大辦，清明祭祀時也是花錢如流水。其實他們這樣做，並不是送給先人的「禮物」——他們已長眠於地下，又如何能得到？而恰恰是給自己的臉上貼金——排場、虛榮、闊氣、驕橫等等，孰不知中國孝道的核心精神、亦應該是中國清明節之真精神的正是歐公的名言：「祭而豐，不如養之薄也」！

　　在漫長的歷史發展中，清明節之形式是保留了，現在還有許多人熱衷於此道，大操大辦、興師動眾、開公車的清明祭掃活動已是司空見慣了，人們似乎只重形式，獨獨忘記了「孝」和清明節之真精神；而且隨著經濟水準的提升，世人可以投入更多的金錢去擴大或深化這一形式，如祭祀的花樣層出不窮，現在就有人在先人的墓前燒「賓士車」、「別墅」、「偉哥」，甚至乎——燒「小姐」——當然是紙紮的。吾友楊教授說：「這是二個『世界』的腐敗」，是把「陽間」的腐敗引入了「陰間」，這真是一針見血之「黑色幽默」。

　　可見，現代人重要的不是凸顯清明節的形式，而應該去深化對清明節精神的理解。也就是說，透過清明祭祀親人的活動，培育懷念先人的情感，追憶先人之德，更好地涵養自我的德行，獲得一種人生終極的超越性，以處理好自己面對的世界與人間的各種問題。也就是說，淡化清明節祭祀的形式，突出其涵育人們德行之真精神，可能是現代清明節改革的方向和要求。

　　僅以這篇取名〈清明之思〉的短文為這本書的後記，亦是在具

象的生活過程中讓讀者進一步去體味中國博大精深的生死文化和生
死智慧。

鄭曉江
記於南昌贛江之畔「神遊齋」

中國生命學　　　　　　　　　　　生命‧死亡教育叢書11

著　　　者／鄭曉江

出 版 者／揚智文化事業股份有限公司

發 行 人／葉忠賢

總 編 輯／林新倫

登 記 證／局版北市業字第1117號

地　　　址／台北市新生南路三段88號5樓之6

電　　　話／(02)2366-0309

傳　　　眞／(02)2366-0310

E - m a i l ／ service@ycrc.com.tw

網　　　址／http://www.ycrc.com.tw

郵撥帳號／19735365

戶　　　名／葉忠賢

印　　　刷／鼎易印刷事業股份有限公司

法律顧問／北辰著作權事務所　蕭雄淋律師

初版一刷／2005年9月

定　　　價／新台幣380元

I S B N ／957-818-749-1

國家圖書館出版品預行編目資料

中國生命學：中華賢哲之生死哲學 / 鄭曉江著. ——
　初版. -- 臺北市：揚智文化, 2005 [民94]
　　面；　公分. --(生命‧死亡教育叢書；11)
　參考書目：面
　ISBN 957-818-749-1 （平裝）

　1. 生死學 2. 人生哲學

191.9   94013455